普通高等教育"十一五"国家级规划教材

新世纪高职高专物流管理专业规划教材

机械工业出版社精品教材

物流管理基础

第3版

主　编　曾　剑　王景锋　邹　敏

副主编　刘艳霞　赵继新　祁建萍　麦　影

参　编　苏汉萍　丁国良　刘怀莲

机　械　工　业　出　版　社

本书是普通高等教育“十一五”国家级规划教材，也是“新世纪高职高专物流管理专业规划教材”之一，针对物流活动和物流管理实践，以现代物流和物流管理思想及原理为主要理论构架，系统地阐述了物流与物流管理的基本知识、物流系统、现代物流的功能、企业物流、国际物流、物流信息管理、物流组织与控制、物流市场与第三方物流、电子商务与现代物流等问题。每章均配有物流案例精选及练习题，书末附参考答案。

本书适合高职高专院校、成人高等教育学校的物流管理、电子商务、交通运输管理等专业的师生使用，也可作为在职物流从业人员培训的参考用书。

图书在版编目（CIP）数据

物流管理基础／曾剑等主编．—3版．—北京：机械工业出版社，2008.3（2017.7重印）

普通高等教育“十一五”国家级规划教材新世纪高职高专物流管理专业规划教材．机械工业出版社精品教材．

ISBN 978-7-111-14743-5

Ⅰ．物…　Ⅱ．曾…　Ⅲ．物流－物资管理－高等学校：技术学校－教材　Ⅳ．F252

中国版本图书馆CIP数据核字（2008）第024066号

机械工业出版社（北京市百万庄大街22号　邮政编码100037）

策划编辑：孔文梅　　责任编辑：孔文梅　孙　聪

封面设计：饶　薇　　责任印制：常天培

涿州市京南印刷厂印刷

2017年7月第3版·第26次印刷

169mm×239mm·19.25印张·372千字

114001－118000册

标准书号：ISBN 978-7-111-14743-5

定价：39.80元

第3版序

由全国二十多所高职高专院校的物流管理专业的专家、学者和教师共同规划、共同编写的“新世纪高职高专物流管理专业规划教材”，于 2003 年 2 月由机械工业出版社出版发行第 1 版。这套教材是我国高职高专院校开办物流管理专业初始阶段，内容体系较为完整，实用性和操作性较强，适合高职高专物流管理专业人才培养定位和教学特点的第一套教材。为了适应我国物流行业业态变化快、管理模式和技术创新速度快的现实，我们在征求广大院校教师和读者意见和深入了解物流企业用人需要的基础上，于 2004 年 6 月完成了本套教材第 1 版的修订。

2006 年，教育部下发了教高［2006］16 号文《关于全面提高高等职业教育教学质量的若干意见》（简称“16 号文”）。“16 号文”对未来高等职业院校的工学结合人才培养模式改革、面向工作任务和内容的课程内容和教学方式改革、教材建设提出了新的要求。为了适应教育部“16 号文”的高等职业教育改革精神的要求，以职业能力培养为目标，以国家物流师职业资格标准为参照，以物流运营管理相关工作岗位过程和内容为缆绳，以适合“教学做”一体化教学为宗旨，我们组织了对第 2 版教材的修订，陆续推出第 3 版系列教材（其中部分教材是第 2 版系列教材中新增加的书目）。

第 3 版教材具有如下特点：

（1）在内容上更能突出物流运营管理相关岗位的工作实际。

（2）在组织结构上更符合相关岗位群的业务流程。

（3）采用的案例更具时代性和实用性。

（4）例题和作业更能如实反映企业实际。

（5）配套的多媒体课件更有助于提高教学效率和效果。

（6）行业企业教学资料库更加充实。

（7）为方便教学，本套教材配备电子课件等教学资源。凡选用作为教材的教师均可索取，请发送邮件至：cmpgaozhi@sina.com，咨询电话：010-88379375。

本套教材既可作为高职高专院校物流类专业课程的教材，也可作为各类、各层次学历教育和短期培训的物流课程选用教材，以及物流从业人员的参考用书。

由于物流行业发展变化快，我国高等职业教育改革日益深入，再有由于作者水平的限制，书中难免有不尽人意之处。恳请广大读者提出宝贵意见，以期保持这套教材的时代性和实用性，使其与物流管理高等职业教育的发展和谐共进。

新世纪高职高专物流管理专业
规划教材编审委员会

第2版序

由全国交通系统22所高职高专院校的专家、学者共同规划、编写的“新世纪高职高专物流管理专业规划教材”（第1版），于2003年2月由机械工业出版社出版发行，这也是我国高职高专开办物流管理专业以来，内容体系较为完整、实用性和操作性较强,适合高职高专物流管理专业培养目标和教学特点的第一套教材。该套教材自面市以来，深受广大师生和业界读者的欢迎。通过 1 年多的使用、实践，我们广泛收集了各院校和读者对本套教材的意见和建议，并深入调查和了解了物流企业的用人需要，深感有必要对第 1 版教材从结构到内容进行调整与修订，以使本套教材更能适应物流行业对人才实际要求的变化，更适合高职高专的培养目标和教学特点，更方便广大师生的使用。

第2版教材的特点是：

（1）为了适应不同行业、不同地区院校物流管理专业办学要求，在原来规划的第1版15本教材的基础上，增加了《货物学》、《物流电子商务》、《物流经济学》、《物流中心运作管理》、《物流采购管理》。

（2）教材各章增加了学习目的，并尽可能附本章小结，内容、结构更加适合学校教学的要求。

（3）克服以往有的内容理论分析过深，泛泛介绍等缺点，减少了理论分析和公式推导，突出实用性和操作性，使之因此更适应高职高专培养目标和教学特点要求。

（4）每章后面的案例和复习思考题侧重运作管理方法与技术，突出专题性，突出实训，更有利于培养学生分析问题和解决实际问题的能力，体现高职高专的特点。

（5）章节内容和案例更能体现现代物流运作的技术和管理实际，更能反映当今物流行业新技术、新管理方法和工具的应用。

（6）为了方便广大教师的备课和教学，每本教材增加了助教多媒体课件，帮助教师组织教学过程，使教学更生动直观，提高教学效率。

本套教材既可作为高职高专院校物流类专业课程的教材，也可作为各类、各层次学历教育和短期培训的选用教材，也适合广大物流业界人员作为学习参考用书。

我们相信，“新世纪高职高专物流管理专业规划教材”（第2版）的面世，必将为推动我国高职高专物流管理专业教育事业的发展和物流行业的进步，发挥积极的推动作用。

由于物流行业发展变化快，再有编者水平的限制，书中难免有不足之处，恳请广大读者提出宝贵意见，以期保持这套教材的时代性和实用性，使其和高职高专的物流管理专业教育与时俱进。

新世纪高职高专物流管理专业
规划教材编审委员会

前　言

本书第 2 版出版以后，再次受到了全国各地高职高专、职业技术培训单位的欢迎，被评为机械工业出版社精品教材、机械工业出版社科技进步二等奖，以及普通高等教育“十一五”国家级规划教材。

随着新经济时代的到来，市场竞争加剧，管理观念更新，政府和社会对物流行业越发重视，物流行业的环境发生了变化，企业内物流和企业间物流开始建立，第三方物流企业正在蓬勃兴起，国际物流企业也更趋活跃。在 21 世纪，“谁掌握了物流和配送，谁就掌握了市场”，物流是“第三利润源泉”，“物流管理是提高企业核心竞争力和经济效益的有效途径”，这些都已成为人们新的共识。

物流和物流管理，特别是现代物流管理是当代最具影响力的新学科之一，它以物的动态流转过程为主要研究对象，揭示交通运输、物资仓储、包装流通、装卸搬运及物流信息等活动的内在联系。物流管理是管理工程和技术工程相结合的综合学科，它运用系统工程和相关技术领域的最新研究成果，对于提高效率，减少中间环节，加强流通管理等方面具有十分显著的效果。

然而，随着我国改革开放的不断深入，市场经济的观念深入人心，我国人才市场的变革日新月异。在这一系列的变化中，物流业对技能型人才、第一线的管理人才需求变得越发突出。随着市场需求的变化，对学生的管理理论水平、潜在问题的解决和分析能力也提出了更高的要求。因此，当前高职高专学校物流管理专业课程所需的基础知识也相应发生了变化，这正是我们积极推出《物流管理基础》（第 3 版）的初衷。

本书根据国家相关部委、劳动和社会保障部培训就业司颁布的对职业岗位需求的相关法律法规的规定，秉持“实用、适量、够用、求精”的原则，结合当前高职高专学校最新教学发展状况编写，力求既能满足当前国家物流人才对专业基础教学的基本要求，又符合职业教育的特点和实际。

本书第 3 版沿袭第 2 版教材编写的总体要求：注重实践、强化能力、讲究方法、突出重点、注意基础、学以致用。具体体现为：① 内容、案例的选择强调典范性、时代性与趣味性并重；② 单元内容设置注重连续性和灵活性相结合；③ 为教师教学设计提供可行的且符合教师个性特点的教学指引；④ 为学生学习提供主动性和合作式学习的教学指导。力争做到“人无我有，人有我优，人优我长，与时俱进，适度超前”。

本书第 3 版在第 2 版的基础上进行了内容的再修订，保留了原教材的主要编写风格和核心内容，增加和补充了物流案例的篇幅，并对原书中较为薄弱的部分进行了充实和改写，为使教材更能适应物流行业对人才实际要求的变化，更符合高职高专的培养目标和教学特点，更方便广大师生的使用，我们将原书十章的内容压缩为九章。

新修订的内容包括：

（1）增加“物流的基本原理”相关内容，将物流业常用的基本理论作了综合性介绍，并融合了配送与配送中心的相关内容。

（2）在企业物流章节增加了绿色物流的新内容，并删除了较复杂的理论。

（3）在国际物流章节穿插介绍了一些现代物流的国际化发展形势及新技术、新方法等。

（4）在物流信息管理章节增加了“物流信息的发展”的相关内容，主要介绍近年来物流信息的发展，物流信息的新技术以及应用领域的拓展等新内容，同时对原教材的编写内容进行了一定的修改。

（5）在介绍案例时，提供了一些较新的案例，并对过时的内容进行了删除和调整。

（6）每一章均附有学习的知识目标和能力目标要求，供使用教材的师生参考。

（7）教材中打“*”的章节，各校可根据专业的实际需要选用。

本教材由曾剑（广州市交通技师学院，高级讲师）、王景锋（吉林省交通职业技术学院，副教授）、邹敏（湖南省交通职业技术学院，高级讲师）任主编； 刘艳霞（天津交通职业学院，副教授）、赵继新（广西交通职业技术学院，副教授）、祁建萍（广州市交通运输学校，讲师、会计师）、麦影（广州城市职业学院工商管理系，讲师）为副主编。具体编写分工如下：刘艳霞编写第一章、第四章；曾剑编写第二章、第三章（第三节由邹敏编写）、第九章；邹敏编写第七章；赵继新编写第五章、第六章；祁建萍、麦影编写第八章；由曾剑、邹敏、祁建萍收集并编写案例；赵继新制作电子课件；曾剑对全书进行统稿和审核；丁国良、刘怀莲作为参编，参加了本书第 1 版的编写工作，苏汉萍作为参编，参加了本书第 2 版的编写工作。

参加本教材编写的老师都工作在物流教学一线，具有丰富的教学经验，有些还是从事多年相关专业教学的专家；章节编写也是按各自教学专长安排，使得教材更具说服性。全书在编写过程中，得到了各参编学校的大力支持，本书承蒙天津交通职业学院薛威老师进行认真审阅，也得到了辽宁交通专科学校刘兴彬老师，广州航海高等专科学校袁炎清老师、李永生老师，广东省交通职业技术学院阎子刚老师，广州城市职业学院工商管理系黄志宁老师，天津交通职业学院张志强老师，广州市交通运输学校曹前锋老师的指导和建议，在此表示衷心的谢意。

为方便教学，本书配备电子课件等教学资源。凡选用本书作为教材的教师均可索取，请发送邮件至 cmpgaozhi@sina. com，咨询电话：010－88379375。

编 者

目 录

第3版序
第2版序
前言

第一章 物流与物流管理概述……1
第一节 物流概述……1
第二节 物流管理概述……11
第三节 现代物流产业……16
第四节 我国现阶段对物流产业的界定与职业领域的划分……21
*第五节 物流的基本原理……25
物流案例精选……35
复习思考题……38

第二章 物流系统……40
第一节 物流系统的基本概念……40
第二节 物流系统的模式……45
第三节 物流系统分析……48
第四节 物流系统的评价指标与系统工程……52
物流案例精选……60
复习思考题……63

第三章 现代物流的功能……66
第一节 现代物流产业的基本功能……66
第二节 现代物流产业的综合功能……75
第三节 配送的概念及类型……89
物流案例精选……99
复习思考题……100

第四章 企业物流……102
第一节 企业供应物流……103
第二节 企业生产物流……117
第三节 企业销售物流……126
第四节 回收物流与废弃物物流……128
物流案例精选……131
复习思考题……133

第五章 国际物流……135
第一节 国际物流概述……135
第二节 国际物流的运输方式……141
第三节 国际物流管理……152
物流案例精选……161
复习思考题……163

第六章 物流信息管理……165
第一节 物流信息概述……165
第二节 物流信息系统……167
第三节 物流信息的发展……182
物流案例精选……190
复习思考题……191

第七章 物流组织与控制……193
第一节 物流组织结构……193
第二节 物流成本管理……199
第三节 物流质量管理……207
第四节 物流标准化……211
第五节 物流绩效评价……218
物流案例精选……222
复习思考题……224

第八章 物流市场与第三方物流…………226
第一节 物流与市场营销…………226
第二节 物流客户服务与物流企业…………230
第三节 第三方物流…………238
物流案例精选…………257
复习思考题…………260
第九章 电子商务与现代物流…………263
第一节 电子商务概述…………263
第二节 电子商务与物流…………266
第三节 电子商务的物流管理模式——供应链管理…………268
*第四节 区域物流及其发展趋势…………278
物流案例精选…………285
复习思考题…………287
复习思考题参考答案…………289
参考文献…………293

第一章　物流与物流管理概述

【知识目标】

熟练掌握物流与物流管理的基本概念；掌握物流管理的基本内容、物流的分类特点；了解物流业的发展、我国物流发展的四个基本阶段；了解物流所涵盖的传统行业和它们之间的有机联系，以及物流作为第三利润源的新兴产业将对我国国民经济发展所带来的巨大影响。

【能力目标】

能解释物流及物流管理的基本内涵；能够用物流的有关理论进行物流的分类；知道现代物流业的行业组成特点并对周围的物流企业进行正确归类；能进行简单的物流设备操作和物流信息软件的使用；知道国内外物流理论的发展，能结合具体实际加以应用。

【教学重点】

本章的教学重点是物流和物流管理的基本概念，物流和物流管理所涵盖的领域、研究方法及如何与实际紧密结合。

第一节　物 流 概 述

一、物流的基本概念

世界上一些发达国家，如日本、美国等，其物流市场经过多年发展，现已形成了适合本国国情的现代化物流体系。物流被看成是企业在降低物质消耗、提高劳动生产率以外的“第三利润源”，是“降低成本的最后处女地”，物流正成为全球经济发展的一个重要热点和新的经济增长点。因此，研究相关物流理论，进行物流管理对于实现经济高效运行，提升企业生产效率，降低商品流通成本，提高商品流通效率，改善对消费者的服务，进而增强工商企业乃至国家经济核心竞争力，调整国家和地区投资环境以及产业结构，实现可持续发展，促进经济发展具有重要的经济意义和社会意义。

（一）物流的初步认识

物流是由“物”和“流”两个基本要素组成，“物”通常是指一切可以进行物理性位置移动的物质资料，如物品、物资、物料、货物等。不能发生物理性位移的物质资料不是物流的研究对象。物流中的“流”，泛指物质的一切运动形态，有移动、运动、流动的含义，既包括空间的位移又包括时间的延续。

1、与“物”相关的概念

（1）物品 是生产、办公、生活领域常用的一个概念，在生产领域中，一般指不参加生产过程，不进入产品实体，而仅在管理、行政、后勤、教育等领域使用的与生产相关的或有时完全无关的物质实体；在办公、生活领域泛指与办公、生活消费有关的所有物件。

（2）物资 我国专指生产资料，有时也泛指全部物质资料。物资中包含了相当一部分不能发生物理性位移的生产资料，如建筑设施、土地等。另外，各种生活资料，也不能包含在作为生产资料理解的物资中。

（3）物料 是我国生产领域中一个专门概念。生产企业一般将最终产品之外的、在生产领域流动的一切生产资料称为物料，如燃料、材料、零部件、半成品以及边角余料、废料等。

（4）货物 是交通运输和仓储领域中一个专门概念。由运输部门承运的一切商品、物资，库存的一切物品都称为货物，物流中的“物”就是指货物。

总之，物流中的“物”，是物质资料世界中具备物质实体特点并可以进行物理性位置移动的那一部分物质资料，不论它们处在哪个领域、哪个环节。

2、与“流”相关的概念

“流”通常被人们理解为流通，有不少人是以“物资流通”来理解物流的，从而发生了概念性错误。

流和流通的概念是既有联系又有区别的。流和流通的联系主要表现为流通过程中物的物理性位移常伴随交换而发生，这种物的物理性位移是最终实现流通不可缺少的物的转移过程，物流中流的一个重点领域是流通领域，同时还包括生产领域。流通作为一种经济形式而存在是伴随着商品生产和商品交换的历史而产生和发展的，生产决定流通，生产方式的性质决定流通的性质，生产的发展水平决定流通的规模和方式，生产是流通的物质基础。在商品经济的初级阶段，由于产品的品种、数量很少，生产者往往通过比较直接的渠道建立交换关系，流通的形式是初级的。随着生产力水平的提高，专业化的工厂越来越多，规模也越来越大，产品品种、数量大大增加，生产地点和消费地点逐渐分离，往往需要通过市场这个环节，即流通领域的过渡，才能将产品转移到消费者手中。流通对生产具有反作用，流通的状况制约着生产的规模、范围和发展速度。生产方的产品流和流通的区别主要有两点：一是涵盖的领域不同，流不仅涵盖流通领域，也涵盖生产、生活等领域，凡是有物发生物理性位移的领域，都是流的领域；

二是流通并不以其整体作为流的一部分，而是以其实物物理性运动的局部构成流的一部分，流通领域中商业活动中的交易、谈判、契约、分配、结算等不能纳入物理性运动的领域。

3、商流与物流

（1）商流　对象物所有权转移的活动称为商流。商流活动一般称为贸易或交易，商品通过交易活动由供给方转让给需求方，这种转让是按价值规律进行的，商流的研究内容是商品交换的全过程，包括市场需求预测、计划分配与供应、货源组织、采购调拨、销售等，既包括贸易决策，也包括具体业务及财务处理。

（2）物流　物流是物品从供应地向接收地的实体流动过程。根据实际需要，将运输、储存、装卸、搬运、包装、流通加工、配送、信息处理等基本功能实现有机结合。详见《中华人民共和国国家标准物流术语》（GB/T 18354—2006）。

提示板 1-1：物流的定义

物流是物品从供应地向接收地的实体流动过程。根据实际需要，将运输、储存、装卸、搬运、包装、流通加工、配送、信息处理等基本功能实施有机结合。

物流活动创造了空间价值和时间价值，在社会经济活动中起着不可缺少的作用。例如，生产企业生产的机械、家用电器等产品，只有通过运输等环节运到消费地才能发挥其作用，实现使用价值，这就是物流创造的空间效益。又如，粮食的种植和收获是有季节性的，但对消费者而言，粮食作为食品，每天都要被消耗，必须进行必要的储存以保证经常性的需要，供人们使用以实现其使用价值，这就是物流创造的时间价值。

（3）商流与物流的关系　商流和物流都是流通的组成部分，二者结合才能有效地实现商品由供方向需方的转移过程。一般在商流发生之后，即所有权的转移达成交易之后，货物必然要根据购买方的需要进行转移，这就导致相应的物流活动出现。物流是产生商流的物质基础，商流是物流的先导。二者相辅相成，密切配合，缺一不可。只有在流通的局部环节，在特殊情况下，商流和物流可能独立发生，一般而言，从全局来看，商流和物流总是相伴发生的。

提示板 1-2：与物流有关的几个重要名词

1. 物品：包括物资、物料与货物
2. 商流与物流

（二）物流概念的产生及其发展

物流活动和人类历史一样久远，当社会出现了商品交换，便有了原始的物流。物流一词最早出现于美国，1915 年阿奇·萧在《市场流通中的若干问题》一书中就提到物流一词，并指出“物流是与创造需求不同的一个问题”。在 20 世纪初，西方一些国家已出现生产大量过剩、需求严重不足的经济危机，企业因此提出了销售和物流的问题，此时的物流指的是销售过程中的物流。1935 年，美国销售协会阐述了实物分配（Physical Distribution，PD）的概念：“实物分配是包含于销售之中的物质资料和服务在从生产场所到消费场所的流动过程中所伴随的种种经济活动。”现代的物流概念在西方国家出现只有短短的几十年，而我国是在 20 世纪 80 年代引进物流概念的，在很长一段时间内都没有引起足够重视，直到近几年才引起理论界和社会各方面对物流的关注。

1、国外物流的发展

国外物流的发展，大体可分为四个阶段：

第一阶段：萌芽阶段（20 世纪初至 50 年代）。

20 世纪初，在北美和西欧一些国家，随着工业化进程的加快以及大批量生产和销售的实现，人们开始意识到降低物资采购及产品销售成本的重要。单元化技术的发展，为大批量配送提供了条件，同时也为人们认识物流提供了可能。第二次世界大战期间，美国军事部门所发展的“后勤管理”（Logistics Management）方法对军需物资的采购、运输、仓储、分发进行统筹安排和全面管理，取得显著效果。战后又将其引入经济部门，应用于流通领域和生产经营管理全过程中所有的与物品获取、运送、存储、分配有关的活动。20 世纪中期以来，Logistics 逐渐取代 PD，成为物流科学的代名词。

1946 年美国正式成立了全美输送物流协会，这是美国第一个关于对专业输送者进行考查和认证的组织。

日本自 1956 年从美国引入物流概念以来，在对国内物流进行调研的基础上，将物流称为“物的流通”。与此同时，欧洲各国为降低产品成本，开始重视工厂范围内物流过程中的信息传递，对传统物料搬运进行变革，寻求物流合理化途径。这一时期可以说是物流的萌芽阶段。

第二阶段：快速发展阶段（20 世纪 60～70 年代）。

20 世纪 60 年代以后，世界经济环境发生了深刻变化。科学技术的发展，尤其是管理科学的进步，生产方式、组织规模化生产的改变，大大促进了物流的发展。物流逐渐为管理学界所重视，企业界也开始注意到物流在经济发展中的作用，将改进物流管理作为激发企业活力的重要手段。这一时期是物流快速发展的重要阶段。

在美国，由于现代市场营销观念的形成，使企业意识到顾客满意是实现企业利润的唯一手段，顾客服务成为企业管理的核心要素，物流在为顾客提供服务上起到重要的作用，物流，特别是配送得到了快速发展。1960 年，美国的 Raytheon 公司建立了最早的配送中心，1963 年美国成立了国家实物配送管理委员会。

20 世纪 60 年代中期到 20 世纪 70 年代初，是日本经济高速增长、商品大量生产和大量销售的年代。随着这一时期生产技术向机械化、自动化方向发展以及销售体制的不断改善，物流已成为企业发展的制约因素。于是日本政府加强了对物流基础设施的建设，如在全国范围内进行高速公路网、港口设施、流通聚集地等建设。日本社会各界对物流的落后和物流对经济发展的制约有了共同的认识。

这一时期也是欧洲的经济快速发展阶段，商品生产和商品销售进一步扩大，企业集团和大公司的出现，成组运输技术的广泛采用，物流需求的增多，都大大促进了物流的快速发展。

第三阶段：合理化阶段（20 世纪 70～80 年代）。

这一阶段物流管理的内容由企业内部延伸到企业外部，物流管理的重点已经转移到物流战略的研究上。企业开始超越现有的组织机构界限而注重外部关系，将供货商、分销商以及用户等纳入管理的范围，利用物流管理建立和发展与供货厂商及用户的稳定的、良好的、双赢的、互助合作伙伴式的关系，形成了一种联合影响力量，以赢得竞争的优势。物流管理已经意味着企业应用先进的技术，站在更高的层次上管理这些关系。电子数据交换、准时制生产、配送计划和其他物流技术的不断涌现以及应用与发展，为物流管理提供了强有力的技术支持和保障。

1988 年，美国物流管理协会将物流定义为：物流是以满足客户需求为目的，为提高原料、在制品、制成品以及相关信息在从供应到消费过程的流动和存储的效率和效益，对其进行的计划、执行（实现）和控制的过程。

这一阶段，日本经济发展迅速，并进入了以消费为主导的时代。虽然物流量大大增加，但由于成本的增加使企业利润并没有得到期望的提高，因此，降低经营成本，特别是降低物流成本成为经营战略中的重要特征。

随着经济和流通的发展，欧洲各国许多不同类型的企业（厂商、批发业者、零售业者）也在进行物流革新，建立相应的物流系统。欧洲的制造业已采用准时生产模式（JIT），客户的物流服务需求已发展到可做到一天供货或服务。

第四阶段：现代物流阶段（20 世纪 90 年代至今）。

20 世纪 90 年代以来，随着新经济和现代信息技术的迅速发展，现代物流的内容仍在不断地丰富和发展。信息技术的进步，使人们更加认识到物流体系的重要，现代物流的发展被提到重要日程上来。信息技术特别是网络技术的发展，也为物流发展提供了强有力的支撑，使物流向信息化、网络化、智能化方向发展。这不仅使物流企业和工商企业建立了更为密切的关系，同时物流企业也为各客户提供了更高质量的物流服务。

1999 年，美国物流电子商务的营业额达到 80 亿美元以上，电子商务带来的这种交易方式的变革，使物流向信息化并进一步向网络化发展。日本政府在 1990 年制定了《综合物流施策大纲》，提出了日本物流发展的基本目标和具体保障措施，其中，特别强调物流系统要实现信息化、标准化。

2．我国物流的发展

我国物流的发展与我国的经济发展水平、经济结构、技术发展状况有关，并且与我国的经济体制变革有关。自新中国成立以来，我国的物流发展大体也可分为四个阶段。

第一阶段：初期发展阶段（1949～1965 年）。

这一时期，新中国成立时间不长，国民经济尚处在恢复发展时期，工农业生产水平较低，经济基础较薄弱，并且出现了重生产、轻流通的倾向。物流处于起步阶段，表现为：在生产和流通部门建立了为数不多的储运公司和功能单一的仓库；运输业处于恢复和初步发展时期；搬运和仓储环节比较落后。

第二阶段：停滞阶段（1966～1977 年）。

1966 年开始的“文革”，给国家经济、政治及其他方面造成了严重破坏，物流的发展也遇到了同样的情况，物流理论的研究和物流实践基本处于停滞状态。

第三阶段：较快发展阶段（1978～1990 年）。

党的十一届三中全会以来，随着改革开放步伐的加快，我国开始从计划经济向市场经济过渡，国民经济特别是物流业得到了较快发展，运输业、仓储业、包装业的发展较快，新建了大量的铁路、公路、港口、码头、仓库、机场等，尤其是有关物流学术团体在此期间都相继成立，积极有效地组织开展国内、国际物流学术交流活动，了解和学习国外物流管理的先进经验。中国物资流通学会于 1989 年 5 月在北京成功地承办了第八届国际物流会议，对我国的物流发展起了促进作用，一些物流学的专著和译著也出版发行，人们在观念上逐步改变了孤立地对待包装、装卸、运输、保管、信息等机能的态度，开始以系统的观点对它们的作用进行研究。

第四阶段：高速发展阶段（1991 年至今）。

1991 年以后，我国国民经济进入高速发展时期，科学技术的迅速发展和信息技术的普及应用，消费需求个性化趋势的加强，竞争机制的建立，使得我国工商企业，特别是中外合资企业，为了提高竞争力，不断提出了新的物流需求，我国经济界开始把发展物流业提到重要议事日程。在此期间，我国加快了物流系统的建设，促使其向标准化、国际化方向发展。

二、物流学

物流学的研究对象是生产领域和流通领域的一切物料流以及有关的资金流、信息流等，研究目的是对其进行科学规划、管理与控制。

1. 物流学的性质

（1）物流学是一门综合性交叉学科　物流学是以解决社会经济活动中的矛盾——流通成本上升而开始的。研究物流的目的是要有效地管理控制从供应商到消费者的物流全过程，在保证服务质量的前提下，使其消耗的总费用最少。因此，经济指标是衡量物流系统的基本尺度。研究物流学必然涉及到经济学的有关内容，特别是技术经济学和计量经济学都和物流研究有密切关系。在物流研究中，还涉及到工程技术科学的许多领域，如运输技术、仓储技术、搬运包装技术中都融合了机械、电气自动化等学科知识。同时，对物流系统进行定性与定量分析，还必须以数学特别是应用数学、运筹学等为基础，以电子计算机作为手段来实现分析和控制的目的。

物流学可以说是社会科学和自然学科的交叉学科，是管理科学和工程技术的交叉学科。

（2）物流学具有系统科学的特征　系统性是物流学最基本的特性。物流学产生的基础就是发现了物流各环节之间存在相互关联、相互制约的关系，各环节是作为有机整体的一部分而存在的。因此，研究物流必须用系统的观点和方法，对系统的输入、转化及输出各要素进行研究，而不能单纯从物流的某个环节考虑。

（3）物流学属于应用科学的范畴　物流学的产生和发展，与经济实际和生产实际密切相关。物流科学的强大生命力在于它的实践性，其研究的出发点和归宿点都是社会实践需要。只有从实践中提出问题，密切结合具体研究范围内的自然资源、经济基础、社会条件和技术水平，提出正确的方法和结论，有效地改善物流系统，才能取得应有的经济效益。

2. 物流的后进性

物流活动作为客观存在的实体活动具有久远的历史，但是物流学的形成却只有几十年的历史。物流技术的发展落后于生产技术，物流学的产生也比加工科学历史短暂。物流学家把这种现象称之为物流的后进性，究其原因主要有以下两方面。

（1）运输、仓储、搬运等是在生产活动和社会经济活动中产生的，它们是作为辅助环节来完成特定的功能，彼此没有发生联系，它们只是相互孤立的处于从属地位。随着生产水平的提高和科学技术的发展，物流技术水平也在不断提高，逐步走向现代化，如运输工具的发展、仓储设施的建设等，但它们的从属地位并没有根本改变，这就在很大程度上限制了物流技术的发展和经济潜力的发挥。直到 20 世纪 50 年代，流通成本相对上升的矛盾突出以后，物流科学的重要性才被人们所认识，从而促进了物流科学的产生和发展，也就是说，物流学是在生产高度发展之后为适应社会需要才产生的，这是形成物流后进性的根本原因。

（2）形成后进性的另一个原因是，物流科学是融合了许多相邻学科的成果以后逐渐形成的，如运筹学、经济学、系统工程等都是物流科学形成的重要基础。现代物流学对实践的指导作用，对社会经济和生产发展的价值体现，也必须依赖于电子计算机技术才能得以实现。因此，物流学只能在这些科学与技术发展到一定程度之后才能产生和发展。

三、物流的分类

在社会经济领域中物流活动无处不在，许多有自身特点的领域都有自己特征的物流活动。虽然物流的基本要素相同，但由于物流对象不同，物流目的不同，物流范围、范畴不同，就形成了不同类型的物流。

（一）按物流系统涉及领域分类

1、宏观物流

宏观物流是指社会再生产总体的物流活动，它是从社会再生产总体角度认识和研究物流活动的。这种物流活动的参与者是构成社会总体的大产业、大集团，宏观物流也就是研究产业或集团的物流活动和物流行为。

宏观物流还可以从空间范畴来理解，它是在很大空间范畴的物流活动，往往带有宏观性。宏观物流也指物流全体，它是从总体来看物流，而不是从物流的某一个环节来看物流。宏观物流研究的主要特点是综观性和全局性，主要研究内容是物流总体构成、物流与社会的关系、物流在社会中的地位、物流与经济发展的关系、社会物流系统与国际物流系统的建立和运作。社会物流、国民经济物流、国际物流都属于宏观物流。

2、微观物流

消费者、生产企业所从事的实际的、具体的物流活动属于微观物流。在整个物流活动中的一个局部、一个环节的具体物流活动也属于微观物流；在一个小地域空间发生的具体的物流活动也属于微观物流；针对某一产品进行的物流活动也是微观物流。微观物流研究的主要特点是具体性和局部性。我们经常涉及的下述物流活动皆是微观物流，即企业物流、生产物流、供应物流、销售物流、回收物流、废弃物物流、生活物流等。

（二）按物流系统涵盖领域分类

1、社会物流

社会物流指超出一家一户的以面向社会为目的的物流。这种社会性很强的物流往往是由专门的物流承担者承担的。社会物流的范畴是社会经济的大领域，它研究再生产过程中随之发生的物流活动，研究国民经济中的物流活动，研究面向社会、服务社会又在社会中运行的物流，研究社会中的物流体系的结构和运行，因此社会物流带有综合性和广泛性。

2、企业物流

企业物流是指生产和流通企业围绕其经营活动所发生的物流活动。它是从企业角度研究与之有关的物流活动，是具体的、微观的物流活动的典型领域。企业物流又可按生产过程分为供应物流、生产物流、销售物流、回收物流与废弃物物流。

（三）按物流活动覆盖范围分类

1、国际物流

跨越不同国家（地区）之间的物流活动称为国际物流。

国际物流是国际间贸易的一个必然组成部分，各国之间的相互贸易最终通过国际物流来实现。当今世界的发展主流是国家与国家之间的交流越来越频繁，任何国家如果不投身于国际经济大协作的交流之中，本国的经济技术就得不到良好的发展。目前，工业生产正在走向社会化和国际化，出现了许多跨国公司，一个企业的经济活动范围可以遍布世界各地。因此，国际物流是现代物流系统中重要的物流领域。

2、国内物流

生产和消费等所有物流场所都在一个国家境内进行时所形成的物流就是国内物流。国内物流也包含着各种形式的物流，即国内宏观物流、国内微观物流、国内社会物流、国内企业物流等。

物流作为国民经济的一个重要方面，也应该纳入国家的总体规划。全国物流系统的发展必须从全局着眼，对于部门分割、地区分割所造成的物流障碍应该清除。在物流系统的建设投资方面也要从全局考虑，使一些大型物流项目能尽早建成。国家整体物流系统化的推进，必须发挥政府的行政作用，具体说有以下几个方面。

（1）进行物流基础设施的建设，如公路、港口、机场、铁路等的建设，大型物流基地的配置等。

（2）制定各种交通政策法规，如铁路运输、汽车运输、海运、空运的价格规定以及税收标准等。

（3）实施与物流活动有关的各种设施、装置、机械的标准化，这是提高全国物流系统运行效率的必经之路，如“物流模数”的建立，各种票据的标准化、规格化等。

（4）物流新技术的开发、引进和物流技术专门人才的培养等。

3、地区物流

所谓地区物流，有不同的划分原则。首先，按行政区域划分，如西南地区、华东地区、东北地区等；其次，按经济圈划分，如苏（州）无（锡）常（州）经济区、黑龙江边境贸易区等；再次，按地理位置划分，如长江三角洲地区、珠江三角洲地区、河套地区等。

地区物流系统对于提高地区企业物流活动的效率以及保障当地居民的生活福利环境，具有不可缺少的作用。研究地区物流应根据地区特点，从本地区利益出发组织好物流活动。

（四）按物流服务对象分类

1、一般物流

一般物流是指服务对象具有普遍性，物流运作具有共同性和一般化特点的物流活动。它的研究着眼点在于物流的一般规律，带有普遍的适用性。

2、特殊物流

特殊物流是相对于一般物流而言的，指在专门范围、专门领域、特殊行业所开展的具有自身特点的物流活动和物流方式。它的任务是研究这种特定物流的特殊规律，以期取得更大的社会效益和经济效益。从形式上看，城市环境物流、危险品物流、燃料物流、大件物品物流等都属于特殊物流。

（五）其他物流

除上述分类外，还有绿色物流、军事物流、第三方物流、定制物流、虚拟物流等。

（1）绿色物流　在物流过程中，通过抑制物流对环境造成危害的同时，实现对物流环境的净化，使物流资料得到最充分利用，如包装物的重复再利用等。

（2）军事物流　用于满足平时、战时军事行动物资需求的物流活动，如战略物资的储备与运输等。

（3）第三方物流　独立于供需双方，为客户提供专项或全面的物流系统设计或系统运营的物流服务模式。

（4）定制物流　根据用户的特定要求而为其专门设计的物流服务模式。

（5）虚拟物流　利用计算机网络技术进行物流运作与管理，实现企业间物流资源共享和优化配置的物流方式。

提示板 1-3：物流的分类

1. 按物流系统涉及领域分：宏观物流、微观物流
2. 按物流系统涵盖领域分：社会物流、企业物流
3. 按物流活动覆盖范围分：国际物流、国内物流和地区物流
4. 按物流服务对象分：一般物流和特殊物流
5. 其他分类：绿色物流、军事物流、第三方物流、定制物流、虚拟物流

第二节　物流管理概述

一、物流管理的基本概念

“管理”指为实现一定的目标对管理对象实施一定的管理职能，如计划、组织、指挥、协调、控制、考核等的活动。

物流管理的定义是：为达到既定的目标，对物流的全过程进行计划、组织、协调与控制。详见《中华人民共和国国家标准物流术语》（GB/T 18354—2006）。

（一）物流管理是对物流活动诸环节的管理

物流活动涉及运输、储存、装卸、搬运、包装、流通加工、配送、信息处理等环节，只有对各环节进行合理组织与安排，协调各环节的作业，才能实现整个活动的顺畅进行。

（二）物流管理是对物流系统诸要素的管理

物流管理具有管理的一般属性，要对物流系统各生产要素进行合理组织，这些生产要素包括人、财、物、设备、资金、信息等，要充分发挥各项资源的功效，以实现最佳的生产效率。

（三）物流管理的具体职能是计划、组织、协调与控制

物流管理是对物流活动进行的计划、组织、协调与控制，而计划、组织、协调与控制职能正是物流管理的具体职能。计划工作为各项活动拟定可行方案，是各项工作成功与否的关键。组织工作就是把各要素、各环节连接起来，实现空间和时间上的衔接，合理组织成一个整体，有效实现物流过程。协调工作就是做好各部门、各环节的配合，在分工协作的基础上实现总体目标。控制工作就是以物流计划为目标，考察实际完成情况，不断分析差异、采取对策。

（四）物流管理要以最低的物流成本达到用户满意的服务水平

物流管理的目标是在达到顾客满意的情况下最大限度地降低成本，这就要求不断改进操作技能，采用现代管理方法，实现人、财、物等资源的合理配置，提高经济效益。

提示板 1-4：物流管理的内涵

对物流管理的基本概念的四点理解：

1. 物流管理是对物流活动诸环节的管理
2. 物流管理是对物流系统诸要素的管理
3. 物流管理的具体职能是计划、组织、协调与控制
4. 物流管理要以最低的物流成本达到用户满意的服务水平

二、现代物流管理的特征

1、现代物流管理以实现顾客满意为第一目标

现代物流是在企业经营战略基础上从顾客服务目标的设定开始，进而追求顾客服务的差别化战略。在现代物流中，顾客服务的设定优先于其他各项活动，并且为了使物流顾客服务能有效地开展，在物流体系的基本建设上，要求具备与完善物流中心、信息系统、作业系统和组织构成等条件。具体来讲，物流系统必须做到：① 物流中心网络的优化，即要求工厂、仓库、商品集中配送、加工等中心的建设（规模、地理位置等），既要符合分散化的原则，又要符合集约化的原则，从而使物流活动能有利于顾客服务的全面展开。② 物流主体选择的合理化，即从生产阶段到消费阶段，会经过供应商、制造商、分销商等物流主体，他们的选择会直接影响到物流活动的效果或实现顾客服务的程度。③ 物流信息系统的高度化，即能及时有效地反馈物流信息和顾客对物流的期望。④ 物流作业的效率化，即在配送、装卸、加工等过程中采用高效率的作业方法和作业手段，以使企业最有效地实现商品价值。

2、现代物流管理以企业整体最优为目的

现代物流所追求的费用最省、效益最高，是针对物流系统最优而言的。当今的商品市场，商品生产周期的不断缩短，流通地域的不断扩大，使顾客要求高效而经济地输送物资，在这种状况下，如果企业物流仅仅追求“部分最优”或“部门最优”，将无法在日益激烈的企业竞争中取胜。从原材料的采购到商品向消费者移动过程中的各种活动，不光是部分和部门的活动，而是将部分和部门有效结合发挥出综合效益的活动。现代物流理论的目的正是力图追求全体最优。应当注意，追求全体最优，并不是可以忽略物流的效率化，物流部门在强调全体最优时，应当与现实相对应，彻底实现物流部门的效率化。

3、现代物流管理注重整个流通渠道的商品运动

以往人们认为物流管理的对象是“销售物流”和“企业内物流”，即从生产阶段到消费者阶段的商品的实体移动，而现代物流的管理范围已经远远超出了这一区域，包括了从供应商、制造商、分销商到消费者的供应链之间的物资流及相关的信息流、资金流的管理。

4、现代物流管理既重视效率更重视效果

现代物流管理与传统物流管理相比，有许多变化。首先，在物流手段上，从原来重视物流的机械、机器、设施等硬件要素转向重视信息等软件要素。在物流领域方面，从以运输、储存为主的活动转向物流部门全体，也就是包含采购、生产、销售领域或批发、零售领域的物流活动扩展。其次，在物流需求的对应方面，原来强调的是运力的确保、降低成本等企业内需求的对应，现代物流则强调物流服务水准的提高等市场需求的对应，进而更进一步地发展到重视环境、公害、交通、能源等社会需求的对应。以上论述表明，原来的物流以提高效率、降低成本为重点，而现代物流不仅重视效率方面的因素，更强调的是整个流通过程中的物流效果，也就是说，从成果的角度来看，有些活动虽然使成本上升，但如果它有利于整个企业战略的实现，那么这种物流活动仍然是可取的。

5、现代物流管理是对商品运动的全过程管理

现代物流是将从供应商开始到最终顾客整个流通阶段所发生的商品运动作为一个整体来看待的，因此，这对管理活动本身提出了相当高的要求。具体讲，伴随着商品实体的运动，必然会出现“位置移动”和“时间推移”这两种物流现象，其中，时间推移在当今产销紧密联系，流通整体化、网络化的形势下，已成为一种重要的经营资源。现代经营不仅要求物流活动能实现经济效率化和顾客服务化，而且还必须及时了解和反映市场需求，并将之反映到供应链的各个环节，以保证生产经营决策的正确和再生产的顺利进行，所以，缩短物流时间，不仅决定了流通全过程的商品成本和顾客满意，同时通过有效的商品运动，能为生产提供全面、准确的市场信息。任何局部问题的解决都无法从根本上实现时间的效率化，这就要求物流活动的管理应超越部门和局部的层次，实现高度的统一管理，现代物流所强调的就是如何有效地实现全过程管理，真正把供应链思想和企业整体观念贯彻到管理行为中。

6、现代物流管理重视以信息为中心

现代物流活动不是单个生产、销售部门或企业的事，而是包括供应商、制造商、批发商、零售商等所有关联企业在内的整个统一体的共同活动，因而现代物流通过这种供应链强化了企业间的关系。供应链管理就是对从供应

商开始到最终用户的整个流通过程中，全部商品运动的综合管理。这种供应链管理带来的一个直接效应就是产需的结合在时空上比以前任何时候都紧密，并带来了企业经营方式的改变，即从原来的投机型经营（建立在市场预测基础上的经营行为）转向实需型经营（根据市场的实际需求生产），伴随着这种经营方式的改变，在经营管理要素上，信息已成为物流管理的核心，没有高度发达的信息网络和信息技术的支持，如条码、电子数据交换（Electronic Data Interchange，EDI）、地理信息系统（Geographical Information System，GIS）、全球定位系统（Global Position System，GPS）等，实需型经营是无法实现的。

（一）物流管理的原则

1、服务性原则

物流业属于服务业，物流管理必须以用户为中心。随着商品经济向纵深发展，用户对物流活动更重视高效率、低消耗的效果。所以现代物流业必须满足用户多样化的需求，如在承担中长距离运输的同时，还要注意满足用户小批量、多批次、短距离、时间准的要求，甚至要为用户“量身定做”物流方案。例如，日本丰田公司先进的管理经验——“零库存”或称“准时生产方式”，当原料配件运到企业时正好上生产线，产品完工即运给下一道工序或用户，因此企业不需要库存，使储备资金占用达到最低。这种情况往往不是企业自备物流机构能做到的，必须有一个精干的物流机构支持，尤其在经济发达地区，都由专业物流企业承担，他们的服务与用户的需要配合得分毫不差，这充分体现了物流的服务性。

2、通用性原则

专业物流企业为用户提供个性化服务必然发生高昂的费用，但是，如果能采用通用化的物流设施与设备，提高设施与设备的利用率，就能降低物流成本。例如，集装箱、托盘等集装工具的标准化，规定最小的集装单元的尺寸是600mm×400mm等，都是通用性的具体表现。

随着现代物流业全球性的发展，不仅要求设施与设备的通用，而且要求包括商务单证、手续规则的通用等，这些也是现代物流业发展所要研究解决的问题。

3、合理化原则

物流企业要降低物流成本，就要考虑按最优模式设计它的作业，对它的各个作业环节——运输、储存、包装、装卸、搬运、流通加工等进行合理组织。需要注意的是，在物流的作业环节中，存在着相互制约问题，即“背反现象”。例如，按小批量进货，可以降低存储成本，但要增加采购次数，又会使采购费用增加；简化包装可以降低包装成本，但包装强度降低，会使破损率上升，维修或赔偿费用增大，甚至损害自己的声誉等。因此，物流管理应遵循合理化的原则，要进行周密的考察，衡量各方面的利害关系、影响程度等，确定矛盾双方各自应该具有的水平，得到适宜的处理方法，使综合效益最大。

提示板 1-5：物流管理的原则

服务性原则、通用性原则和合理化原则。

（二）各国物流管理的差别

人们常说，物流水平代表一个国家的经济发展程度，物流管理体现各个国家民族特性和经济模式的差异。例如，日本注重物流成本的测算，英国致力于构筑综合性物流体制，美国则以物流机械的现代化作为物流管理的切入点。比较分析物流发达国家之间的物流管理差别，借鉴其先进经验，对我国构建现代物流体系将有所裨益。

1、日本的物流管理

日本物流业是从 20 世纪 50 年代发展起来的，经历了初始阶段、以流通为主的阶段、以消费为主的发展阶段和现代物流阶段。以不断降低物流成本为目标，日本积累了一套行之有效的物流管理经验——通过物流成本管理，提高物流效益。成本核算涉及到各个领域，如供应物流、生产物流、销售物流、退货物流、废弃物物流等，具体到每一个环节、每一个项目，日本物流界都有严格的考核办法。从细微处着手，精细中见功夫，使日本的物流管理卓有成效，并在世界物流理论界独树一帜。

2、英国的物流管理

20 世纪 60 年代末期，英国组建了物流管理中心，协助企业制订物流人才的培训计划，组织各类物流专业性会议，到 20 世纪 70 年代，正式组建了全英国物流管理协会。协会以提高物流管理的专业化程度为宗旨，并为运输、装卸等部门管理者和其他对物流有兴趣的人员提供了一个相互交流的中心场所；秉持综合性的物流理念，并致力于发展综合物流体制，以全面规划物资的流通业务。这一模式强调为用户提供综合性的服务。在这一思想下建立的综合物流中心向社会提供以下几类业务：送物中心，办理海关手续，提供保税和非保税仓库，货物担保，道路和建筑物的维护，铁路专用线，代办税收等。多功能综合物流中心的建立，对整个欧洲的影响很大，也形成了英国综合性的物流体制。

3、美国的物流管理

美国物流产业规模为 9 000 亿美元，几乎为高技术产业的两倍多，占美国国内生产总值的 10%以上。美国公司库存成本巨大，每年支出的库存利息有

40多亿美元，支付的税金、折旧费、贬值损失及保险费用有80多亿美元，仓库费用有20多亿美元，整个物流活动占制成品成本的15%～20%。

撬动美国物流的杠杆之一是物流机械。为提高运输效率，降低运输成本，美国不断加大车辆载重量，一级长途营运企业汽车平均载重量从1950年的5t逐年增加到现在的30～40t。美国还注重专用车辆的发展，有可运送温度低至-185～-235℃压缩气体的保温液罐车，运送温度高达205℃沥青的液罐车等，美国在物流管理领域已实现了高度的机械化、自动化和计算机化。

第三节　现代物流产业

目前，物流产业已经成为促进世界经济发展的主体行业，物流是国民经济的基础之一，物流通过不断输送各种物质产品，使生产者不断获得原材料、燃料以保证生产过程的正常进行，同时不断将产品运送给不同的需要者，以使这些需要者的生产、生活得以正常进行。20世纪90年代以后，物流在国民经济中越来越多地表现为一个独立的、综合的业种——现代物流产业。

一、现代物流产业的特征

现代物流产业除具有传统物流的特征外，还具有以下特征。

（一）多功能化

现代物流不只是提供仓储和运输等单一的服务，还必须开展配送和其他各种高附加值的流通加工服务项目，提供多功能服务，也可以按用户要求，提供个性化服务。现代物流业追求全面的、系统的综合效果，提倡“供应链”管理，即通过从供应者到消费者供应链的综合运作，使物流达到最优化，为用户承担从库存决策、订货采购、运输装卸、分装储存、配送发出以及用后回收等一条龙服务。将供应链看成是可增值的产品，其目的不仅是降低成本，更重要的是可以提供用户期望以外的增值服务，以产生和保持竞争优势。从某种意义上讲，供应链是物流系统的充分延伸，是产品与信息从原料到最终消费者之间的增值服务。因为以往商品经由制造、批发、仓储、零售各环节间的多层复杂途径，最终才到消费者手里，而现代物流业已简化为由制造经配送中心而送到各零售点，这样就减少了物品实体运动的路线，大大提高了物流速度，从而促使社会的整体生产力水平和经济效益提高。

例如，美国通用汽车公司在美国13个州中大约有400个供应商负责把各自的产品送到30个装配工厂进行组装。原来是自行运送，由于货车满载率低，使库存和配送成本急剧上升。后来通用汽车公司委托专业物流公司P公司承接该配送业务。在调查了解配送路线后，P公司布置一个配送中心负责接货、组配、分送半成品，出动了60辆货车、72辆拖车，通过电子数据交换系统调度车辆，设计最优送货路线，运用卫星定位技术，随时了解行驶中车辆的位置，及时组织半成品、代运品共同配送，既降低了投入的车辆数，又降低了车辆的空载率，从而大大减少了通用汽车公司的流通费用。

（二）信息化、网络化

信息化、网络化是现代物流的主要特点。现代物流信息多，要提供最佳的服务，物流系统必须要有良好的信息处理和传输系统以及计算机互联网系统，它能使生产企业、流通企业以及消费者之间的信息传递和处理可以不受空间和地域的限制，为信息的使用者提供最大限度的灵活性和实效性。物流信息化，包括商品代码和数据库的建立，运输网络合理化，销售网络系统化和物流中心管理电子化建设等方面。可以说，没有现代化的信息管理，就没有现代化的物流服务。

例如，美国洛杉矶西海报关公司与码头、机场、海关都有信息联网。当货物从世界各地起运，客户便可以从该公司获得准确的到达时间、到泊（岸）位置，使收货人与各仓储、运输公司等相关部门做好准备，以便货物快速流动，安全、高效地直达目的地。再如，美国橡胶公司（USCO）的物流分公司设立了信息处理中心，接受世界各地的订单，通常在几小时内便可把货物送到客户手中。良好的信息系统能大大提高服务水平，赢得客户的尊敬与信赖。

在大型的配送公司里，往往建立了ECR和JIT系统。所谓ECR，即有效客户信息反馈，它可以做到客户要什么就生产什么，而不是生产出东西等客户来买。如果平常仓库货物的周转次数每年约20次左右，那么利用ECR这种有效手段之后便可提高到每年约24次左右，使得仓库的吞吐量大大增加。通过JIT系统，企业可以从零售商店很快地得到销售反馈信息，这不仅实现了内部的信息网络化，而且增强了对货物信息的跟踪、反馈能力，从而大大提高了物流企业的服务水平，降低了成本，增强了竞争力。

（三）系统化

现代物流业以服务作为第一宗旨，从当前物流的现状来看，物流企业不仅要为本地区服务，而且还要做长距离的跨区域服务，所有客户都希望得到很好的物流服务，现代物流业需从系统观点出发，通过物流功能的最佳组合实现物流整体最优化，注重物流系统输出质量，满足用户需求。美国、日本物流企业成功的要诀，就在于他们都十分重视对客户服务的研究。

例如，美国雷兹集团公司（APC）就是一个以运输和配送为主的大公司。优质和系统的服务使物流企业与货主企业结成战略伙伴关系（或称策略联盟），一方面有助于货主企业的产品迅速进入市场，提高竞争力；另一方面则使物流企业有稳定的资源。对物流企业而言，服务质量和服务水平正逐渐成为比价格更为重要的选择。

（四）自动化、智能化的设施和设备

现代物流活动中，广泛使用先进的运输、仓储、装卸、搬运、包装以及流通加工等手段。运输手段的大型化、高速化、专用化，装卸搬运机械的自动化，包装的单元化，仓库的立体化、自动化，以及信息处理和传输的计算机化、电子化、网络化等，为开展现代物流提供了保证。

自动化、智能化的设施和设备包括条码，语音、射频自动识别系统，自动分拣系统，自动存取系统，自动导向车，货物自动跟踪系统等。

提示板 1-6：现代物流业的特征

多功能化，信息化、网络化，系统化，自动化、智能化的设施和设备。

二、现代物流产业的行业组成

（一）交通运输业

这是现代物流业的主体行业，包括：

1、铁路货运业

铁路货运业包括与铁路运输有关的装卸、储运、搬运等，从事的有整车运输业务、集装箱运输业务、混载运输业务和行李托运业务。铁路运输的优势在于能承担低价值物品的中长距离大宗货运。

2、汽车货运业

汽车货运业分为一般汽车货运和特殊汽车货运。一般汽车货运业从事普通性质的货物干线运输或区域运输，特殊货运是专门运送长大、笨重、危险品、鲜活易腐品等特殊物品的运输。汽车运输的优势在于可以提供短距离下迅速、便利、直达的运输服务，比其他运输方式更适合承担小批量、多批次的配送业务。

3、水路货运业

水路货运业包括远洋、沿海、内河三大类别的船舶运输。远洋运输是海上长途运输，这种运输是国际物流中的主要运输方式，主要业务内容有船舶运输、船舶租赁和租让、运输代办等，其最大优势是运量大、成本低。沿海运输主要从事近海、沿海的海运。内河运输主要在内河水路从事船舶货运。

4、航空货运业

航空货运业的主要业务有国际航空货运、国内航空货运、快运等，航空运输优势是速度快。

5、管道运输业

管道运输业主要用于液体、气体、粉末及颗粒状货物的运送，优点是货损、货差少。

（二）仓库业

仓库业通过提供仓库承担存储货物业务，有代存、代储、自存自储等。现代物流业的存储环节除了原有的保管储存外，还要承接大量流通加工业务，如分割、分拣、组装等，同时还承担了物流中分量很重的装卸业务。

（三）通运业

通运业是物流业中主要行业之一，他们起了很重要的沟通中介作用。例如，集装箱联运业、运输代办业、行李托运业、集装箱租赁经营业、托盘联营业等。

（四）配送业

配送业是指以配送为主的各类行业，这是物流中连接到消费者的不可忽视的环节，这一行业要从事大量的商流活动，是商流和物流一体化的行业。

（五）物流咨询业

通过物流业务咨询为客户提供服务，为用户创造价值，包括物流中介和提供物流规划服务。

三、物流产业发展的趋势

随着经济全球化、信息化、网络化大潮的来临，物流业也正在进行一系列的整合，物流业的规模和活动的范围将进一步扩大。作为第三利润源，物流业在国民经济中的地位和作用显著提高，已成为21世纪新的经济增长点之一。

（一）物流业整合

1、物流功能的整合

物流的服务范围不断扩大，物流企业不仅要为货主提供优质的服务，而且要具备运输、仓储、进出口贸易等一系列知识，深入研究货主企业的生产经营；一体化配送中心也不单单是提供仓储和运输服务，还必须开展配货、配送和各种提高附加值的流通加工服务项目及提供客户需要的其他服务。因此，单一的运输、仓储等功能简单叠加已不能满足需要，物流功能的整合是物流业的发展方向。

同时也应看到，尽管物流企业经营向着综合化、集约化发展，但多数仍保持了其专业化特点，具有突出的主业物流。事实上，综合化与专业化并不矛盾，为了适应市场，企业会选择综合化发展方向；为了保持其所擅长领域的领先地位，甚至是统治地位，企业会突出主业，选择专业化发展方向。从营销学角度看，即产生了“多角化”与“细分化”两种市场经营战略。

企业追求的是全面、系统的综合物流效果，而不是单一的、孤立的局部物流效益。物流功能整合后的供应链系统，完全适应了流通业的经营理念，使未来的产业分工更加精细，产销分工日趋专业化，大大提高社会的整体生产力和经济效益，使流通业成为整个国民经济的中心。

2、物流资源和市场的整合

物流服务的全球化是今后发展的一大趋势，作为全球化的生产企业要在世界范围内寻找原材料、零部件来源，并需选择一个适应全球分销的物流中心及集散仓库，随即将第三方物流网络带入了全球市场。国际运输企业之间开始形成一种覆盖多航线的，相互之间以资源、经营的互补为纽带的，面向长远利益的战略联盟，使全球物流更能便捷地进行，全球范围内的物流设施得到充分的利用，有效降低运输成本，从而实现物流资源和市场的整合。

（二）物流联盟

物流联盟指的是两个或两个以上的经济组织为实现特定的物流目标而采取的长期联合与合作，它是 21 世纪物流业的主要经营形式。

1、纵向物流联盟

纵向物流联盟是指处于流通渠道不同阶段的企业之间通过相互协调，形成合作性、共同化的物流管理系统，即供应链物流联盟。其主要形式有批发商与生产商之间的物流协作、批发商和零售商之间的物流协作等。

2、横向物流联盟

横向物流联盟指相同产业或不同产业的企业之间就物流管理达成协调、统一运营的机制。同产业之间不同企业的协作，是为了降低多样化和及时配送产生的高额物流成本，相互之间形成的一种通过物流中心的集中处理实现低成本物流的系统；而不同产业之间的协调物流，是将不同产业企业生产经营的商品集中起来，通过物流或配送中心达成企业间物流管理的协调与规模效益性，如建立物流园区。

现代物流业在我国正处于步入快速发展的新时期，这既给国民经济带来新的效益增长点，又给我们带来了新的挑战，物流时代这种发展态势一定会使我国在经济、技术、文化等各个方面出现更大的进步。

提示板 1-7：现代物流业的行业组成

交通运输业（铁路货运业、公路货运业、水路货运业、航空货运业及管道运输业），仓储业，通运业，配送业，物流咨询业。

第四节　我国现阶段对物流产业的界定与职业领域的划分

发展我国的物流产业，以提升经济运行总体的质量和企业的市场竞争力，已经成为社会各界的共识，但是，目前我们对物流产业还没有统一的认识，甚至还没有给出明确的定义。虽然对什么是物流企业已经有了一个标准的定义，但由于历史的局限性，该定义还存在许多值得探讨之处。有关物流产业的规模和结构，问题和目标，以及它对宏观和微观经济的作用和影响等方面的研究还显得比较单薄。没有共同的理念就不能发展共同的事业，毕竟物流管理的理论和实践在我国的推广已经有二十余年。

一、我国物流产业研究现状之扫描

就目前我国物流产业研究的现状来看，各界对物流产业属于服务业或“第三产业”的范畴是无可争论的。因为物流企业为市场提供的是以运输管理和仓储管理为核心的客户服务，为企业提供的是以客户服务为核心的市场营销支持，即物流管理服务。

但是对物流产业自身的范畴，即什么样的企业或哪些类型的企业属于物流企业尚存在不同意见。

1. 物流产业和物流企业

在具体考察我国物流产业研究现状之前，先来简单考察一下物流产业和物流企业的关系是非常有益的。毫无疑问，物流企业共同构成所谓的物流产业。因为物流企业的微观运作共同构成了物流产业的宏观走向，进而为所谓宏观政策的调整提供了市场的依据。我们可以从宏观的角度来讨论物流产业的发展，实际上首先就要在微观的层面上来研究物流企业的发展。物流企业是物流服务市场的主体，物流服务的运作是企业的行为。物流企业的定性研究是确定物流产业是否能够独立存在并不断发展的基础。

换句话说，物流企业的界定明确了，物流产业的边界也就随之划定了。要明确物流企业的边界，就必须首先界定物流企业的独特的功能性活动，即首先要对物流（物流管理）有一个科学的定义，以建立研究问题和发展市场的共同平台。

应该考虑直接接受美国 CLM 对物流管理的推荐性定义。物流管理是企业行为和客户服务的手段。物流企业的产品就是物流管理服务。当然，物流管理的理念是不断发展的。

2. 对物流产业界定的几个主要观点

归纳起来，目前对物流产业和物流企业的认识主要有以下几种。

（1）有的认为单纯的运输、仓储和货代等企业不是物流企业，因为物流的运作是管理服务。只有那些能够为客户提供一体化物流服务的第三方物流企业（3PL）才能够算作物流企业。也有的认为传统的运输、仓储和货代等企业都应当算作物流企业。

（2）《物流术语》国家标准（2006）对物流企业的定义是：从事物流基本功能范围内的物流业务设计及系统运作，具有与自身业务相适应的信息管理系统，实行独立核算、独立承担民事责任的经济组织。

（3）有的认为物流不能算作一个独立的产业，运输、仓储、货代、船代等早就作为独立的产业或行业而存在。如果物流是一个独立的产业，它的边界在哪里？它的投入和产出又是什么？还有的认为物流业属于更大的商贸流通业的范畴。

（4）物流产业是"复合产业"的概念，有的认为物流产业是"专门从事物流活动的企业集成"。

这些不同认识之间的差异是显而易见的。

3. 物流产业的家族

许多人是根据我国2006年颁布的《物流术语》国家标准中对物流的定义来理解物流产业的。该定义为：物流是"物品从供应地向接收地的实体流动过程。根据实际需要，将运输、储存、搬运、包装、流通加工、配送、信息处理等基本功能实施有机结合。"

所以，除了传统的运输、仓储，以及货代和港口企业早就自认为属于物流企业以外，物流园区、物流基地或物流中心也是属于物流业的。我们还常常看到快递企业属于物流企业，邮政也属于物流企业，包装业应属于物流业，分销连锁企业也应属于物流企业，批发零售企业都要转型为物流企业，甚至交通运输和通信基础设施建设都属于物流业。此外，还有所谓的流通加工业、物流配送业、物流信息业等提法。这必然使物流企业以至物流产业的独立性受到质疑。

以包装业为例，我国目前有包装企业2万多家，300多万个就业岗位。整个包装行业承担着3万多亿元国内商品和8 000多亿美元出口商品的包装任务。包装工业产值超过2 300亿元。以包装材料制造为主的包装业不应该归属到物流产业，实际上，作为物流服务功能性活动的包装，主要是指货物运输和仓储过程中的防护性和便利性包装，以及相关技术的应用，如托盘技术、堆码技术、配载技术、可回收料斗技术、集装箱运输技术，以及相关的信息应用技术等。

配送服务是物流服务的一种方法。物流管理中包含了对配送作业的管理。

显然，物流产业的范畴会随着市场需求的发展而不断扩展。只要有新的市场需求，新的产业或行业就会应运而生。至于新市场的规模能做到多大，要看企业拓展市场的能力。所以，物流企业的生存和发展才是物流产业发展的根本之道。

物流企业的服务性决定了它必须通过不断提升服务水平来培育和拓展物流服务市场。所以，对众多的传统储运和货代企业来说，当务之急是尽快提升仓储管理服务（不是仓储作业）、运输管理服务（不是运输作业）的能力和一体化管理能力，并在此基础上逐步延伸服务，逐步与货主企业结成战略联盟。把基础的运输管理、仓储管理和中介服务管理做好做精是物流企业从初级形态向高级形态进化的最根本的途径。

当市场存在不断发展的物流管理服务需求，又有一批企业有能力满足这种变化的需求的时候，物流产业的发展就会获得持久的动力。

二、物流产业和物流企业的定义

按照《国民经济行业分类》的定义，即“一个行业（中产业）是指从事相同性质的经济活动的所有单位的集合”，再根据产业分类定义的一般结构法则，如运输即交通运输业就是指国民经济中从事运送货物和旅客的社会生产部门，制造业即加工工业是指对农业和采掘业所生产的原料或半成品进行加工的工业部门的总称，我们可以把物流产业定义为：物流产业即企业后勤服务业是指从事生产和营销服务保障的所有服务单位的总称。

同时，我们可以将物流企业拓展定义为：专门为市场提供物流管理服务的企业。这类企业的集成就是物流产业或物流行业。

以产品为中心的物流服务体系将是物流产业最显著的结构特征。以客户为中心的物流服务模式将是物流产业最显著的运营特征，以降低物流总成本为中心的物流服务运作将是物流产业最显著的经济特征。

由此可见，能够为客户提供阶段性的或全程性物流管理服务的，能够为客户提供一体化物流管理解决方案的，能够为客户提供运输管理服务或仓储管理服务的企业都是物流企业。物流企业包括拥有或不拥有实体储运资产（能力）的企业，具备了物流管理服务功能的运输仓储企业，专门从事多式联运整合营销的企业，专门从事物流解决方案设计的咨询企业，专门从事物流信息支持和管理服务的企业。

我们还可以从以上分析中得出结论：物流产业具有从属性和服务性的特征。

提示板 1-8：物流产业的特征

物流产业具有从属性和服务性的特征。

在经济全球化大潮的推动下，在物流服务市场逐步成熟的时候，物流管理服务将在市场体系中取得独立的产业地位，并逐步细分为不同的物流行业体系。这个体系将包括：食品物流服务业，其中又包括冷藏食品物流业、生鲜食品物流业、包装食品物流业等；汽车物流服务业，其中又包括零部件供应物流业、整车配送物流业等；化工物流服务业，其中又分为液体化工产品物流业和气体化工产品物流业等；石油产品物流服务业，其中又分为原油物流业和成品油物流业等；钢铁物流服务业；矿产物流服务业；危险品物流服务业；设备物流服务业；药品物流服务业，IT 物流服务业；服装物流服务业；粮食供应物流服务业；花卉物流服务业；废弃资源物流服务业；物流信息服务业；物流装备服务业；物流咨询服务业等。

而现有的运输业、仓储业以及各相关的物流服务业都将归入物流产业的旗下，并逐步融入以产品物流为中心的物流管理服务体系中去，并作为特定产业链或价值链的后勤服务资源而存在。

三、物流管理的职业领域

物流管理的职业领域涉及许多现有的行业和领域，个别地方还会出现重复，但按照我国的产业结构特点和我国现行的职业划分进行分类，我们可将目前比较被大众接受的职业划分归入表 1-1。

表 1-1 我国物流从业基本类型（职业领域）及能力要求

序号	项目	职业类型	能力要求	学历要求
1	操作人员	包装员、驾驶员、分拣员、验货员、仓管员、装卸搬运人员等	驾驶证等相关的资格证书	高中（中职）或以上文化程度
2	国际物流人员	报关员、报检员、国际货代员、单证员、外销员等	报关员证书或其他相关资格证书	大专、高职高专或以上文化程度
3	物流管理人员	物流经理、高级物流师等	物流师或企业经理资格证书	大学本科或以上文化程度
4	物流工程人员	配送工程师、包装工程师、机械工程师等	工程师或其他相关中级专业技术职务资格证书	大学本科或以上文化程度
5	物流信息技术人员	软件开发人员、软件维护人员等	软件、网络工程师或技师资格证书	大专、高职高专或以上文化程度
6	物流规划人员	物流规划师、交通规划师、物流系统分析师等	物流规划师、经济师或其他中级以上专业技术职务证书	大学本科或以上文化程度
7	物流教育及咨询人员	物流教师、物流咨询师、物流策划师等	物流专业讲师、经济师、工程师或其他中级以上专业技术职务证书	大学本科或以上文化程度

*第五节　物流的基本原理

在国外，物流的研究始于20世纪初。当时是从有利于商品销售的角度来研究物流的，并且主要是界定和解释物流的概念，从这时起学术界开始逐渐关注物流理论的研究。

20世纪80年代起，我国物资和贸易管理部门以及制造业和商业企业开始对物流给予重视。

一、物流思想的演变

（一）后勤管理的启蒙（1844年至第二次世界大战期间）

1844年，法国人J Depuit在其著作中强调重视供货管理功能，从而保持仓库保管与运输之间成本的均衡，但没有明确提出物流概念。19世纪末20世纪初，美国一些市场专家开始研究如何合理组织产品的分配，美国密歇根大学等先后开设产品分配课程。1905年C B Baker将关于军队移动与供给的科学称为Logistics，1912年A W Shaw将物质资料从供给者到需求者之间的物理性运动明确界定为Physical Distribution，这一般被认为是物流概念的起源。1922年Fred E Clark把Physical Distribution这一概念作为企业经营的一个要素加以研究，涉及物资运输、储存等业务。1935年，美国市场营销协会认为Physical Distribution是包含于销售之中的物质资料和服务从生产地点到消费地点流通过程中，伴随的种种经济活动。

第二次世界大战期间，美国陆军通过对运筹学和军事后勤理论的研究，创造出一种将武器弹药以及前线所需要的粮食、帐篷等物资，及时、准确、安全、迅速地供应给前线的后勤保障系统方法，用后勤管理（Logistics Management）替代物流，包括物资、人员和设备的获得、维护和运输。后勤管理的兴起，是物流发展的一个非常重要的阶段。

（二）物流价值的发掘（第二次世界大战以后至20世纪80年代初期）

第二次世界大战后，企业发现后勤管理对于指导企业的生产、采购、运输、储存等经营活动有益，并能为企业带来丰厚收益。1948年美国市场营销协会修改物流的定义，即物质资料从生产阶段移动到消费者或利用者手里，并对该移动过程进行管理。

1962年彼得·德鲁克将物流比作一块未开垦的处女地，强调应高度重视流通以及流通过程中的物流管理。1963年美国物流管理协会定义物流为把完成品从生产线的终点有效地移动到消费者手里的广范围的活动。有时也包括从原材料的供给源到生产线的始点的移动。

20世纪70年代，日本早稻田大学西泽修教授等提出了第三利润源泉学说，把改进物流系统称之为尚待挖掘的第三利润源泉（第一源泉是指降低原材料消耗，第二源泉是指降低劳务费用）。1976 年，Douglas M Lambert 对在库评价的会计方法进行了卓有成效的研究，指出在整个物流活动发生的费用中，在库费用是最大的一部分。此时，尽管仍然使用 Physical Distribution，但其内涵已经很大程度上偏向物流的商业价值。

（三）物流理论体系的构建（20 世纪 80 年代至 90 年代）

1985 年，美国市场营销协会将物流定义修改为为了迎合顾客需求而对原材料、半成品、产成品以及相关信息，从生产地向消费地的高效率、低成本流动和储存而进行的规划、实施与控制过程。这些活动包括但不局限于顾客服务、搬运及运输、仓库保管、工厂和仓库选址、库存管理、接受订货、流通信息、采购、装卸、零件供应并提供服务、废弃物回收处理、包装、退货业务、需求预测等。它标志着物流概念完成了从 Physical Distribution 向 Logistics 的巨大转变。1994 年，欧洲物流协会定义物流是在一个系统内对人员或商品的运输、安排及与此相关的支持活动的计划、执行与控制，以达到特定的目的。

学术界逐步认为 Physical Distribution 无论是范围和侧重点都已不适应企业新的经营环境，不得不把军事物流中的 Logistics 引入到企业经营中来，企业重视物流的侧重点也随之转向内部一体化物流管理（Integrated Logistics Management），并把物流的地位由构筑后勤管理系统，提高服务水平，上升为企业生存发展的关键，把物流管理一体化作为企业经营发展战略中最重要的组成部分。一体化物流是指将原材料、半成品和成品的生产、供应、销售结合成有机整体，实现生产与流通的纽带和促进关系，其目标是通过所有功能之间的平衡与协调降低企业整个物流系统的总成本，或者在一定的服务水平上使物流成本合理化。

（四）供应链管理理论（20 世纪 90 年代中期至今）

1997 年，物流的定义是与计划和执行供应链中商品及物料的搬运、储存及运输相关的所有活动，包括废弃物品及旧货的回收利用。美国物流管理协会在 1998 年将物流定义为物流是供应链活动的一部分，是为满足顾客需要对商品、服务以及相关信息从生产地到消费地高效、低成本流动和储存而进行的规划、实施、控制过程；2001 年又认为物流是供应链过程的一部分，它是对商品、服务及相关信息在起源地到消费地之间有效率和有效益的正向和反向移动与储存进行的计划、执行与控制，其目的是满足客户要求。

20 世纪 80 年代中期哈佛大学 Michael E Porter 教授提出了价值链理论，90 年代初在价值链理论的基础上，供应链思想应运而生。90 年代中期以后，学术界认识到物流的作用在新经济环境中还应该继续发展扩大，只有把物流与供应链联系在一起，才能进一步释放物流的能量与商业价值。

2006 年我国发布的《中华人民共和国国家标准物流术语》中对物流进行了这样的定义：物品从供应地向接收地的实体流动过程。根据实际需要，将运输、储存、装卸、搬运、包装、流通加工、配送、信息处理等基本功能实施有机结合。

（五）第三方物流理论

第三方物流理论是在社会发展到一定程度，社会分工越来越细的基础上，企业为提升自身的核心竞争力而提出来的。

第三方物流（Third Party Logistics，3PL）有不同的叫法，如物流外包、合同物流、契约物流、物流外协、物流委外、全方位物流服务公司、整合服务提供商、物流联盟等。3PL 指的是用外部公司去完成传统上由组织内部完成的物流功能（包括全部物流功能或所选择的部分功能）。Coyle 等（1996）认为 3PL 是对单一公司提供全部或部分物流职能的外部供应者。我国《物流术语》（2006）对 3PL 所下的定义是独立于供需双方，为客户提供专项或全面的物流系统设计或系统运营的物流服务模式。按照 Coyle 等（1996）的观点，3PL 公司通常代替客户执行两项以上物流功能的服务，但通常不会代替客户做存货管理，为提供客户服务所使用的物流设备通常是由 3PL 公司所控制。

（六）精益物流和绿色物流理论

1、*精益物流理论*

精益物流理论是起源于日本丰田汽车公司的一种物流管理思想，其核心是追求消灭包括库存在内的一切浪费，并围绕此目标发展一系列的具体方法。精益物流理论从精益生产（JIT Manufacture）和精益思想理论演变而来，物流学家将 JIT 的生产理论与精益思想运用到物流管理中，从物流管理的角度进行了大量的借鉴工作，并与供应链管理思想融合起来，提出了精益物流的新概念。

精益物流是运用精益思想对企业物流活动进行管理，其基本原则是：

（1）从顾客的角度而不是从企业或职能部门的角度来研究什么可以产生价值。

（2）按整个价值流确定供应、生产和配送产品中所有必需的步骤和活动。

（3）创造无中断、无绕道、无等待、无回流的增值活动流。

（4）及时创造仅由顾客拉动的价值。

（5）不断消除浪费，追求完善。

停滞和浪费可以归结为三类：一是向市场提供的商品和服务不能满足用户的要求，导致用户对其价值不认同；二是迂流和停滞，表现为员工的盲目调动和货物从一地点到另一地点的盲目运输；三是其他需要纠正的错误。

2、**绿色物流**

绿色物流是一个多层次的概念，它既包括企业的绿色物流活动，又包括社会对绿色物流活动的管理、规范和控制。从绿色物流活动的范围来看，它既包括各个单项的绿色物流作业（如绿色运输、绿色包装、绿色流通加工等），还包括为实现资源再利用而进行的废弃物循环物流，是物流操作和管理全过程的绿色化，它一般包括以下内容：① 绿色的储存和装运。在整个物流过程中运用最先进的保质保鲜技术，保障存货的数量和质量，在无货损的同时消除污染。周密策划运力，合理选择运输工具和运输路线，克服迂回运输和重复运输，多快好省地完成装卸运输。② 绿色的包装和再加工。包装不仅是商品的卫士，也是产品进入市场的通行证。绿色包装要醒目，还应符合 4R 要求，即少耗材（Reduction）、可再用（Reuse）、可回收（Reclaim）和可再循环（Recycle）。物流中的加工虽然简单，但也应遵循绿色原则，少耗费，高环保，尤其要防止加工中的货损和二次污染。③ 绿色信息的搜集和管理。物流不仅是商品空间的转移，也包括相关信息的搜集、整理、储存和利用。

绿色物流要求搜集、整理、储存的都是各种绿色信息，并及时运用到物流中，促进物流的进一步绿色化。

（七）分销渠道与商物分流理论

分销渠道是指某种货物和劳务从生产者向消费者移动时取得这种货物和劳务的所有权或实现其所有权转移的所有企业和个人。它主要包括中间商以及处于渠道起点和终点的生产者与消费者。在商品经济条件下，产品必须通过交换，发生价值形式的运动。商流与物流相结合，使产品从生产者到达消费者手中，便是分销渠道或分配途径。

商流和物流都是商品流通渠道的必要组成部分，是商品流通的两种不同的运动形式。商流是物流的前提，物流是商流的必要条件，两者相辅相成。当产品从生产者到用户时，一般需经过两个经济活动：一是产品的所有权的转移，这种转移伴随着一系列的商务、金融和法律活动。商流通过买卖交易，克服生产者和消费者的社会距离，也就是所有权距离。这可以通过买卖交易来实现，将商品与其等价物（或一定量的货币）进行交换，则商品的所有权转移给消费者。流通的这种功能，创造了商品的所有权效用。这种通过买卖交易创造商品所有权效用的过程，称之为商流。二是产品的空间和时间的转移，这种转移伴随着一系列的劳务和管理活动，如国际贸易的货物，一般要经过运输（陆运、海运、空运）、仓储、搬运、流通加工、配送等活动完成货物的空间和时间的转移，克服生产者和消费者之间的空间距离和时间距离。这种转移称之为物流。物流是产品或商品实现其价值而必然发生的经济活动。

商物分流是物流科学赖以存在的先决条件。所谓商物分流，是指流通中两个组成部分—— 商业流通和实物流通，各自按照自己的规律和渠道独立运动。商流与物流分离前后的形式如图 1-1 所示。如果物流以本身的特殊性与商流过程分离，较与商流过程完全重叠（如图分离前），显然更加合理有效。从马克思主义政治经济学角度看，在流通这一统一体中，商流明显偏重于经济关系、分配关系、权利关系，因而属于生产关系范畴；而物流明显偏重于工具、装备、设施和技术，因而属于生产力范畴。因此商物分流实际是流通总体中的专业分工、职能分工，是通过这种分工实现大生产方式下的社会再生产的产物。商物分流使交易的成本降低，有利于社会总效益和单个经济体收益的增加。

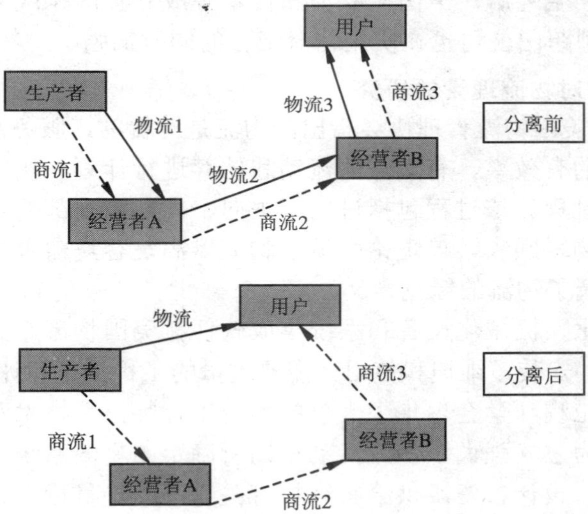

图 1-1　商流与物流分离前后流程对比

（八）物流配送与连锁经营的关系理论

连锁经营是国外广泛采用的一种先进的商业经营模式，是当今世界最富有活力、发展最快的经营模式。20 世纪 60 年代以来，连锁经营逐步在发达国家的零售业中占据了主导地位，其销售额一般要占到零售总额的 1/3 以上，时至今日已形成世界范围的连锁经营潮流。在我国大型专业家电连锁企业中，以国美、苏宁、三联、永乐和大中电器为代表。

连锁经营与其他零售形式相比，有着无法比拟的竞争优势。它集中分散的零售商，通过企业内部或企业之间的分工协作，提高了零售业的组织化水平，适应了多元分散的消费特点，一定程度上缓解了批量销售与分散的消费需求之间的矛盾。

连锁经营通过统一采购、统一仓储、统一配送、统一服务，实现服务标准化、经营专业化、管理规范化，从而取得规模效益，其实质是标准规范的规模经营。连锁经营与先进的管理方法和科学技术密不可分，是现代大工业生产的组织原理在商业领域的运用。物流管理是连锁经营的关键环节，它不仅保证经营的正常开展，保证对连锁企业至关重要的物流畅通，同时也影响着整个企业的管理效率。连锁经营物流管理模式也是多种多样的，或自己管理，或交给专业物流企业管理，或另辟他径。

连锁经营的核心本质在于物流管理的规模化、均衡化。

二、美国、日本、欧洲物流理论比较

物流理论产生之后，美国、欧洲和日本等成立了国家或区域性的物流学会或协会，大型跨国公司也在实施物流工程的同时加强了对物流的研究。

（一）美国对物流理论的研究

1985 年，美国物流管理协会指出，物流是对货物、服务及相关信息从起源地到消费地的有效率、有效益的流动和储存进行计划、执行、控制，以满足顾客要求的过程。该过程包括进向、去向、内部和外部的移动以及以环境保护为目的的物料回收。该理论强调了物流以满足客户需求为前提的核心价值，同时也强调了物流的绿色含义。

由于自动化、机械化设备和系统集成软件在美国物流产业的普及，而这些产品的设计、安装、维护和使用又需要大量的工程技术和计算机技术人员，所以美国物流工程师学会聚集了大量的物流工程师，其技术背景很强，成果也以物流技术为主，强调了物流活动早期所确定的物流系统设计。同时认为物流是与需求、设计、资源供给与维护有关的，支持目标、计划及运作的科学，是管理、工程及技术活动的艺术。

部分大型企业从长期的实践中得出对物流的总结性研究成果，如 Wal-Mart 就拥有自己的名词术语标准，用来解释和规范操作中的流程。物流公司 Exel 认为物流是与供应链中商品及物料的搬运、储存及运输相关的所有活动，包括废弃物品及陈旧品的回收利用；物流是围绕物料管理和实物流通所发挥的功能；物流是对动态和静态库存的管理。

（二）日本对物流理论的研究

20 世纪 60 年代日本通产省物流调查会提出物流是制品从生产地到最终消费者的物理转移活动，具体是由包装、装卸、运输、保管以及信息等活动所组成。日本对物流的理解主要是指产成品销售领域的流通活动，其实质是对流通成本的节约和压缩，此时尚未认识到物流能够创造利润。

20 世纪 80 年代，认为物流是创造时间性、场所性价值的经济活动，包括包装、装卸、保管、库存管理、流通加工、运输、配送等诸种活动，并逐步外延到包括流通加工、配送的一整套流通活动。

进入 90 年代后，日本开始由 Physical Distribution 转向 Logistics，从而用更为全面的包括企业物流与销售物流在内的物流活动范围覆盖原先的销售物流，并从单纯的流通领域的经济活动转变为将所有物流活动集成为一个系统，从而用系统的观点来分析和研究物流活动。物流是一种对于原材料、半成品和成品的有效率流动进行规划、实施和管理的思路，它同时协调供应、生产和销售各部门的个别利益，最终达到满足顾客的需求，即物流意味着按要求的数量、以最低的成本送达要求的地点，以满足顾客的需要作为基本标准。

（三）欧洲对物流理论的研究

欧洲物流协会在 1994 年发表的《物流术语》中认为：物流是在一个系统内对人员及（或）商品的运输、安排及与此相关的支持活动的计划、执行和控制，以达到特定的目的。这个界定将人纳入了物流的范畴，从而使物流对象的范围更为宽泛，并将物流视为一个完整的系统，从而使物流这一特定经济时期的经济活动上升为系统内部运动及其功能的高度。

三、我国对物流理论的探讨

提示板 1-9：我国对物流理论的探讨

我国对物流理论的探讨主要是三个方面：
物流规划技术问题、供应链理论研究、物流模式问题。

1、物流规划技术问题

物流规划技术是物流理论的重要组成部分，同时它也是物流定量研究的重要方面。从近期来看，我国国内的物流规划技术研究大体上包括：引进和开发了部分物流规划的专项技术，如物流网点布局的模拟方法、物流中心的规划方法等；从发展物流产业的愿望出发，研究物流各功能要素的整合模型，以供应链思想为指导，研究从物流小系统的局部优化转为物流大系统优化的方法和模式；研究计算机技术在物流规划中的应用问题。

2、供应链理论

供应链包括物料来源、产品生产、运输管理、仓库管理，甚至需求管理，通过这些功能的集合提供产品和服务给最终消费者。供应链包含着多种功能要素，供应链是由生产、流通等几个经济环节（或功能要素）集合而形成的。供应链既是企业组织、管理制度上的创新，同时也是生产、流通运行模式的调整。

3. 物流模式问题

提示板 1-10：物流模式

第三方物流、自营物流、物流联盟。

（1）第三方物流　第三方物流的功能是设计、执行以及管理客户供应链中的物流需要，其特点在于依据信息和知识，以最低的成本，提供与之无差别的服务。

（2）自营物流　在自营物流方式中，企业也会向运输公司购买运输服务或向仓储企业购买仓储服务，但这些服务都只限于一次或一系列分散的物流功能，而且是临时性、纯市场交易的服务，物流公司并不按照企业独特的业务程序提供独特的服务，即物流服务与企业价值链是松散的联系。

（3）物流联盟　组建物流伙伴可获得如下收益：降低成本，减少投资；获得技术和管理经验；提高为顾客服务的水平；取得竞争优势；降低风险和不确定性。

在流通实践中，企业选择什么样的物流模式，是自营物流还是外购物流，主要取决于两个因素：其一是物流对企业成功的影响程度；其二是企业对物流的管理能力。我国的物流，特别是 3PL 主要体现在传统运输业、邮政业、仓储业上，刚经过导入期、知晓期，进入需求期。

四、我国物流理论研究的 12 个重点方向

由中国物流学会提出的，我国物流理论研究发展和未来我国物流理论研究的 12 个重点方向是：

（1）物流基础理论与方法论研究。

（2）物流经济学及学科建设研究。

（3）物流发展的战略规划与相关政策的研究。

（4）物流企业与企业物流研究。

（5）物流信息化研究。

（6）物流标准化研究。

（7）行业物流与区域物流研究。

（8）国际物流研究。

（9）采购与供应链管理研究。

（10）物流市场研究。

（11）物流关键技术与装备研究。

（12）应急物流与军地合作的战略研究。

五、目前对业界影响较大且较为成熟的物流原理（现代世界物流学说流派）

1、黑大陆学说

著名的管理学权威彼德·德鲁克曾经讲过“流通是经济领域里的黑大陆”，由于流通领域中物流活动的模糊性尤其突出，物流已成为流通中最具潜力的领域，所以，“黑大陆”的说法现在主要针对物流而言。

2、物流冰山说

物流冰山说是日本早稻田大学西泽修教授提出来的，他潜心研究物流成本时发现，现行的财务会计制度和会计核算方法都不可能掌握物流费用的实际情况，因而人们对物流费用的了解是一片空白，甚至有很大的虚假性，他把这种情况比作“物流冰山”。冰山的特点是大部分沉在水面以下，是我们看不到的黑色区域，而我们看到的不过是它的一部分。

3、利润中心说

利润中心说的含义是：物流可以为企业提供大量直接和间接的利润，是形成企业经营利润的主要活动。非但如此，对国民经济而言，物流也是国民经济中创造利润的主要活动。物流的这一作用，被表述为“第三利润源”。“第三利润源”的说法主要出自日本。从经济发展历程来看，能够大量提供利润的领域主要有两个，第一个是资源领域，第二个是人力领域。在这两个利润源潜力越来越小、利润开拓越来越困难的情况下，物流领域的潜力逐渐被人们所重视，按时间序列排为“第三利润源”。

4、成本中心说

成本中心说的含义是，物流在企业战略中，只对企业营销活动的成本发生影响，物流是企业成本的重要产生点，因而，解决物流的问题，主要并不是要搞合理化、现代化，也并不在于支持保障其他活动，而主要是通过物流管理和物流的一系列活动降低成本。所以，成本中心既是指主要成本的产生点，又是指降低成本的关注点，物流是“降低成本的宝库”等说法正是这种认识的形象表述。

5、服务中心说

服务中心说代表了美国和欧洲等一些国家学者对物流的认识，他们认为，物流活动最大的作用，并不在于为企业节约了消耗，降低了成本或增加了利润，而是在于提高企业对用户的服务水平进而提高了企业的竞争能力。因此，他们在使用描述物流的词汇上选择了后勤一词，特别强调其服务保障的职能。通过物流的服务保障，企业以其整体能力来压缩成本和增加利润。

6、效益背反说

效益背反说是物流领域中经常出现的普遍现象，是这一领域中内部矛盾的反映和表现。以包装问题为例，包装方面每少花一分钱，从表面上看这一分钱就必然转到收益上来，包装越省，利润则越高。但是，一旦商品进入流通之后，如果简省的包装降低了产品的防护效果，造成损失，就会造成储存、装卸、运输功能要素的工作劣化和效益大减。

7、战略说

这是当前非常盛行的一种说法，实际上学术界和产业界越来越多的人已逐渐认识到，物流更具有战略性，是企业发展的战略而不是一项具体操作性任务。应该说这种看法把物流放在了很高的位置。企业战略是什么呢？是生存和发展。物流会影响企业总体的生存和发展，而不仅仅是把哪个环节搞得合理一些，节省了一些成本。

六、物流管理基础的学科性质

根据物流管理基础的研究内容，可以看出物流管理基础属于经济学、管理学、工学和理学等互相交叉的新兴学科。

（一）经济学属性

物流学科研究大量的物流资源配置优化、物流市场的供给与需求、政府对物流的管理、物流的发展与增长等问题，而解决这些问题靠的是经济学理论在物流中的具体应用。物流涉及到许多经济学类专业，比如经济学、国际经济与贸易等。

（二）管理学属性

物流活动是由物流组织来完成的，而管理是一切组织的根本，企业的物流系统规划与设计、物流业务的具体运作、物流过程的控制、物流效益的考核与评估等都属于管理学的范畴，都需要管理学理论的指导。物流与许多管理学类专业有关，如工程管理、工业工程、信息管理、工商管理、市场营销、会计学、财务管理等。

（三）工学属性

现代物流是一个技术含量很高的产业。国外大型配送中心一般都有高度自动化的物流设施，建设前需要大量的工程技术人员进行分析和设计，建成后需要工程技术人员进行维护和管理。物流系统分析、设计和管理都涉及大量的工程和技术，因此物流学涉及到工学类的许多专业，如机械、建筑、电子、信息、材料、交通运输等。

（四）理学属性

物流的流体是商品，各种商品的物理、化学、生物特征不完全相同。服务好顾客就要照顾好将要配送给顾客的商品，商品的检验、养护、鉴定、流通加工等作业环节都需要诸如数学、物理、化学等学科的指导。

物流学科还与其他许多学科有关，如哲学、法学等，但就物流学科整体而言，它是具有以上四种属性的新型交叉型学科，而不能简单地说物流学科主要是属于哪一种属性。

七、物流管理基础的研究目的

物流管理基础的研究要达到以下目的。

（一）促进物流学科的发展

物流学科从提出到基本建立学科体系，再到学科的完善，要经过很长的历程。目前物流学的研究才刚刚起步，大量的问题还没有研究清楚，物流学科需要大力发展。

（二）促进物流学科的人才培养，提高物流从业人员的综合素质

研究成果传播的最佳办法就是培养人才，物流学科的发展必然要有人才培养作为手段，我国的高级物流管理人才在21世纪的上半叶将会十分稀缺。因此，建立物流学科，大力培养物流专业人才，使物流研究与物流人才培养互相促进，是我国经济发展的客观需要。

（三）促进物流产业的发展和竞争力的提高

具体而言，物流学科研究对物流产业可以起到以下作用：提高物流系统的服务水平；降低物流系统的服务成本；充分利用物流系统的资源；实现企业、社会的长远发展目标；促进物流产业宏观管理水平的提高，进而促进物流产业的竞争力的提高，为我国在加入WTO后国民经济的快速发展提供良好的物流支持。

八、物流管理基础的研究方法

物流管理基础的研究方法集经济学、管理学、工学、理学的研究方法之大成。研究方法依研究的内容而定，与物流学科相关的学科采用的方法可能各有侧重。唯物辩证法、分析与综合、归纳与演绎、数据采集与分析、优化方法以及学术讨论等是各个学科都要采用的研究方法。另外，物流学科将以系统科学的基本原理作为贯穿始终的方法论之一。

【物流案例精选】

我国物流业快速增长

从《中国物流年鉴》首发式上获悉，目前我国从事物流服务业的企业已突破一万家，物流市场正以每年30%的速度递增。自1979年引进物流概念以来，我国经过20多年的发展，终于进入了现代物流业的快速发展阶段。在我

国“十五”规划中，“物流”被列为大力发展的新型服务业之一。中国物流与采购联合会权威人士在首发式上说：按照世界银行的统计，2000 年我国国民经济的物流成本为 1.6 万亿元人民币，我国物流业的产业基础已初步形成。

据统计，2001 年我国商品零售总额为 3.76 万亿元人民币，生产资料销售总额为 5.5 万亿元人民币，进出口总额为 5 000 亿美元。较大的海内外物流需求为物流业提供了广阔的市场空间。有关人士表示，虽然我国物流产业已达到一定规模，并存在巨大的增长空间，但产业整体尚处在起步阶段。我国应加强从物流大国向物流强国的转变。

中铁快运物流发展方略

合并重组后的**中铁快运**新公司充分审视在未来经济可持续发展中可能遇到的问题，研究国家、铁路政策变化给行包运输带来的影响，研究汽油涨价、邮政法实施等引发的变化，研究国内市场开发，研究公路、水运、航空的政策变化，走出了一条实现真正的转变适应企业发展的物流发展路子。

1．优势互补中的劣势

中铁行包公司作为铁道部 3 个专业化运输公司之一，铁道部赋予其行包运输资产管理权和路网使用权，公司拥有 2 448 辆行李车和 86 个直管站行包房。原中铁快运公司经过 13 年的发展，用辛勤的汗水精心打造了中铁快运的市场品牌。

新成立的中铁快运在用工和营销方面，形成了一套行之有效的市场化运作机制。原先两个公司都拥有对方所不具备的优势，新公司仔细分析了这两个公司的各自优势和原有运输产品，对公司未来的发展方向进行了认真思考。

原中铁快运在 13 年中主打小件快递，占总量的 75%，其服务对象是要运输高附加值、小批量货物的客户和有较高时限要求的零散客户。以零散客户为主的门市经营模式，构成了原中铁快运的经营方式。而中铁行包的运输是以行包房为支点，为客户提供“站到站”服务，其 70%以上的货源不是客户到行包房托运，而是掌握在中间商、代理商手里。不能直接掌握货源和客户，是行包房普遍面临的困境。

与此同时，国内快递市场向国外开放后，快递产业呈现群雄争斗的局面。国外四大巨头加快其在国内战略的实施，TNT（荷兰邮政）收购华宇集团，FedEx（联邦快递）以 4 亿美元收购大田集团，UPS（联合包裹）终结了十几年与中外运的合作，23 个城市的网络被其用 1 亿美元买断。这些跨国快递企业都在跃跃欲试分割我国快递市场。

原中铁快运在发展过程中，曾经做过行业领头人。但由于国外快递企业的进入和竞争对手的效仿，其原有的市场份额被不断蚕食。合并后的中铁快运若仍以普通包裹和快递业务作为主要发展方向和赢利模式，发展空间将受到严重制约。

从发展趋势看，随着全路生产力布局的调整，行包办理站将会逐渐萎缩。2003 年 6 月，铁道部公布的全路行包办理站是 2 585 个，至 2006 年底已经缩减 1 600 个。中铁快运现有 86 个车站，虽然仅占总数量的 5%，但已负责行包办理量的 90%以上，运输收入所占比例也突破了 80%。特别是客运专线的建成和动车组的开行，意味着沿途没有停站，动车组不再有行包空间。

新公司要保持可持续、快速发展，必须在巩固原有业务基础上，开辟发展新领域。

2、客户多元化的选择

目前，一些生产企业已经实现了由自主运输向第三方物流外包的转变。在转变过程当中，他们面临一道难解的课题，就是这种转变实际上是企业的一场深刻的销售渠道变革。生产企业希望得到物流企业的全程服务，这样就可以取消一、二级批发商，采取直接销售的方式，把产品发售到各零售点。

益佰药业公司是国内屈指可数的大型药业公司，益佰药业公司非常看好新中铁快运，一直在关注公司的合并重组，也非常看重在中国找到了能够拥有资源的物流商，而且拥有的是全国的运输网络。益佰药业公司站在战略的角度寻找合作伙伴，看好新中铁快运的资源和网络；但中铁快运现有的网络实际上还不足以满足生产企业销售渠道变革的需求。

过去的中铁快运只能做小件快递，中铁行包只能做普通包裹。但今天，企业为客户提供的选择越多，对客户的拥有程度才能越大。对客户来说，组合定价就会降低成本。因此，中铁快运新公司认识到，从确定核心业务到开发产品以及优化流程，必须主动适应客户多样化的需求，这样才能拥有客户，才能占领市场。

3、地区和结点“瓶颈”的制约

当前，铁路行包运输存在的突出问题是货物违规迂回、重复中转乃至逆向中转、中转与始发争抢能力、短线物资占用长线资源、运达时限延长等。

2006 年春运，一场大雪使郑州站积压行包最多时达 14 000 多件，造成郑州枢纽阻塞，多趟行李车被迫停装。这让他们看到了现有公司运输网络的脆弱。如果未来营销工作搞好了，货源充足到一定程度，这样的情况就会造成恶性循环，丢掉客户。

因此，新公司必须大胆创新，转变经营模式，寻找新的经济增长点，建立快捷货运大通道，走一条适应市场规律，适合公司特点，符合社会发展和客户需求的发展新路。

【复习思考题】

一、思考题

1. 何谓物流？何谓现代物流？它与传统运输业和仓储业有何本质的区别？

2. 何谓物流管理？怎样理解现代物流管理？

3. 为什么说物流业会成为我国的第三利润源？

4. 为什么说物流业属于服务行业？

5. 现代物流业的行业组成包括哪些？

6. 现代物流管理的特征是什么？

二、填空题

1. 我国物流的发展大致经历了______、______、______、______四个阶段。

2. 现代物流管理应遵循______原则、______原则和______原则。

3. 国家标准关于物流的定义是：物流是物品从______向______的实体流动过程。根据实际需要，将______等基本功能实施______。（中华人民共和国国家标准物流术语）（GB/T 18354—2006）。

4. 物流具有______和______二重性。

5. 现代物流业除具有传统物流的特征外，还具有______、______、______、______特征。

6. 我国对物流理论的探讨主要有______、______、______三个方面。

三、选择题（单选或多选）

1. 现代物流业的主体行业，包括：（　　）。

A. 铁路运输业　　B. 汽车货运业

C. 水路运输业　　D. 航空运输业

E. 管道运输业

2. 现代物流业已经使用的高新技术有：（　　）。

A. 条码与光电扫描识别设备、电子数据交换系统（EDI）

B. 全球卫星定位跟踪系统（GPS）

C. 智能交通管理系统（ITS）

D. 各种先进的运输与储存设备

3. 下列活动（　　）不属于物流范畴。

A. 属于物品物质实体的流动

B. 运输、储存、装卸、搬运、包装、流通加工、配送、信息处理等基本功能的有机结合

C．商流所有权转移和物流的实体位置转移

D．不属于经济活动的物质实体流动

4．下列说法正确的是（　　）。

A．物流所要“流”的对象是一切物品，包括有形物品和无形物品

B．只有物品物理位置发生变化的活动，如运输、搬运、装卸等活动才属于物流活动

C．物流不仅仅研究物的流通与储存，还研究伴随着物的流通与储存而产生的信息处理

D．物流是从某个企业原材料的供应、储存、搬运、加工、生产直至产成品的销售的整个过程

5．物流已成为现代社会的一个标志，物流业则成为许多企业（　　）的一个重要途径。

A．降低成本　　B．追求利润最大化

C．实现经济效益增长　　D．改善生产环境

第二章 物流系统

【知识目标】

熟练掌握物流系统的基本概念；掌握系统与物流系统的定义、物流系统的组成要素和功能要素；了解物流系统的模式、物流系统分析的基本方法和原则；适当了解系统的建模方法。

【能力目标】

会用系统的方法分析物流问题；会综合地进行物流系统的评价；能够结合实际对本章所列举的物流系统案例进行分析，并提出评价方式和建模。

【教学重点】

本章的教学重点可放在搞清物流系统的基本概念、掌握物流系统分析的基本方法上。

第一节 物流系统的基本概念

一、系统与物流系统

1. 系统的含义

系统是两个以上既相互区别又相互作用的、能完成某一功能的单元之间的有机结合。它是一个综合体，用数学函数式可表示为

$$S=f(A_1, A_2, A_3, \cdots, A_n\cdots)$$

式中 S ——系统；

A_n——单元元素（$n\geqslant 2$）。

每一个单元也可以称为一个子系统。系统与系统的关系是相对的，一个系统可能是另一个更大系统的组成部分，而一个子系统也可以继续分成更小的系统。在现实中，一个机组、一个工厂、一个部门、一项计划、一个研究项目、一辆汽车、一套制度都可以看成是一个系统。由定义可知，系统的形成应具备下列条件：

（1）系统是元素的多元函数，由两个或两个以上元素组成。

（2）各元素间相互联系，使系统保持相对稳定。

（3）系统具有一定结构，保持系统的有序性，从而使系统具有特定的功能。

2、系统的三要素

系统是相对外部环境而言的，并且与外部环境的界限往往是模糊过渡的，所以严格地说系统是一个模糊集合。

系统由“输入、处理、输出”三要素组成（见图 2-1）。

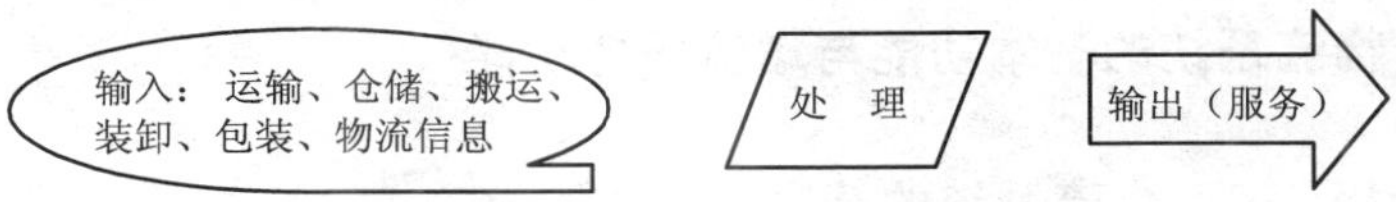

图 2-1　物流系统的三要素

首先，外部环境向系统提供劳力、手段、资源、能量、信息，即“输入”；系统以自身所具有的特定功能，将“输入”的内容进行必要的转化和处理，使之成为有用的产成品；最后，将经过处理后的内容向外部输出供外部环境使用。例如，生产系统就是先向工厂输入原材料，经过加工处理，得到一定产品的循环过程。

提示板 2-1：物流系统

系统由“输入、处理、输出”三要素组成。

物流系统整体优化的目的就是要使输入最少，即物流成本最低，消耗的资源最少，而作为输出的物流服务效果最佳。

3、物流系统

物流系统是由运输、仓储、包装、装卸、搬运、配送、流通加工、信息处理等基本功能要素构成的各个基本环节所组成的，这些环节也称为物流的子系统。在这里，运输、仓储、搬运、装卸、包装、物流情报等是外部环境向系统提供的“输入”过程，系统对这些输入的内容进行处理转化，而后将其送至客户手中，变成全系统的输出，即物流服务。

值得一提的是，单一的运输或单一的包装等不能称为物流，只有基本的功能要素组合在一起才能称之为物流和物流系统。

物流系统整体优化的目的就是要使输入最少，即物流成本最低，消耗的资源最少，而作为输出的物流服务效果最佳。

4、物流系统服务性的衡量标准

（1）对用户的订货能很快地进行配送。

（2）接受用户订货时商品的在库率高。

（3）在运送中交通事故、货物损伤、丢失和发送错误少。

（4）保管中变质、丢失、破损现象少。

（5）具有能很好地实现运送、保管功能的包装。

（6）装卸搬运功能满足运送和保管的要求。

（7）能提供保障物流活动流畅进行的物流信息系统，能够及时反馈信息。

（8）合理的流通加工，以保证生产费、物流费之和最少。

二、物流系统的基本功能与增值服务功能

提示板 2-2：物流系统的基本功能

物流系统的基本功能包括：运输、储存、装卸、包装、流通加工和物流信息。

（一）物流系统的基本功能

1、运输

运输功能又可以细分为运输与配送。

运输的主要业务包括集货，运输方式和运输工具的选择，路线和行程规划，车辆调度，商品组配，送达，分拣，拣选，配送方式等。运输的一般特点表现为：干线、中间运输、中长距离、少品种、大批量、少批次、长周期、功能单一。配送虽然业务与运输有许多相同之处，但其特点几乎与运输特点相背，表现为：支线、前端或者末端运输、短距离、多品种、小批量、多批次、短周期、功能综合。

2、储存

储存又分为仓储管理与库存控制。

储存的主要业务包括收货、检验、分拣、保管、拣选、出货，对库存品种、数量、金额、地区、方式、时间等结构的控制等。仓储管理的一般特点主要是对确定的库存进行动态和静态的储存管理；而库存控制则主要是进行库存决策，确定储存用什么组合，有多少组合，什么时间组合，在哪里组合等。

3、装卸

装卸包括装上、卸下和搬运。

装卸的主要业务包括：装上是将流体装入载体，与发送相联系；卸下是将流体从载体中卸出，与到货相联系；而搬运则是将流体从甲地搬往乙地（短距离），与载体的换装或者转移相联系。

4、包装

包装包括工业包装、销售包装以及物流包装。

工业包装的主要业务有：按照生产和销售需求的规格，用不同于产品的材料

将产品包装起来，使之成为一个完整的产品，其特点是方便批量生产。销售包装的主要业务有：按照市场需求的规格，用印有必要产品信息的包装材料将一定数量的商品进行包装，促进销售，其主要目的是为了方便使用和销售。物流包装的主要业务有：按照物流运作要求，用具有足够强度、印有必要物流信息的包装材料将一定数量的商品进行包装，以及包装加固、打包，以方便物流运作。

5、流通加工

流通加工包括生产型加工、促销型加工和物流型加工。

生产型加工主要业务包括剪切、预制、装袋、组装、贴标签、洗净、搅拌、喷漆、染色，它是在流通过程中进行的生产性活动，目的是完成生产过程。促销型加工主要业务包括烹调、分级、贴条码、分装、拼装、换装、分割、称量，它是在销售过程中进行的生产活动，目的是便于促销。物流型加工的主要业务包括预冷、冷冻、冷藏、理货、拆解、贴物流标签、添加防虫防腐剂，这些工作有利于物流，能达到保护商品的目的。

6、物流信息

物流信息包括要素信息、管理信息、运作信息和外部信息。

要素信息包括流体、载体、流向、流量、流程五个要素，涉及物流全局。管理信息包括物流企业或者企业物流部门人、财、物等信息，涉及物流组织内部的各种信息。运作信息包括功能、资源、网络、市场、客户、供应商信息等，涉及物流过程与市场的信息。外部信息则包括政策、法律、技术等涉及物流环境的信息。

（二）物流系统的增值服务功能

提示板 2-3：物流系统的增值服务功能

物流系统的增值服务功能包括：增加便利性服务、快速的信息传递服务与快速的物流服务、降低成本服务、延伸服务。

物流增值服务是在物流基本服务基础上的延伸。增值性服务的内容主要有以下几点：

1、增加便利性服务

简化操作程序，简化交易手续，简化消费者付费环节等。

2、快速的信息传递服务与快速的物流服务

快速反应是物流增值服务的核心，它比一般的运输业或仓储业效率要高，更能吸引客户，使客户在享受服务中得到增值。

3、降低成本服务

物流是第三利润源就在于“物流，特别是完善的物流系统是第三利润源”，其实质就是在为客户降低成本的同时，物流企业也在降低生产成本，实现企业与客户的双赢。

4、延伸服务

通过物流供应链以及完善的信息系统，其增值服务还可以对其上游和下游进行延伸，如提供上游企业在工商管理之外而物流企业所能及的诸如加工、流通等服务，提供下游企业在原材料供给、配送、开发等方面的服务，还可以提供如税收、报关、教育培训、物流方案设计等方面的服务。

三、物流系统中的相互制约问题

提示板 2-4：物流系统的各个子系统相互制约

物流系统的各个子系统之间相互制约，各个子系统的功能要求越高，其所耗费用也越高。

（1）物流服务和物流成本间存在制约关系，要提高物流系统的服务水平，物流成本往往也要增加。例如，采用小批量即时运货制，要增加费用。要提高供货率即降低缺货率，必须增加库存即增加保管费。这种相互制约关系随处可见。

（2）构成物流服务子系统功能之间可能存在约束关系。各子系统的功能如果不均匀，物流系统的整体能力将受到影响。例如，搬运装卸能力很强，但运输力量不足，会产生设备和人力的浪费；反之如搬运装卸环节薄弱，车、船到达车站、港口后不能及时卸货，也会带来巨大的经济损失。

（3）构成物流成本的各个环节费用之间可能存在制约关系。例如，为了降低库存常采取小批量订货，但因运输次数增加而导致费用上升，因此运费和保管费之间存在制约关系。

（4）各子系统的功能和所耗费用存在制约关系，任何子系统功能的增加和完善必须投入资金。例如，信息系统功能的增加，必须购置硬件和开发计算机软件；增加仓库的容量和提高进出库速度，就要建设更大的库房并实现机械化、自动化。在实际中必须考虑在财力许可的范围内改善物流系统的功能。

运输服务、仓储服务、配送、流通加工、物流信息等各个子系统的功能要求越高，其所耗费用也越高。

如上所述的各种制约关系，在日常物流管理中应注意其互为相关、互为背反的制约特点，在物流合理化过程中必须有系统观念，对这些相互制约的关系给予充分的重视，以使系统的整体最优化。

第二节 物流系统的模式

一、物流系统模式简图及其内涵

物流系统的输入、输出、处理（转化）、限制（制约）、反馈等功能，根据物流系统的性质不同，具体内容也有所不同，一般情况如图 2-2 所示。

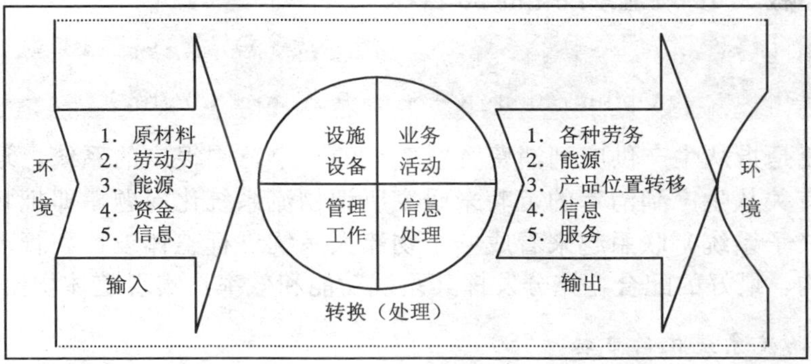

图 2-2 物流系统模式简图

1、输入

输入就是通过提供资源、能源、设备、劳力等手段对某一系统发生作用，统称为外部环境对物流系统的输入，这包括原材料、设备、劳力、能源等。

2、处理（转化）

处理是指物流本身的转化过程。从输入到输出之间所进行的生产、供应、销售、服务等活动中的物流业务活动称为物流系统的处理或转化，具体内容包括：物流设施、设备的建设，物流业务活动、信息处理及管理工作等。

3、输出

物流系统与其本身所具有的各种手段和功能，对环境的输入进行各种处理后所提供的物流服务称为系统的输出，具体内容包括：产品位置与场所的转移；各种劳务，如合同的履行及其他服务等；能源与信息。

4、限制或制约

外部环境对物流系统施加一定的约束，称之为外部环境对物流系统的限制和干扰。它具体包括：资源条件，能源限制，资金与生产能力的限制，价格影响，需求变化，仓库容量，装卸与运输的能力，政策的变化等。

5、反馈

物流系统在将输入转化为输出的过程中，把受系统各种因素的限制和影响，能够完成和不能完成的各种信息、输出结果返回给输入，进行调整，作出评价，这就是常说的信息反馈。信息反馈的形式包括：各种物流活动分析报告、各种统计报告数据、典型调查、国内外市场信息与有关动态等。

二、物流系统化

提示板 2-5：物流系统化的 5S 目标

服务性（Service）、快捷性（Speed）、有效利用面积和空间（Space Saving）、规模适当化（Scale Optimization）、库存控制（Stock Control）。

物流是指从生产供应到消费资料废弃的一个范围很广的系统。这里主要就其中有关从生产到消费的范畴来研究所谓物流系统化问题，即把物流的各个环节（子系统）联系起来看成一个物流大系统进行整体设计和管理，以最佳的结构、最好的配合，充分发挥其系统功能和效率，实现整体物流合理化。

1、物流系统化的目标（5S）

（1）服务性（Service） 在为用户服务方面要求做到无缺货、无货物损伤和丢失等现象，且费用便宜。

服务目标：物流系统是发挥“桥梁、纽带”作用的流通系统的一部分，它具体地联结着生产与再生产、生产与消费，因此要求有很强的服务性。物流系统采取送货、配送等形式，就是其服务性的体现。在技术方面，近年来出现的“准时供货方式”、“柔性供货方式”等，也是其服务性的表现。

（2）快捷性（Speed） 要求将货物按照用户指定的地点和时间准时送到。为此可以把物流设施建在供给地区附近，或者利用有效的运输工具和合理的配送计划等手段。

快速、及时目标：及时性不但是服务性的延伸，也是流通对物流提出的要求。快速、及时既是一个传统目标，更是一个现代目标。随着社会大生产的发展，这一要求更加强烈了。在物流领域采取的诸如直达物流、联合一贯运输、高速公路、时间表系统等管理和技术，就是这一目标的体现。

（3）有效利用面积和空间（Space Saving） 虽然我国土地费用比较低，但也在不断上涨。特别是对城市市区面积的有效利用必须加以充分考虑。应逐步发展立体化设施和有关物流机械，以求得空间的有效利用。

节约目标：节约是经济领域的重要原则，在物流领域中除流通时间的节约外，由于流通过程消耗大而又基本上不能增加或提高商品使用价值，所以利用节约来降低投入，是提高相对产出的重要手段。

（4）规模适当化（Scale Optimization） 应该考虑物流设施集中与分散的问题是否适当，机械化与自动化程度如何合理利用，信息系统的集中化所要求的电子计算机等设备的利用等。

规模化目标：以物流规模作为物流系统的目标，就是要以此来追求“规模效益”。生产领域的规模生产是早已为社会所承认的，但由于物流系统比生产系统的稳定性差，因而难于形成标准的规模化格式。在物流领域以分散或集中等不同方式建立物流系统，研究物流集约化的程度，就是规模优化这一目标的体现。

（5）库存控制（Stock Control） 库存过多则需要更多的保管场所，而且会产生库存资金积压，造成浪费。因此，必须按照生产与流通的需求变化对库存进行控制。

库存调节目标：库存调节是服务性的延伸，也是宏观调控的要求，当然，也涉及到物流系统本身的效益。在物流领域中正确确定库存方式、库存数量、库存结构、库存分布就是这一目标的体现。

上述物流系统化的目标简称为“5S”，要发挥以上物流系统化的效果，就要进行研究，把从生产到消费过程的货物量作为一贯流动的物流量看待，依靠缩短物流路线，使物流作业合理化、现代化，从而降低其总成本。

2、物流系统设计的 6 个基本元素（数据）

在进行物流系统设计中需要以下几方面的基本数据。

1）所研究商品（Products）的种类、品目等。

2）商品的数量（Quantity）多少，目标年度的规模、价格。

3）商品的流向（Route）、生产厂配送中心、消费者等。

4）服务（Service）水平、速达性、商品质量的保持等。

5）时间（Time），即不同的季度、月、周、日、时业务量的波动、特点。

6）物流成本（Cost）。

以上 P、Q、R、S、T、C 称为物流系统设计有关基本数据的 6 个要素。这些数据是物流系统设计中必须具备的。

3、物流系统的 3 大要素

（1）物流系统的功能要素 这指的是物流系统所具有的基本能力，这些基本能力有效地组合、联结在一起，便构成了物流的总功能，便能合理、有效地实现物流系统的总目标。物流系统的功能要素一般包括运输、储存保管、包装、装卸搬运、流通加工、配送、物流信息等。

（2）物流系统的支撑要素 系统的建立需要有许多支撑手段，尤其是处于复杂的社会经济系统中，要确定物流系统的地位，要协调与其他系统关系，这些要素必不可少。支撑要素主要包括：体制、制度，法律、规章，行政、命令和标准化系统。

（3）物流系统的物资基础要素　物流系统的建立和运行，需要有大量技术装备手段，这些手段的有机联系对物流系统的运行有决定意义。这些要素对实现物流和某一方面的功能也是必不可少的。基础要素主要包括：物流设施，物流装备，物流工具，信息技术及网络，组织及管理。

第三节　物流系统分析

一、物流系统分析的概念

如前所述，物流系统是多种不同功能要素的集合。各要素相互联系、相互作用，形成众多的功能模块和各级子系统，使整个系统呈现多层次结构，体现出固有的系统特征。对物流系统进行系统分析，可以了解物流系统各部分的内在联系，把握物流系统行为的内在规律性。所以说，不论从系统的外部或内部，设计新系统或是改造现有系统，系统分析都是非常重要的。

系统分析是从系统的最优出发，在选定系统目标和准则的基础上，分析构成系统的各级子系统的功能与特点，它们间的相互关系，系统与系统、系统与环境以及它们间的相互影响；运用科学的分析工具和方法，对系统的目的、功能、环境、费用和效益进行充分的调研、收集、比较、分析和数据处理，并建立若干替代方案和必要的模型，进行系统仿真试验；把试验、分析、计算的各种结果同早先制订的计划进行比较和评价，寻求使系统整体效益最佳和有限资源配置最佳的方案，为决策者的最后决策提供科学依据和信息。

系统分析的目的在于通过分析比较各种替代方案的有关技术经济指标，得到决策者形成正确判断所必需的资料和信息，以便得出最优系统方案。系统分析的目的可以用图 2-3 表示。

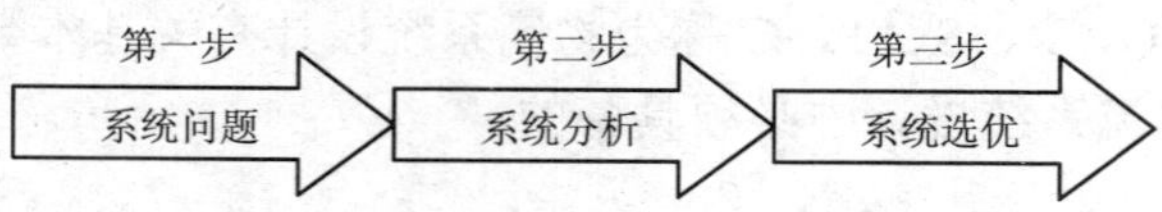

图 2-3　系统分析的目的

物流系统分析所涉及的问题范围很广，如搬运系统、系统布置、物流预测、生产与库存等各种信息，要应用多种数理方法和计算机技术，这样才能分析比较实现不同系统目标和采用不同方案的效果，为系统评价和系统设计提供足够的信息和依据。

二、物流系统分析的作用

物流系统的建立过程可以分为系统规划、系统设计和系统实施 3 个阶段。

第一阶段是系统规划阶段。这一阶段主要的任务是定义系统的概念，明确建立系统的必要性，在此基础上明确目的和确定目标；同时，提出系统应具备的环境条件和约束条件。简单地说就是提出问题，确立元素和约束条件。

第二阶段为系统设计阶段。在此阶段中，首先是对系统进行概略设计，其内容主要是制订各种替代方案；然后进行系统分析，分析的内容包括目的、替代方案、费用、效益、模型和评价标准等；在系统分析的基础上确定系统设计方案，据此对系统进行详细设计，也就是提出模式和解决方案。

第三阶段为系统实施阶段。首先是对系统设计中一些与系统有关的关键项目进行试验，在此基础上进行必要的改进，然后正式投入运行，即实施和改进。

由此可见，系统分析在整体系统建立过程中处于非常重要的地位，它起到承上启下的作用，特别当系统中存在着不确定因素或相互矛盾的因素时更需要通过系统分析来解决，只有这样，才能避免技术上的大量返工和经济上的重大损失。

外部环境因资源有限、需求波动、技术进步及其他各种变化因素的影响，对系统加以约束或影响，这通常被称为环境对系统的限制或干扰。此外，输出的成果不一定是理想的，可能偏离预期目标，因此，要将输出结果的信息反馈给输入，以便调整修正系统的活动。

根据以上关系，系统的基本模式可用图 2-4 表示。

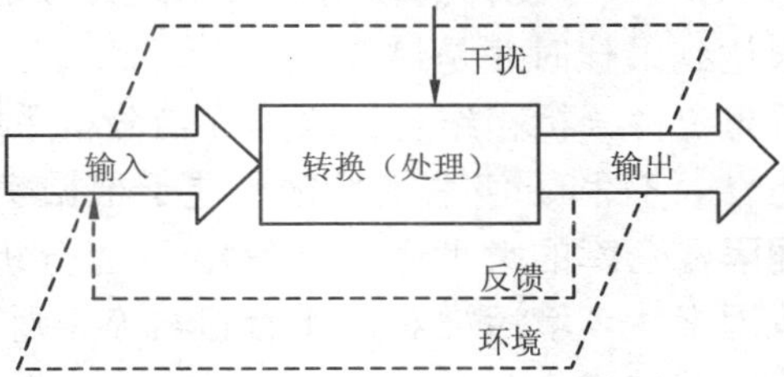

图 2-4　系统的基本模式

三、物流系统分析的基本方法与原则

提示板 2-6：物流系统分析的基本原则

1. 外部条件与内部条件相结合的原则
2. 当前利益与长远利益相结合的原则
3. 子系统与整个系统相结合的原则
4. 定量分析与定性分析相结合的原则

由于系统是由两个或两个以上元素及元素间形成的特别关系所构成的有机整体。元素是形成系统的基础，元素之间的关系是构成系统的不可缺少的

条件。在进行物流系统分析时需要注意元素之间的关联，既要注意元素间的逻辑关联度，又要有一定的“模糊”观念，因而数学中的数理统计的各种研究方法是物流系统分析的基本模型，而在分析思想和分析方法上，对立统一的哲学思想、辩证法的分析手段、物理的实验性分析模式以及计算机技术的运用都为系统分析提供了技术保证。

1、物流系统的分析原则

（1）外部条件与内部条件相结合的原则　注重外部条件与内部条件的相互影响，了解物流活动的内在和外在关联，正确处理好它们之间的相互转换与相互约束的关系，促使系统向最优化发展。

（2）当前利益与长远利益相结合的原则　所选择的方案，既要考虑目前的利益，又要兼顾长远利益。只顾当前不顾长远，会影响企业和社会的发展后劲；只顾长远不顾当前，会挫伤企业的发展积极性。只有所选择的方案对当前和将来都有利，才能使系统具有生命力。

（3）子系统与整个系统相结合的原则　物流系统是由多个子系统组成，并不是所有子系统都是最好时整个系统才是最好的，而应是以整体系统最好作为评价标准，只有当它们能以发挥最大功能的形式组合在一起才最好，就像一辆汽车，整车的年限为 10 年，而轮胎的年限即使有 20 年，其作用也只有 10 年，而当所有的汽车零配件的使用年限都最为接近，使整个汽车（相当于整体系统）年限达到最佳时才是最佳汽车。

（4）定量分析与定性分析相结合的原则　当分析系统的一些数量指标时，采用定量分析的方法，有利于使系统量化，便于根据实际情况确定对策（如车辆发车的时间间隔，仓库的大小适宜度等）；而当分析那些不能用数字量化的指标时（如政策因素、环境污染对人体的影响等）则采用定性分析的方法，这样可以少走弯路，节省成本。

2、物流系统分析的基本内容

物流系统分析的基本内容表达图示见图 2-5。

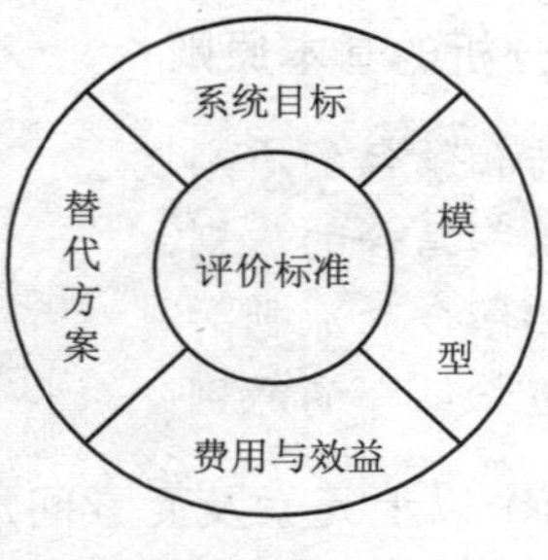

图 2-5　物流系统分析的基本内容

（1）系统目标　这是系统分析的首要工作，只有目标明确，才能获得最优的信息，才能建立和提供最优的分析依据。

（2）替代方案　足够的替代方案是系统分析选优的前提。例如，一个仓储搬运系统，可采用辊道、输送机、叉车或机器人搬运，使用时要根据具体情况选择不同的搬运系统。替代方案足够多就能有较大的选择余地，使系统更优。

（3）模型　模型包括数字模型、逻辑模型，可以在建立系统之前预测有关技术参数，在系统建立之后帮助分析系统的优化程度、存在问题以及提出改进措施等。

（4）费用与效益　原则是效益大于费用。如果费用大于效益，则要检查系统是否合理？是暂时性的，还是长期的？是表面上的，还是本质上的？

（5）评价标准　评价标准用于确定各种替代方案优先选用的顺序。系统的评价准则要根据系统的具体情况而定，但必须具有明确性、可计量性、适度的灵敏度。

3、系统分析的特点

系统分析是以系统的整体效益为目标，以寻求解决特定问题的最优策略为重点，运用定性和定量分析相结合的方法，为决策者提供价值判断依据，以寻求最有利的决策。

（1）以整体为目标　在一个系统中，处于各个层次的分系统都具有特定的功能及目标，彼此分工协作，才能实现系统整体的共同目标。例如，在物流系统布置设计中，既要考虑需求，又要考虑运输、储存、设备选型等因素；在选择厂（库）址时，既要考虑造价，又要考虑运输、能源消耗、环境污染、资源供给等因素。因此，如果只研究改善某些局部问题，而其他分系统被忽略或不注意，则系统整体效益将受到不利影响。所以，进行任何系统分析，都必须以发挥系统总体的最大效益为基本出发点，不能只局限于个别局部，那样会顾此失彼。

（2）以特定问题为对象　系统分析是一种处理问题的方法，有很强的针对性，其目的在于寻求解决特定问题的最佳策略。物流系统中的许多问题都含有不确定因素，而系统分析就是针对这种不确定的情况，研究解决问题的各种方案及其可能产生的结果。不同的系统分析所解决的问题当然不同，即使对相同的系统所要解决的问题也要进行不同的分析，制订不同的求解方法。所以，系统分析必须以能求得解决特定问题的最佳方案为重点。

（3）运用定量方法　解决问题，不应单凭想象、臆断、经验和直觉。在许多复杂的情况下，需要有精确可靠的数字、资料，并以此作为科学决断的依据；有些情况下利用数字模型有困难，还要借助于结构模型、解析法或计算机模型等进行定量分析。

（4）凭借价值判断 从事系统分析时，必须对某些事物作某种程度的预测，或者用过去发生的事实作对照，以推断未来可能出现的趋势或倾向。由于所提供的资料有许多是不确定的变量，而客观环境又会发生各种变化，因此在进行系统分析时，还要凭借各种价值观念进行综合判断和选优。

第四节 物流系统的评价指标与系统工程

物流系统评价是系统分析中的一个重要环节，其特征在于对整个物流系统进行综合分析和评价，而不是仅对系统中的某一个环节进行分析、评价。评价的关键是要对所涉及的指标进行量化，用数据反映物流体系的优与劣，这样有利于准确地反映物流系统的合理化状况和评价改善的潜力与效果。

一、物流系统的特征参数与标准

1．物流生产率

$$物流生产率=\frac{物流系统的总产出}{物流系统的总投入}$$

物流系统的总产出包括为生产系统和销售系统提供的服务及服务所产生的效果。

物流系统的总投入包括人力资源、物质资源、能源资源、物流技术等构成物流成本的元素。

物流生产率通常包括实际生产率、利用率、行为水平、成本和库存等。

2．物流质量

物流质量是对系统产出质量的衡量，是物流系统的第二大系统特征要素，正确的物流定义应该为：在正确的时间内，以正确的价格，将正确数量和正确质量的货物，送往正确的地点。这里所说的质量包括数量正确、质量正确、时间正确、地点正确以及价格正确这 5 个质量指标，反映物流系统评价的时间的准确性（采购周期、供货周期和发货故障平均处理时间等）、数量的正确性（计划完成率、供货率、订货率等）和工作的完善性（用户问询响应率、用户满意率、特殊回复和售后服务完善程度等）的基本特征。

3．物流系统量化指标

（1）运输 运输的质量标志有“完好、正点、运力”。衡量完好的指标通常用“物品损坏率”；衡量正点的指标通常用“正点运输率”；衡量运力的指标通常用“运力利用率”。

$$物品损坏率=\frac{年货损总额}{年货运总额}\times100\%$$

$$正点运输率=\frac{年正点运输次数}{年运输总次数}\times100\%$$

$$运力利用率=\frac{年实际运输量（t\cdot km）}{年运输能力（t\cdot km）}\times100\%$$

运输部分常见的生产率指标有：运费占产值的百分比、运费预算比、吨·公里运费、装载率、时间利用率。质量指标则主要有：物品损坏率，正点运输率。

（2）仓储　仓储一般可按大宗原料、燃料库、辅助材料、中间在制品和成品仓库来分析和衡量其生产率和质量，同样，每种仓库分为外用与自备两大类。

1）外用仓库，其类型有：原燃料库、辅助材料库、中间库和成品库。生产率指标有：年仓储费用（元）/年物品周转量（t）、年仓储费用（元）/ 年储备资金总额（万元）、仓储费用（元）/预算总额。质量指标有：物品完好率、物品盈亏率和物品错发率。

2）自备仓库，其类型和质量指标都与外用仓库一样。生产率指标则有：年仓储费用（元）/年储备资金总额（万元）、人年均物品周转量（t）、设备时间利用率、仓容利用率、仓库面积利用率。

（3）物品完好率、物品盈亏率和仓容利用率的计算公式

$$物品完好率=(1-\frac{年物品损坏变质金额}{年储备总金额})\times100\%$$

$$物品盈亏率=\frac{年物品盘盈额+物品盘亏额}{年物品收入总额+物品发出总额}\times100\%$$

$$仓容利用率=\frac{年储存物品实际数量或容积}{年可储存物品数量或容积}\times100\%$$

（4）库存管理　库存管理可划分为原燃料、辅助材料、中间产品和成品库存管理，其主要衡量指标的计算公式为

$$库存结构合理性=(1-\frac{一年以上无需求动态物品额+积压物品额}{库存物品总额})\times100\%$$

$$在制品库存定额=生产周期\times日产量$$

$$供应计划实现率=\frac{实际供应额}{计划供应额}\times100\%$$

$$物流中断率=\frac{后阶段物料需求量-前阶段物料供应量}{后阶段物料需求量}\times100\%$$

$$销售合同完成率=\frac{实际按期供货额}{合同供货额}\times100\%$$

上述指标中，供应计划实现率、物流中断率和销售合同完成率是反映库存管理的质量指标，是研究物流水平的重要参数。

（5）生产计划与控制　生产计划与控制的常用生产率指标与质量评价指标有：

1）生产率指标

$$费用预算比=\frac{生产费用}{预算总额}$$

$$产能利用率=\frac{年实际产值}{年可能产值}\times100\%$$

$$劳动生产率=\frac{年总产值}{生产工人平均数}\times100\%$$

此外还有在制品储存量/预算总额、在制品周转天数、生产资金占用额/预算总额、生产资金占用产值的百分比等。

2）质量指标

$$生产计划完成率=\frac{年实际产值}{年计划产值}\times100\%$$

$$生产均衡率=\frac{年完成产量计划天数}{年生产天数}\times100\%$$

二、物流系统评价

1. 评价的三原则

提示板 2-7：物流系统评价的三原则

客观性、可比性、综合性。

1）要保证评价具有客观性，评价的目的是为了准确地决策，对于系统的生产率指标和质量指标要保证客观，要注意人为因素造成的负面影响及参加评价人员的组成是否具有代表性。

2）要保证评价方案具有可比性，特别是基本功能，不要以个别功能取代整体功能。

3）评价指标要注意系统的有机结合，评价的重心应放在各项指标相互关联以及对系统的综合效果上，注重整体效益，减少片面成分。

2、评价的三步骤

1）有明确的目的，从整体把握物流系统现状，准确对待各个元素对物流系统的影响，寻找系统的薄弱环节，明确实际与预定目标的差距。

2）建立合理的评价指标体系，对于评价体系的建立，着重点是注重整体系统的发展，系统功能的改善情况及薄弱环节与历史数据的比较等。

3）选择可行的评价方案并建立合适的评价模型，这可以使评价更加公正和切合实际。

3、物流系统综合评价指标体系

（1）供应物流

1）供应物流生产率指标，包括万元产值耗用原材料的数量、百元产值占用储备金的数量、储备金周转天数、物流费用率、人均供应额等指标。

2）供应物流质量指标，包括采购不良品率、仓储物品盈亏率、采购计划实现率和供应计划实现率。

（2）生产物流

1）生产物流生产率指标，包括生产费用占产值的百分比、劳动生产率、在制品资金周转天数、生产资金占产值的百分比等。

2）生产物流质量指标，包括生产计划完成率和生产均衡率两项。

（3）销售物流

1）销售物流生产率指标，包括成品资金周转天数和销售物流费用率。

2）销售物流质量指标，包括合同完成率和发货差错率。

（4）回收、废弃物物流

回收、废弃物物流生产率指标包括废弃回收利用率和主副产品产值比率。

对于物流系统的评价，要有整体的观念，要进行综合的分析，注重客观，注重实际，减少人为影响，正确应用综合评价体系；对公式的应用也要注意各项指标间的关联度及背反原则，不要局限于个别指标的波动；关键是要注意各项评价指标对整个系统的影响程度以及整体系统对外输出的整体表现，以性能、时间、费用、可靠性、适应性能等权重指标来进行重点分析；应用现代科学技术将系统的概念具体化，应用逻辑推理、数学运算、定量处理系统内部的关系等一整套系统分析方法进行综合评价。

三、系统工程

随着系统分析技术的发展，将系统作为一项工程，用系统工程科学的方法分析系统可以将现有的科学技术手段应用于系统分析和评价。

所谓系统工程，就是研究系统的工程技术，其目的是要在改造系统这一工程过程中，按照要达到的目标，采用最优化方法，以期使目标达到最佳值。

也就是说，系统工程是从系统的观点出发，跨学科地考虑问题，运用工程的方法去研究和解决各种关系问题。

系统工程是一门技术，是一套方法，以这套方法处理系统问题，具有广阔的实用范围。它解决的问题涉及到自然科学、社会科学以及一切能够形成系统的领域。随着系统思想和定量技术的发展，以及计算机技术的广泛应用，系统工程由一般的工程技术向软技术发展。因此，从这种意义上讲，系统工程是一项管理软技术，它运用系统的思想、现代化的科学管理方法和最新手段，将分散的、各自为政的局部利益，巧妙地连接成一个有机整体，使其发挥最大的效果，从而纠正了过去只注意局部的和部分的设计，而对总体设计草率从事的缺点。它强调运用多学科知识，注重各个部分的组合以及组合方式，以达到整体效益最佳。系统工程一开始就着眼于新系统的创造和改进，不像一般工程技术因以产品分析为中心而形成某种局限性。

可以采用三维结构图（见图 2-6）来进一步说明系统工程的概念。采用系统工程方法分析解决问题的过程分为 6 个阶段（时间维），实施过程有 7 个步骤（逻辑维），为此要应用各方面的专业知识（知识维）。这里表明了系统工程的基本思想方法，也表明了系统工程科学是运用各种知识，以求得整体最优为目的的科学方法。

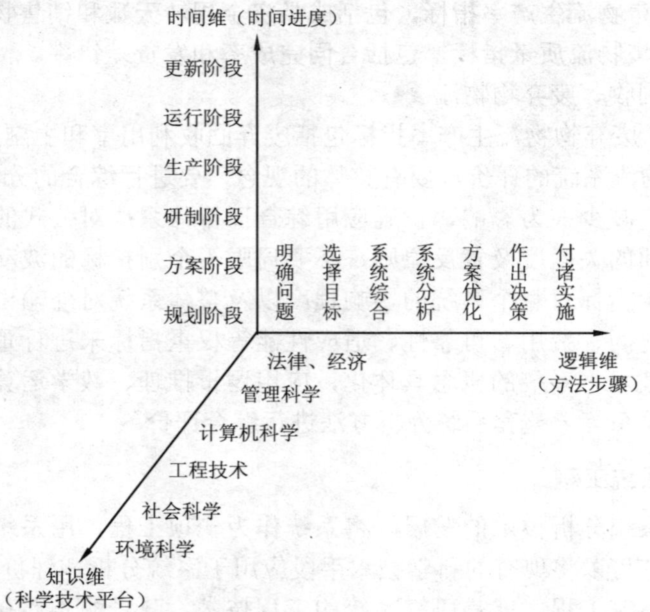

图 2-6　系统工程三维结构图

（一）系统分析的基本步骤

系统工程的核心就是用科学的方法进行系统分析，而系统分析的过程大致要经过以下几个基本步骤。

1、划定问题的范围

进行系统分析时，首先要明确问题的性质，划定问题的范围。通常，问题是在一定的外部环境作用和系统内部发展的需要中产生的，这不可避免地带有一定的本质属性并限定了其存在范围。只有明确了问题的性质范围后，系统分析才能有可靠的起点。其次，还要研究问题要素、要素间的相互关系以及同环境的关系等，把问题界限进一步划清。

2、确定目标

为了解决问题，要确定出具体的目标。目标通过某些指标来表达，系统分析是针对所提出的具体目标而展开的，由于实现系统功能的目标是靠多方面因素来保证的，因此系统目标也必然有若干个。例如，物流系统的目标包括物料费用、服务水平，即以低的物流费用获得好的服务水平，以确保物流系统整体效益最大。总目标是通过各子系统的功能活动来实现的。在多目标情况下，要考虑各项目标的协调，防止发生抵触或顾此失彼，同时还要注意目标的整体性、可行性和经济性。

3、收集资料，提出方案

建立模型或拟订方案，都必须有资料作为依据，方案的可行性论证更需要有精确可靠的数据，为系统分析做好准备。收集资料通常是进行全面的调查、试验、观察、记录以及引用外国资料等。

4、建立模型

所谓建立模型就是找出说明系统功能的主要因素及其相互关系并选择适当的分析模式。

由于表达方式和方法的不同，模型有图式模型、模拟模型、数字模型等。通过模型的建立，可确认影响系统功能和目标的主要因素及其影响程度。确认这些因素的相关程度以及总目标和分目标的达成途径及其约束条件。

5、系统的最优化

系统的最优化是运用最优化的理论和方法，对若干替代方案的模型进行仿真和优化计算，求出几个替代解。

6、系统评价

根据最优化所得到的有关解答，在考虑前提条件、假定条件和约束条件后，在结合经验和知识的基础上决定最优解，从而为选择最优系统方案提供足够的信息。

对于复杂的系统，系统分析并非进行一次即可完成。为完善修订方案中的问题，有时需要根据分析结果对提出的目标进行再探讨，甚至重新界定问题范围后再作系统分析。

（二）物流系统分析的模型化

物流系统模型化就是将系统中各个组成部分的特征及变化规律数量化、组成部分之间的关系解析化。为了实现物流系统合理化，需要在物流系统的规划与运行过程中不断作出科学的决策。由于物流系统结构与行为过程的复杂性，只有综合运用定性、半定量与定量分析方法，才能建立恰当的物流系统模型，进而求得最佳的决策结果。因此，物流系统模型化是物流合理化的重要前提。

1. 物流系统模型化的意义

（1）由于物流系统中物流过程的实现非常复杂，难以或根本无法用常规的方法作试验，而模型化则提供了一种科学的方法，通过建立易于操作的模型，能帮助人们对物流过程有进一步的认识。

（2）将需要解决的系统问题，通过系统分析，明确其内部构成、系统特征和形式，针对系统的规律和目标，用数学的分析原理，从整体上说明系统之间的结构关系和动态情况。

（3）模型化能把非常复杂的物流系统的内部和外部关系，经过恰当的抽象、加工、逻辑整理，变成可以进行准确分析和处理的结构形式，从而能得到需要给出的结论。采用模型化技术可以大大简化现实物流系统或新的物流系统的分析过程。物流系统模型化还提供了计算机协同操作的连接条件，为计算机辅助物流管理系统（CALM）的建立作了理论准备，从而可加速系统分析过程，提高系统分析的有效性。

2. 系统模型分类

模型按结构形式分为实物模型、图式模型、模拟模型和数学模型。

（1）实物模型　实物模型是现实系统的放大或缩小，它能表明系统的主要特性和各个组成部分之间的关系，如桥梁模型、电机模型、城市模型、风洞试验中的飞机模型等。这种模型的优点是比较形象，便于共同研究问题；它的缺点是不易说明数量关系，特别是不能揭示要素的内在联系，也不能用于优化。

（2）图式模型　它是用图形、图表、符号等把系统的实际状态加以抽象的表现出来，如网络图（层次与顺序、时间与进度等）、物流图（物流量、流向等）。图式模型是在满足约束条件下的目标值的比较中选取较优值的一种方法，它在选优时只起辅助作用。当维数大于 2 时，该种模型作图的范围受到限制。这种模型的优点是直观、简单；缺点是不易优化，受变量因素数量的限制。

（3）模拟模型　用一种原理上相似，而求解或控制处理容易的系统，代替或近似描述另一种系统，前者称为后者的模拟模型。它一般有两种类型：一种是可以接受输入并进行动态表演的可控模型，如对机械系统的电路模拟，可用电压模拟速度，电流模拟力，电容模拟质量；另一种是用计算机和程序语言表达的模拟模型，如物资集散中心站台数设置的模拟，组装流水线投料批量的模拟等。通常用计算机模型模拟内部结构不清或因素复杂的系统是行之有效的。

（4）数学模型　数学模型是指对系统行为的一种数量描述。当把系统及其要素的相互关系用数学表达式、图像、图表等形式抽象地表示出来时，就是数学模型。它一般分为确定型和随机型，连续型和离散型。

3、物流系统建模的方法

物流系统建模的方法有如下几种。

（1）优化方法　优化方法是运用线性规划、整数规划、非线性规划等数学规划技术来描述物流系统的数量关系，以便求得最优决策。由于物流系统庞大而复杂，建立整个系统的优化模型一般比较困难，而且用计算机求解大型优化问题的时间长、费用大，因此优化模型常用于物流系统的局部优化，并结合其他方法求得物流系统的次优解。

（2）模拟方法　模拟方法是利用数学公式、逻辑表达式、图表、坐标等抽象概念来表示实际物流系统的内部状态和输入输出关系，以便通过计算机对模型进行试验，通过试验取得改善物流系统或设计新的物流系统所需要的信息。虽然模拟方法在模拟构造、程序调试、数据整理等方面的工作量大，但由于物流系统结构复杂，不确定因素多，所以模拟方法仍以其描述和求解问题的能力优势，成为物流建模的主要方法。

（3）启发式方法　启发式方法是针对优化方法的不足，运用一些经验法则来降低优化模型的数学精确程度，并通过模仿人的跟踪校正过程求取物流系统的满意解。启发式方法能同时满足详细描绘问题和求解的需要，比优化方法更为实用，其缺点是难以知道什么时候好的启发式解已经被求得。因此，只有当优化方法和模拟方法不必要或不实用时，才使用启发式方法。

除了上面三种主要方法外，还有其他的建模方法，如用于预测的统计分析法、用于评价的加权函数法、功效系统法及模糊数学方法。一个物流决策课题通常有多种建模方法，同时一种建模方法也可用于多个物流决策课题。物流决策课题与物流建模方法的多样化，构成了物流系统的模型体系。

4、对所建立的模型的要求

（1）保持足够的精度　模型应把本质的东西反映进去，把非本质的东西去掉，但又不影响模型反映现实的真实程度。

（2）简单实用　模型既要精确，又要力求简单。若模型过于复杂，一则难以推广，二则求解费用高。

（3）尽量借鉴标准形式　在模拟某些实际对象时，如有可能应尽量借鉴一些标准形式的模型，这样可以利用现有的数学方法或其他方法，有利于问题的解决。

用系统的观点看待物流，有助于全面地分析和评价物流活动，这是真正实现物流是第三利润源的根本。分析物流现象，探讨物流如何为客户增值的问题，是物流业应该完成的课题，而物流系统化，则有助于正确认识物流内在和外在的联系，应用最低的物流成本，创造物流单项功能要素以外的增值价值，这是物流系统研究的核心所在。

【物流案例精选】

海尔集团现代物流的启示

海尔集团在连续 16 年保持 80%的增长速度之后，当前又悄然进行着一场重大的管理革命。这就是在对企业进行全方位流程再造的基础之上，建立了具有国际先进水平的自动化、智能化的现代物流体系，使企业的运营效益发生了奇迹般的变化，资金周转达到一年 15 次，实现了零库存、零运营成本和与顾客的零距离，突破了构筑现代企业核心竞争力的瓶颈。

一、海尔现代物流从根本上重塑了企业的业务流程，真正实现了市场化程度最高的订单经济

海尔现代物流的起点是订单。企业把订单作为企业运行的驱动力，作为业务流程的源头，完全按订单组织采购、生产、销售等全部经营活动。从接到订单时起，就开始了采购、配送和分拨物流的同步流程，现代物流过程也就同时开始。由于物流技术和计算机管理的支持，海尔物流通过 3 个 JIT，即 JIT 采购、JIT 配送、JIT 分拨物流来实现同步流程。这样的运行速度为海尔赢得了源源不断的订单。目前，海尔集团平均每天接到销售订单 200 多个，每个月平均接到 6 000 多个销售订单，定制产品 7 000 多个规格品种，需要采购的物料品种达 15 万种。由于所有的采购都基于订单，采购周期减到 3 天；所有的生产都基于订单，生产过程降到一周之内；所有的配送都基于订单，产品一下线，中心城市在 8h 内、辐射区域在 24h 内、全国在 4 天之内即能送达。总体算来，海尔完成客户订单的全过程仅为 10 天时间，资金回笼一年 15 次，呆滞物资降低 73.8%。海尔总裁张瑞敏认为，订单是企业建立现代物流的基础。

如果没有订单，现代物流就无物可流，现代企业就不可能运作。没有订单的采购，意味着采购回来就是库存；没有订单的生产，就等于制造库存；没有订单的销售，就不外乎是处理库存。抓住了订单，就抓住了满足即期消费需求、开发潜在消费需求、创造崭新消费需求这个牛鼻子。但如果没有现代物流保障流通的速度，有了订单也会失去。

二、海尔现代物流从根本上改变了物在企业的流通方式，基本实现了资本效率最大化的零库存

海尔改变了传统仓库的“蓄水池”功能，使之成为一条流动的“河”。海尔认为，提高物流效率的最大目的就是实现零库存，现在海尔的仓库已经不是传统意义上的仓库，它只是企业的一个配送中心，成了为下道工序配送而暂时存放物资的地方。

建立现代物流系统之前，海尔占用 50 多万 m^2 仓库，费用开支很大。目前，海尔建立了 2 座我国规模最大、自动化水平最高的现代化、智能化立体仓库，仓库使用面积降至仅有 2.54 万 m^2。其中一座坐落在海尔开发区工业园中的仓库，面积 1.92 万 m^2，设置了 1.8 万个货位，满足了企业全部原材料和制成品配送的需求，其仓储功能相当于一个 30 万 m^2 的仓库。这个立体仓库与海尔的商流、信息流、资金流、工作流联网，进行同步数据传输，采用世界上最先进的激光导引无人运输车系统、机器人技术、巷道堆垛机、通信传感技术等，整个仓库空无一人。自动堆垛机把原材料和制成品举上 7 层楼高的货位，自动穿梭车则把货位上的货物搬下来，一一放在激光导引无人驾驶运输车上，运输车井然有序地按照指令再把货送到机器人面前，机器人叉起托盘，把货物装上外运的载重运输车上，运输车驶向出库大门，仓库中物的流动过程结束。整个仓库实现了对物料的统一编码，使用了条码技术、自动扫描技术和标准化的包装，没有一道环节会使流动的过程堵塞。

海尔的流程再造使原来表现为固态的、静止的、僵硬的业务过程变成了动态的、活跃的和柔性的业务流程。未进行流程再造前的 1999 年，海尔实现销售收入 268 亿元，库存资金 15 亿元，销售资金占用率为 5.6%。2000 年实现销售收入 406 亿元，比上年超了 138 亿元；库存资金降为 7 亿元，销售资金占用率为 1.72%。2006 年海尔已经把库存资金降为 3 亿元，销售资金占用率将降到 0.5%左右，基本实现零库存。在海尔，所谓的库存物品实际上成了在物流中流动着的、被不断配送到下一个环节的“物”。

三、海尔现代物流从根本上打破了企业自循环的封闭体系，建立了市场快速响应体系

面对日趋激烈的市场竞争，现代企业要占领市场份额，就必须以最快的速度满足终端消费者多样化的个性需求。因此，海尔建立了一整套应对市场

的快速响应系统。一是建立网上订单管理平台。全部采购订单均由网上发出，供货商在网上查询库存，根据订单和库存情况及时补货。二是建立网上支付系统。目前网上支付已达到总支付额的20%，支付准确率和及时率达100%，并节约近1 000万元的差旅费。三是建立网上招标竞价平台。供应商与海尔一道共同面对终端消费者，以最快的速度、最好的质量、最低的价格供应原材料，提高了产品的竞争力。四是建立信息交流平台，供应商、销售商共享网上信息，保证了商流、物流、资金流的顺畅。集成化的信息平台，形成了企业内部的信息“高速公路”，架起了海尔与全球用户资源网、全球供应链资源网和计算机网络的桥梁，将用户信息同步转化为企业内部信息，以信息替代库存，强化了整个系统执行订单的能力。海尔物流成功地运用了电子商务体系，大大缩短了海尔与终端消费者的距离，为海尔赢得了响应市场的速度，扩大了海尔产品的市场份额。在国内市场份额中，海尔彩电占10.4%，冰箱占33.4%，洗衣机占30.5%，空调占30.6%，冷柜占41.8%。在国际市场，海尔产品占领了美国冷柜市场的12%、200L以下冰箱市场的30%。

四、海尔现代物流从根本上扭转了企业以单体参与市场竞争的局面，使通过全球供应链参与国际竞争成为可能

从1984年12月到现在，海尔经历了三个发展战略阶段：第一阶段是品牌战略，第二阶段是多元化战略，第三阶段是国际化战略。在第三阶段，其战略创新的核心是从海尔的国际化到国际化的海尔，是建立全球供应链网络，支撑这个网络体系的是海尔的现代物流体系。

海尔在进行流程再造时，围绕建立强有力的全球供应链网络体系，采取了一系列重大举措。一是优化了供应商网络。将供应商由原有的2 336家优化到978家，减少了1 358家。二是扩大了国际供应商的比重。目前海尔的国际供应商的比例已达67.5%，较流程再造前提高了20%。世界500强企业中已有44家成为海尔的供应商。三是就近发展供应商。海尔与已经进入和准备进入青岛海尔开发区工业园的19家国际供应商建立了供应链关系。四是请大型国际供应商以其高新技术参与海尔产品的前端设计。供应商与海尔共同面对终端消费者，通过创造顾客价值使订单增值，形成了双赢的战略伙伴关系。

在抓上游供应商的同时，海尔还完善了面向消费者的配送体系，在全国建立了42个配送中心，每天按照订单向1 550个专卖店、9 000多个网点配送100多个品种、5万多台产品，形成了快速的产品分拨配送体系、备件配送体系和返回物流体系。与此同时，海尔与国家邮政总局、中远集团、和黄天百等企业合作，在国内调配车辆可达16 000辆。

海尔认为，21世纪的竞争将不是单个企业之间的竞争，而是供应链与供应链之间的竞争。谁所在的供应链总成本低、对市场响应速度快，谁就能赢

得市场。一只手抓住用户的需求，一只手抓住可以满足用户需求的全球供应链，这就是海尔物流创造的核心竞争力。

深圳福田保税区——跨国物流系统的试验基地

伴随着越来越多跨国物流企业的入驻，深圳福田保税区已发展成为华南地区重要的跨国物流系统的试验基地，许多在这一带投资设厂的跨国公司都借助深圳福田保税区开展物料配送和产品分拨业务，其中世界 500 强企业就有 30～40 家，其中包括 IBM、索尼、三星、松下、欧姆龙、美能达等。自 1993 年深圳深九国际物流有限公司在福田保税区设立首家以“物流”命名的企业以来，目前该保税区已引进仓储物流企业近 90 家，其中包括日本通运、美国伯灵顿等著名跨国物流企业。在深圳福田保税区，物流不再是简单的仓储、运输概念，而是以系统的形式出现，呈现出物流系统的整体优势。20 世纪 90 年代后期，IBM 把美国戴尔电脑的现代物流概念“配送”引入深圳福田保税区。IBM 合资企业长城国际与福田保税区内的海福公司合作，开展工厂“零库存”配送业务，长城国际在深圳的两间工厂不再设立备料仓库，其分布在东南亚和欧美的 70 多家供应商把 7 600 多种不同规格品种的电子料件集中到海福仓库，海福公司借助联网电脑，根据生产厂当日流水线的需求，实现配送中心与生产线的“门对门”服务。这种模式使长城国际节省了物流成本，同时降低了大量库存带来的费用和风险。目前，深圳福田保税区的物流企业已扮演着支撑华南地区产品生产、出口的重要角色。对于物流企业纷纷抢滩日益红火的物流生意，专业人士分析认为，这是因为现代物流业是深圳市三大支柱产业之一，而且保税区实行“境内关外”的保税政策，并拥有直通香港的专用通道，实行 EDI 电子报关，进出口实行备案制等，这些均有效地促进了区内跨境运输、仓储、转口贸易等物流业务的发展。日通公司负责人就曾对为何在深圳设立日通在中国最大的物流基地如是表示：在深圳及珠三角有许多日资企业，日通公司的客户都集中在此；其次，这一带经济发展前景十分广阔；第三，日通公司需要在香港和珠三角之间找一个点，起连接、中转的作用，而深圳福田保税区恰好是建立综合物流中心的理想之地。

【复习思考题】

一、填空题

1. 系统由“______、______、______”三要素组成。

2. 物流系统的基本功能包括__________、__________、__________、__________、__________和__________；物流系统的增值服务功能包括__________、__________、__________、__________。

3．物流系统分析的基本原则有____________、____________、____________、____________。

4．系统分析的目的在于通过分析比较各种替代方案的有关技术________，得出决策者形成正确判断所必需的________，以便获得最优的________。

5．物流系统的第二大系统特征要素，正确的物流定义应该为：在正确的____内，以正确的______，将正确____和正确_____的货物，送往正确的____。

6．物流系统评价的三原则是________、______、______。

7．物流系统的三大要素包括：____________、____________以及____________。

8．物流系统的功能要素一般认为包括________、________、________、______、________、________以及__________等。

二、**选择题**（单选或多选）

1．物流生产率通常包括（　　）。

A．实际生产率　　B．利用率　　C．行为水平　　D．成本和库存

2．运输的质量标志有（　　）。

A．完好　　B．正点　　C．运力　　D．经济

3．要素信息、管理信息、运作信息和外部信息构成（　　）。

A．物流信息　　B．网络信息　　C．生产信息　　D．企业信息

4．通过提供资源、能源、设备、劳力等手段对某一系统发生作用，统称为外部环境对物流系统的（　　）。

A．输入　　B．转化（处理）　　C．输出　　D．服务

5．（　　）通常包括：实际生产率、利用率、行为水平、成本和库存等衡量指标。

A．物流生产率　　B．物流质量

C．物流系统的量化指标　　D．物流的服务水平

6．物流系统化，有助于正确认识物流内在和外在的联系，（　　）是物流系统研究的核心所在。

A．应用最低的物流成本

B．提高物流生产率

C．创造物流单项功能要素以外的增值价值

D．加快系统的转化（处理）

7．物流系统的支撑要素主要包括：（　　）。

A．体制、制度　　B．法律、规章　　C．行政、命令　　D．标准化系统

8．物流系统的物资基础要素主要有：（　　）。

A．物流设施　　B．物流装备

C．物流工具　　　　D．信息技术及网络

E．组织及管理

三、简答与简述

1．物流系统分析的基本内容是什么（简单概述）？

2．物流系统量化指标包括哪些内容？

3．物流系统设计的基本元素(数据)是什么？物流系统化的基本目标包括哪些内容？

4．物流系统的建立过程中可以分为哪三个阶段？

5．物流系统服务性的衡量标准的内容有哪些？

6．在深圳福田保税区，其物流系统的优势是怎样体现的？

第三章　现代物流的功能

【知识目标】

熟练掌握物流功能所涵盖的基本内容，全面、准确地把握运输、保管储存、包装、装卸、流通加工、物流信息等功能的概念、作用、特点和注意事项等；了解各个功能之间的有机联系；知道各个功能所涵盖的内容以及在具体物流实践中如何把握等；了解物流配送的基本概念和特点。

【能力目标】

能正确把握物流功能的基本内容，解决物流的实际问题；能合理地进行包括运输方式、仓储方式等物流环节的选择，避免不合理的物流环节；能够结合实际对本章所列举物流案例进行分析，并提出解决物流问题的见解。

【教学重点】

本章的教学重点是物流功能的基本内容的理解、基本功能的概念、作用、特点和注意事项等的实际应用，以及怎样合理地进行包括运输方式、仓储方式、物流配送等物流环节的选择。

物流的功能指的是物流系统所具有的基本能力。把这些基本能力有效地组合、联结在一起，便成了物流的总功能，能合理、有效地实现物流系统的总目标。

根据国家标准《物流术语》，物流主要有7大功能，习惯上又将其分为基本功能和综合功能。

第一节　现代物流产业的基本功能

现代物流产业的基本功能包括：运输（短距离的运输称为“配送”）与保管。

提示板3-1：现代物流业的基本功能

现代物流业的基本功能包括：运输（空间位置转移）与保管（时间转移）。

一、运输含义

（一）运输

运输是指利用运输工具对货物实行空间位移。运输和搬运的区别在于运输是在较大范围的活动；搬运是在同一地点的活动。

运输是物流的主要功能要素之一，物流过程中的很大一部分是通过运输实现的。

（二）运输方式及优缺点

1、铁路运输

铁路运输指使用铁路列车运送货物。它主要承担中长距离、大批量的货物运输，在干线运输中起主要运力作用。其优点是运送速度快，载运量大，不大受自然条件影响；缺点是初期建设投入大，只能在固定线路上行驶，灵活性差，需要其他运输方式的配合与衔接。长距离运输分摊到单位运输成本的费用较低，而短距离运输成本就很高了。

2、水路运输

水路运输是指使用船舶在内河或海洋运送货物。它与铁路运输共同发挥综合交通运输体系中主要运力的作用。其优点是成本低，能进行长距离，大批量的货运；缺点是受自然条件影响较大，如水域、港口、水位、气候等，以至有时要中断运输，还有就是运输速度慢，同样需要其他运输方式的配合与衔接。

3、公路运输

公路运输指使用机动车辆在公路上运送货物。它主要承担短距离、小批量货运，是铁路、水路运输方式不可缺少的接驳工具；还承担铁路、水路运输难以实现的长距离、大批量货运。其优点是灵活性强，建设投入低，便于因地制宜，可实现“门到门”运送，因此近年来，在有铁路、水运的地区较长距离的大批量运输也较多采用公路运输；其缺点是单位运输成本相对比较高。

4、航空运输

航空运输是指使用飞机等航空器运送货物。它主要承担价值高或赶时间的货运。其优点是速度快，而缺点是单位运输成本太高，且受自然条件影响大。

5、管道运输

管道运输是指使用管道运送气体、液体和粉状固体货物，它是靠压力推动物体在管道内移动来实现运送的。其优点是封闭运输，可避免货损货差；缺点是管道设备固定，运输货物受限制，灵活性较差。

（三）短距离运输（配送）

在企业内部，生产资料的供给、工序间的衔接以及仓储的码放常常需要进行短距离的运输。短距离运输（配送）是物流短距离流动的一种形式，是包括整理、挑选、分类、备货、末端运输等一系列活动的集合，是企业生产全面完成的重要组成部分，它承担着使生产线不间断的功能，既是物流的基本功能，又具有使物流升值的特征，近距离的客户送货也在配送范畴内。配送还具有根据生产需要调配物料和根据生产和客户需求选配物料的功能。

配送常用的运输工具有叉车、桥式起重机、传输机等。

配送所包括的内容有：

1）安排与待送货物相符的车辆。

2）确认车辆上装载的货物，出车发送。

3）调配安排所配送的物料及辅件。

（四）合理化运输原则

基本原则就是尽可能提高运输效率，降低运输成本与费用。

1、避免运力选择不当

运力选择不当主要有以下几种。

（1）弃水走陆　在同时可以利用水运及陆运时，不利用成本较低的水运或水陆联运，而选择成本较高的铁路运输或公路运输使水运的优势不能发挥。

（2）铁路或大型船舶的过近运输　这类运输方式的优势是长距离大运量，否则单位运输成本将会加大。

（3）大马拉小车　对运输工具的承载能力选择不当等。

必须善于选择合适的运输方式，充分发挥各种运输方式的优势，使之互相配合衔接、扬长补短，从而圆满完成运输任务。

2、避免不合理运输

不合理运输主要有以下几种。

（1）单程空驶　这是指由于组货计划不周、车辆调度不当造成起程或返程是空车无货载行驶，这将导致运力浪费。这样做有的是因为未利用社会化的专业运输体系而采用自备车辆，但本单位的货源是有限的，常常只好单程空驶。

（2）舍近求远　这是指放弃距离较近的路线而选择距离较远的运输路线，如迂回运输、重复运输等不必要的拉长运程。舍近求远还包括调运物品的舍近求远，如倒流运输——把物品从销地或中转地往产地或起运地回运，又如交错运输——把同一种双方都要的物品双向交叉运送等。造成这种现象的原因一般是对各地资源不了解，对地理知识不熟悉或组织策划不当等，从而造成了运力资源的浪费，还降低了流通速度。

（3）无效运输 这就是指白运了不需要的物品，如需要运送物品附带的杂质、边角碎料、未进行干燥处理物品内含的水分等，如果在起运地进行必要的流通加工，把上述不必要的物质清除，就能避免多余运力的浪费。

3、提高车船技术装载量

物品在车船上配装、承载、堆码的方法和技巧，称为物品装载技术。运用装载技术在各种运送工具上进行装载业务的质量，称为物品装载质量。提高装载技术和质量，一方面是最大限度地利用车船载货吨位；另一方面是充分利用车船装载容积，既要装足车船核定吨位，又要装满车船容积。其主要做法是：

（1）合理选择车船 根据物品货物的不同属性对运输工具的要求，选择适合装运的车船。

（2）实行物品货物轻重搭配 这就是指把轻泡物品与实重物品配装在同一车船上。这样既能装满车船容积，又可避免车船超载，也就是说可以充分利用车船载重量，少用车船多装货。

（3）采用合适的包装形状 在保证物品货物质量和运输安全的前提下，尽量压缩物品包装体积，采用方便整齐排列的包装尺寸——使用标准包装模数等，可以使装载容积充分利用。

（4）选择物品货物装载排列方法 要对各种不同特点的物品货物实行科学装载。要巧装密摆，做到码得稳、间隙小，还要注意物品货物安全，做到大不压小、重不压轻、木箱不压纸箱等。

4、推广先进实用的运输技术方式

货运技术方式近年有很大的发展，特别在公路运输方面，其他运输方式也存在相宜的配套设施。

（1）集装箱运输 集装箱是具有一定强度、刚度和统一规格，在货物运输中专供周转使用的大型容器。集装箱运输是把一定数量的单件物品货物装入集装箱内，以集装箱为单位进行运输，在更换运输工具时不用倒装。集装箱运输具有“高速、高效、安全、经济”的优点，由于集装箱运输不点件计收，交接凭箱口铅封，不易冒领，中转方便，目前被世界各国广泛使用。

目前使用的集装箱的箱型常见的有：1AA（30t）、1CC（24t）、10D（10t）、5D（5t）箱4种，其中，1AA（30t）、1CC（24t）为国际标准箱，集装箱的特点是全部按标准模数尺寸制造，世界统一，互换性好，车船接驳容易，铁路、水路、公路转运方便，基本上可实现“门对门”服务，减少转运造成的无效劳动，是物流业发展的重点运输形式，图3-1为集装箱堆场实景。

图 3-1 集装箱堆场实景

运用专用的集装箱装卸机械，可以使集装箱的装卸、转运、运输等物流环节效率明显提高，图 3-2 为集装箱装卸机械实景。

图 3-2 集装箱装卸机械实景

（2）散装运输 这是指采用特殊或密封容器、专用车辆对粮食、化肥、水泥等粉粒状物品货物不作包装进行运输。这样不但可以减少包装费用，还能减少货损货差，并且防止环境污染。

（3）冷藏运输 这是指运用各项技术设备，通过冷藏、保温、防寒、通风等方法，对易腐、鲜活货物进行运输。这样无疑是提高了运输成本，但能更好地满足消费者的需要，因此能提高运输收入和运输效益。

运输是物流体系中重要的功能要素。现代物流业的快速发展同样为传统运输业的转型、扩大、提升提供了无限的商机。

二、保管储存

（一）保管储存的含义

保管储存是指对物品货物进行保存及对其数量、质量进行管理控制的活动。

保管储存与运输是物流的两个主要功能要素，“运输”改变了物品货物的空间状态，而“保管储存”改变了物品货物的时间状态。保管储存使物品货物安全放置一段时间，从而实现了物品货物在“供应链”中上下环节的衔接；同时还能调节上下环节流量的差异，从而保持了生产与流通的正常进行，使社会再生产不断发展。保管储存的这两个作用称为“蓄水池”与“调节阀”。

同时，保管储存也存在一定的副作用：保管储存必然引起仓库建设投入与管理及相关劳务费用的增加、储备资金占用及其利息支出的增加、保存期货物损坏变质与保险费支出的增加等。

（二）现代物流保管储存环节中功能的扩展

传统物流中特别是各单位自备物流活动的保管储存往往是为了满足自己单位的需要，避免发生“停工待料”的情况，而预先准备放置各种等待使用的物资，往往积压了大量的资金，并背负仓库建设、管理等庞大而琐碎繁杂的工作包袱。

但是，现代物流管理往往是由专业物流企业承担这项功能。专业物流企业并非是为了自己的需要而储存保管，而是接受客户的委托，为客户储存保管属于客户的物资。这样一来，各单位可以免去自己的储存保管业务，从而实现“零库存”。

这种“零库存”方式的优势在于：受委托方（专业物流企业）利用自己的专业优势，可以实现较高水平和较低费用的库存管理，而客户支付了有关物流费用后不再承担其他储存保管费用与风险。物流形式从少品种、大批量转为多品种、小批量或多批次、小批量，这样才能满足客户用料的需求。

对于专业物流企业来说，仓库这种物流服务的据点，它的功能在原来重视保管效率的基础上，还要增加大量为客户备足各种材料与及时发送到各种需用的地点的业务。也就是说，仓库不仅具有保管储存等传统功能，而且还要发展包括挑选、配货、检验、分类等业务在内的多品种、小批量或多批次、小批量的配送功能，以及附加标签、重新包装等流通加工功能。

（三）仓库的主要作业

由上所述，专业物流企业的仓库（又称现代物流储存中心）要通过先进的管理、技术和现代化信息网络，对商品的采购、验收、储存、分拣、配送等业务进行科学、统一、规范的管理，使商品物资的流通运动过程达到高效、协调、有序。

仓库的主要作业内容有：

1、进货

（1）进货检查

（2）商品检查　对进货商品与进货清单核对（数量核对和质量检查）。

（3）入库准备　入库准备包括贴保管条码。

（4）货物入库　把商品置放在其保管条码所表示的保管场所，并记入账本或输入电脑。

2. 保管

（1）正常保管

1）数量管理，保证库存数量与账本存量相符。

2）质量管理，保证库存质量不变，并掌握是否存在长期滞留物，及时提示进行处理。

（2）发货准备　按客户要求进行包装和贴付条码。

3. 发货

（1）备货。

（2）按客户订单分拣小件商品并进行包装。

（3）制作发货与运送单据。

可以说现代物流企业的核心就在于具有上述功能作用的大型仓库，它们往往不再是单一从事商品保管的地方，而是涵盖多种物流功能——包括采购进货、保管储存、分拣包装、出货配送等业务的场所，因而被称为“物流基地”或“物流中心”。物流中心不仅要与客户，还要和它们的供货单位、销货单位保持密切的沟通关系，因此物流中心又是物流、资金流、信息流的结合体。这可以说是“双赢”或“多边赢”的做法，既有助于货主企业的产品迅速进入市场，又使物流中心有稳定的资源、业务与效益。

（四）储存保管合理化的实施要点

1. 采取有效的先进先出方式

为保证每个储存对象的储存期不致太长，其主要措施有：

（1）贯通式货架系统　利用货架的每层形成贯通的通道，从一端存入物品，从另一端取出物品，物品在通道中自行按先后顺序排队，不会出现越位的现象，保证先进先出。

（2）“双仓法”储存　给每个储存对象都准备两个仓位或货位，轮流进行储存与取出，规定必须在一个货位取光后才可补充，这样也能保证先进先出。

（3）计算机存取系统　采用计算机管理，在存放时输入时间记录，编入一个简单的按时间顺序输出的程序，取货时计算机就能按时间给予指示，以保证先进先出。

2. 提高储存密度和仓容利用率

这样可以相对降低储存成本，减少土地占用，其主要措施有：

（1）采取高垛的方法，增加储存的高度　具体方法有：采用高层货架仓库及全自动堆垛机（见图 3-3），可比一般堆存方法大大增加储存高度。

图 3-3　高层货架配送中心立体仓库及全自动堆垛机（实训仿真图）

（2）缩小库内通道宽度以增加储存有效面积　采用窄巷式通道，配以轨道式装卸车辆，能减少车辆运行宽度；采用侧叉车等以减少转弯宽度。

（3）减少库内通道数量以增加储存有效面积　具体方法有采用密集型货架、各种贯通式货架，采用不依靠通道的天桥吊车装卸技术等。

3．采用有效的储存定位系统

储存定位的含义是对储存对象的储存位置采用科学的反映方法。例如“四位数定位”，它是传统手工管理中采用的科学方法（利用计算机检索当然更快）。四位数指四个号码，涵义分别是序号、架号、层号、位号。这就使每个货位都有固定编号，在物品入库时，把位置编号记录在账，提货时按编号指示，很快就可把物品找出来。

这样做可以提高劳动效率，减少差错，便于清点，能实行“订货点购进”的管理方式。“订货点购进”就是在库存物品减少到一定水平时必须办理购进业务，以免发生到时库存不足的情况。因此库存的实时反映是很重要的。

这样做还可以避免对储存对象固定定位，可采取自由定位，进货时充分利用空余货位，而不需专位待货，这样也有利于提高仓库的储存利用率。

4．采用有效的监测清点方式

这种方法可以保证储存物品数量与质量及其反映的真实性。具体方式有：

（1）“五五化”堆码　这是传统手工管理采用的科学方法，在储存物品堆垛时，着意以“五”为基本计数单位，堆成总量为“五”的倍数的垛型，这样平时清点时，有经验者可过目成数。大大加快了人工清点速度，而且可减少差错。

（2）光电识别系统　在货位上设置光电识别装置，该装置对被存物品扫描，并将准确数量自动显示出来，这种方式不需人工清点就能准确掌握库存的实际数量。

（3）电子计算机监控系统　用电子计算机指示存取，可以防止人工存取所容易发生的差错。在被存物品上采用条码认寻技术，使识别计数和计算机连接，每存取一件物品，识别装置自动将条码识别并输入计算机，计算机自动作出存取记录，这样只需向计算机查询，就可以了解所存物品的准确数量，而无需再建立一套监测系统。

5．采用现代储存保养技术，避免被仓储物品质量的损坏

（1）气幕隔潮　在潮湿地区或雨季，室外湿度高且持续时间长，仓库内如想保持较低的湿度，就必须防止库内外空气的频繁交换。一般仓库打开库门作业时，便自然形成了空气交换的通道，由于作业的频繁，室外的潮湿空气会很快进入库内，一般库门、门帘等设施隔绝潮湿空气的效果不理想。

“气幕”就是在库门上方安装鼓风设施，使之在门口处形成一道气流，由于这道气流有较高压力和流速，在门口便形成一道气墙，可有效阻止库内外空气交换，防止湿气侵入，且不会阻碍人与设备出入。

气幕还可以起到保持室内温度的隔热作用。

（2）气调储存　通过调节和改变环境空气成分，从而抑制被储存物品的化学变化和生物变化，抑制害虫生存及微生物活动，达到保持被储存物品质量的目的。

具体方法有：可以在密封环境中更换配合好的气体；可以充入某种成分的气体；可以抽去或降低某种成分气体等。气调方法对于有新陈代谢作用的水果、蔬菜、粮食等物品的长期保质、保鲜储存很有效。例如，粮食可长期储存，苹果可储存三个月。

气调储存对于防止生产资料在储存期的有害化学反应也有一定作用。

（3）塑料薄膜封闭　塑料薄膜虽不完全隔绝气体，但是能隔水、隔潮，用塑料薄膜封垛、封袋、封箱，可有效地造成封闭小环境，阻隔内外空气交换，完全隔绝水分。在封闭环境内如果再加入杀虫剂、缓蚀剂或某种抑制微生物生存的气体，则内部可以长期保持这种物质的浓度，形成一个长期稳定的小环境。

用这个方法对水泥、化工产品、钢材等做防水封装，可防变质和锈蚀。

储存合理化的原则是以经济的方法实现储存的最佳要求。当然，如果造成储存功能的过剩，就是一种浪费，也就不合理了。

由此可见，运输业和仓储业是物流业的基础产业，也是现代物流诸多功

能要素中最基本的中心要素。

第二节　现代物流产业的综合功能

现代物流产业的综合功能包括：包装、装卸、流通加工、配送、物流信息等。这些功能可以使现代物流业产生增值（可以提高产品的附加价值），从而构成物流完整的功能要素。

提示板 3-2：现代物流业的综合功能

现代物流业的综合功能包括：包装、装卸、流通加工、配送、物流信息等。

一、包装

（一）包装的概念

包装是在物流过程中为保护产品、方便储运、促进销售、按一定技术方法采用材料或容器，对物品进行包封并加以适当的装潢和标识工作的总称。包装包括包装物与包装技术。

（二）包装的作用

1、保护物品

保护物品不受损伤，这是包装的主要目的。其中要防止物品在运输、装卸过程中受到各种冲击、振动、压缩、摩擦等外力的损害，并要防止物品在运输，特别是保管过程中发生受潮、发霉、生锈、变质等化学变化，还要防止有害生物对物品的破坏。

2、方便流通、方便消费

物品经过适当的包装能为搬运、装卸作业提供方便，加快了装卸速度；从储运容器考虑包装形状、尺寸的设置，能大大提高运输效率；包装物的各种标志，便于仓库管理的识别、存取、盘点，合理的单元包装也方便了消费者的使用。

3、刺激消费、促进销售

产品包装的装潢设计是促销手段之一。精美的包装能唤起人们的消费欲望，同时包装的外部形态可利用来对商品作介绍、宣传，使人们了解这种商品，购买这种商品。

（三）包装的合理化原则

1、合理设置包装方式

第一因素是考虑装卸。不同的装卸方式决定了不同的包装方式。需要手工装卸的，包装及其内容的重量必须限制在手工装卸的允许能力之内，一般设定为工人体重的 40%左右；包装的外形尺寸也应适合手工操作。在发展国际性物流的趋势下，还要考虑不同地区物流载体的装卸交接，各种商品都按统一的规格尺寸进行包装，这些规格尺寸的单元基础叫“物流集装基础模数”（或“包装模数”），现在国际上已基本确定为 600mm×400mm，其他规格尺寸按此倍数推导，如还可以采用 1 200mm×1 000mm（其中 1 200mm 是 600mm 的两倍，而 1 000mm 是 600mm+400mm）。

第二因素是考虑保管。采用高层堆放的应要求包装有比较高的强度，以免压坏等。

第三因素是考虑运输。如果进行长距离及多次中转运输的，就要求严密厚实的包装；而短距离汽车运输，可采用轻便、防振的包装等。

2、合理选用包装材料与技术

包装材料与技术涉及包装成本与包装效应，这就是一个二律背反的问题。包装不足，指包装材料强度低、技术简易——如层次少、包扎与装订力度较小，这样成本虽低但效果较差；反之包装过剩，强度很高但成本也高。这些都是在包装设计中要避免的问题。

3、方便物流的回收利用，实现物流资源再循环

在这方面可以有许多措施：① 采用通用包装外形，如按上述标准模数尺寸制造通用包装箱，无论在什么地方卸货后，都可以转用于其他包装；② 梯级利用，经过这样考虑设计的包装物，在一次使用后进行简单处理便可转做他用，如大纸板箱可改制成小纸板箱等；③ 多用途、多功能的外形设计，如盛装饮料的包装物，腾空后可转做杯子等。

（四）包装的材料

包装材料与包装功能具有密切联系。由于包装材料的物理性能和化学性能的千差万别，包装材料的选择对保护物品有各种不同的重要作用。常用的包装材料有以下几种。

1、纸质包装材料

在包装材料中，纸的应用最广泛。它的品种最多，耗量也最大。纸具有价格低，质地细腻均匀，耐摩擦，耐冲击，容易粘合，不受温度影响，无毒，无味，适于包装生产的机械化等优点。纸作为包装材料有纸袋、纸箱、瓦楞纸箱等，其中瓦楞纸箱是颇受欢迎的纸质包装材料。瓦楞纸具有成本低，质量轻，容易进行机械加工，容易进行回收复用等优点。用瓦楞纸做的纸箱具有一定的刚性，有较强的抗压、抗冲击能力，这为产品安全、完好地从生产者送到消费者所经历的储存、运输、装卸等活动提供了方便和可靠保证。但是，纸的防潮、防湿性能差，这是纸质包装材料最大的弱点。

2、木质包装材料

木材作为包装材料的历史是十分悠久的。几乎所有的木材都可以成为包装材料，特别是作为物品的外包装材料，更显示出其抗压、抗震等优点。但由于木材资源有限，而且木材用途比较广泛，作为包装材料前景不佳，因此逐渐由塑料、复合材料、胶合板等取代。木材包装材料一般有木箱、木桶、木笼等。

3、金属包装材料

把金属压制成薄片，用来包装物品，通常有金属圆桶、铁罐、钢瓶、金属网笼等。金属包装材料中，用量最大的是马口铁和金属箔两大品种。

马口铁（镀锡薄钢板）具有坚固，抗腐蚀，容易进行机械加工，表面容易印刷和涂饰等优点，尤其用马口铁制成的容器具有防水、防潮、防污染等优点，所以，马口铁是比较理想的包装材料。

金属箔是把金属压延成很薄的薄片，多用于食品包装，如糖果、肉类、奶油、乳制品的包装。目前，用金属与纸复合制成的包装材料具有广泛的用途。

4、纤维包装材料

纤维包装材料指用各种纤维制作的袋装包装材料。天然的纤维有黄麻、红麻、大麻、青麻、罗布麻、棉花等，经工业加工提供的纤维材料有合成树脂、玻璃纤维等。这些种类材料具有韧性好，耐拉、耐磨，价格便宜等优点。

5、陶瓷与玻璃包装材料

陶瓷与玻璃包装材料具有耐风化，不变形，耐热，耐酸，耐磨等优点，尤其适合各种液体物品的包装。这类包装容器容易清洗，容易消毒灭菌，能保持良好的清洁状态；同时它们可以回收复用，有利于降低包装成本。但是它们最大的弱点是不耐冲击、振动，容易破碎。

6、合成树脂包装材料

合成树脂包装材料指各种塑料制品：塑料盘、塑料瓶、塑料袋、塑料箱等。它们在现代包装中所处的地位越来越重要。塑料包装材料有以下特性和优点：透明，对容器里的物品不必打开包装便一目了然；有适当的强度，可以保护被包装物品的安全；密封性能好，有比较好的防水、防潮、防霉等性能；有耐药剂、耐油性能，且耐热、耐寒性能也比较好，对气候变化有一定适应性；有比较好的防污染能力，使所包装的物品既安全又卫生。合成树脂的品种超过千种，用于包装的主要有聚乙烯、聚丙烯、聚氯乙烯、聚苯乙烯等十多种。

7、复合包装材料

复合包装材料指把两种以上具有不同特性的材料合并制作包装物，以改进单一材料的性能，发挥包装材料的复合优点。常见的复合材料有 30～40 种，使用最广泛的是塑料与玻璃纸复合、塑料与塑料复合、塑料与金属箔复合、塑料与纸张复合等。

我们可以根据物品的包装要求选择合适的包装材料，将其制作为合适的包装形状，从而提供应有的包装功能。

二、装卸

（一）装卸的概念

装卸是指将物品以人力或运用机械装入运输设备或从运输设备卸下。

装卸是物流系统的一个重要构成要素。物流系统中装卸作业所占的比重较大，装卸作业的好坏不仅影响物流成本，还与物流工作质量、是否满足客户的服务等要求密切相关。因此装卸作业的合理化是物流管理的重要内容之一。

（二）装卸作业的类别

1、装货卸货作业

装货卸货作业指以人力或机械将物品装入运输工具或卸出运输工具的活动。

2、搬运移送作业

搬运移送作业是对物品进行短距离的移动活动，包括水平、垂直、斜行等移动。

3、放置取出作业

放置取出作业是指在运输工具或仓库内的指定地方按要求的位置与形状放置物品，或将放置堆叠好的物品作取出活动。

4、配货作业

配货作业是将物品从原来放置的位置取出后，进行分类整理，再按规定的要求集中，以便按一定的批量准备移动或使用的活动。

（三）装卸的合理化原则

装卸合理化的主要目标是节省时间，节约劳动力，降低装卸成本。

1、提高装卸搬运活性

装卸搬运活性的含义是指把物品从静止状态转变为装卸搬运状态的难易程度。如果很容易转变为下一步的装卸搬运而不需要做过多装卸搬运前的准备工作，则活性就高，反之就是活性不高。

为了区别活性的不同程度，可用“活性指数”表示。“活性指数”分 0～4 共 5 个等级，分别表示活性程度从低到高。表 3-1 为装卸搬运活性指数表。

由于装卸搬运是在物流过程中反复进行的活动，因而其速度可能决定整个物流速度。每次装卸搬运的时间缩短，多次装卸搬运的累计效果则十分可观，因此，提高装卸搬运活性对合理化是很重要的因素。

但是，也要考虑装卸搬运成本，一般来说，装卸搬运活性越高则其成本也越高。这样我们应该根据装卸搬运的对象（价值）来设计它的装卸搬运活性，对于价格低廉的物品、无须多次转移的物品，就不必采用高等级的活性状态。

表 3-1　装卸搬运活性指数

放置状态	需要进行的作业				活性指数
	整理	架起	提动	拖动	
散放地上	要	要	要	要	0 级
放置在容器内	不要	要	要	要	1 级
集装化	不要	不要	要	要	2 级
在无动力车上	不要	不要	不要	要	3 级
在传送带或车上	不要	不要	不要	不要	4 级

2、**防止无效装卸**

无效装卸会造成装卸成本的浪费，装卸质量受损的可能性增大，同时降低物流速度。因此应该尽量防止无效装卸。无效装卸具体反映在以下几方面。

（1）过多的装卸次数

（2）过大的包装装卸　包装过大、过重，在装卸时实际上是反复在包装上消耗不必要的劳动。

（3）无效物资的装卸　进入物流过程的货物，有时其中会混杂着没有使用价值或对用户来说使用价值不对路的各种掺杂物，如煤炭中的煤矸石，矿石中的水分，石灰中的未烧熟的石灰石及过烧的石灰等。在多次装卸中，实际是在对这些无效物资反复消耗劳动。

由此可见，装卸搬运如能防止上述无效装卸，则可大大节约装卸劳动，使装卸合理化。

3、**充分利用重力或消除重力影响，减少装卸的消耗**

在装卸时要考虑重力因素，可以利用货物本身的重量，进行有一定落差的装卸，以减少或根本不消耗装卸的动力，这是合理化装卸的重要方式。例如，从货车或火车上卸货时，使其与地面转运的运输工具间有一定的高度差，利用溜槽、溜板之类的简单工具，可以依靠货物本身重量从高处自动下滑到低处，比起采用起重机、叉车进行同样的装卸显然可以节省动力的消耗。

在装卸时尽量消除或减弱重力的影响，这也能减少装卸劳动的消耗。例如，进行两种运输工具的换装时，采用不落地搬运就比落地搬运要好。后者使物品落地后再抬升一定高度进入第二种运输工具，就会因为克服物品的重力要发生动力消耗，如能减少这个消耗，就是合理化装卸的体现。

在人力装卸时，一装一卸是爆发力的运用，如果还要搬运行走一段距离，体力消耗就很大，会出现疲劳的环节。所以人力装卸时如果能配合以简单机具，做到“持物不步行”，则可以大大减少装卸劳动量，实现装卸合理化。

（四）装卸方法

1、单件作业法

单件作业法是逐件装卸搬运的人工方法。它主要适用于以下情况：一是装卸搬运场合不适宜采用机械装卸；二是物品形状特殊等。

2、集成作业法

集成作业法是对物资先进行集中装置，如采用集装箱、托盘等，再进行装卸搬运。这样把散、小物件集成一定质量或体积的组合件，有利于机械装卸搬运。

3、重力倾翻作业法

重力倾翻作业法是将运载工具倾斜侧翻卸出货物。

4、流水连续作业法

流水连续作业法是采用链带式运输机械对货物连续实行装卸搬运等。

在实际装卸搬运操作之中，往往是多种方法综合运用。

三、流通加工

（一）流通加工的含义

流通加工又称流通过程的辅助加工活动。这种加工活动不仅存在于社会流通过程，也存在于企业内部的流通过程中。所以，实际上是在物流过程中进行的辅助加工活动。企业、物资部门、商业部门为了弥补生产过程中加工活动的不足，为更有效地满足用户或本企业的需求，更好地衔接各环节的生产与消费，往往需要进行这种加工活动。

流通加工是指物品在从生产地到使用地的过程中，根据需要进行包装、分割、计量、组装、价格贴付、商品检验等一系列简单作业的总称。

目前，在世界许多国家和地区的物流中心或仓库经营中都大量存在流通加工业务，有的规模也很大。一些原本在工业企业进行的加工业务，现在由流通环节（包括新兴的现代物流企业）承担并且拓展，而流通企业也改变以往那种单一经营业务，发展多种经营业务，这是现代经济发展趋势的要求。在流通过程进行有关加工的重要意义有以下几点。

1. 弥补生产加工的不足

生产环节的各种加工活动往往不能完全满足消费者的需要。例如，某个生产企业需要钢铁企业的钢材，除了规格型号的要求外，往往希望能够在长度、宽度等方面满足需要，但是钢铁企业面对成千上万个客户，是很难满足每个客户的细节要求的。要弥补以上生产环节加工活动的不足，由流通企业再进行加工是理想的方式，因为作为流通企业，它们对生产供应与消费需求双方衔接的各种要求比较了解，也可以根据供方或需方的委托代为完成加工。

2. 提高劳动生产率与物料利用率

流通加工是把多个制造企业对多个客户供应的商品集中进行专业加工，其加工效率比分散加工要高得多。对于用量少和满足临时需要的使用单位，如果没有专业流通加工而只能依靠自行加工，则不论加工水平或加工的成本都无法与专业流通加工相比，即使是有相当规模的企业进行的加工活动，与专业的流通加工相比，其劳动生产率也相对较低。例如，某建筑企业要完成安装玻璃的开片加工，往往在施工场地针对某一工程进行，而由专业流通加工开片，可满足若干建筑工地的需求，其加工效率更高，加工质量更好。另外，流通加工还有以下好处。

（1）提高原材料利用率　通过流通加工进行集中开料，能够合理套裁、因材施用，裁出大件的边角料再裁小件，明显地提高了原材料的利用率，如从平板玻璃集中开裁的经验来看，玻璃利用率可从60%左右提高到85%～95%。

（2）提高加工设备利用率　在分散加工的情况下，加工设备由于生产周期和生产节奏的限制，设备利用时松时紧，表现为加工过程的不均衡，从而导致设备加工能力不能充分发挥，而流通加工面向全社会，加工数量大幅度增加，加工范围明显扩大，加工任务饱满，加工设备利用率显著提高。

3. 方便配送

配送是包括整理、挑选、分类、备货、末端运输等一系列活动的集合（这部分内容将在本章第三节中专述），流通加工是配送的前提，物流企业自行安排流通加工与配送，则流通加工时必然顾及配送的条件与要求；或者说根据流通加工形成的特点布置配送，使必要的辅助加工与配送能很好地衔接，使物流全过程顺利完成。

人们现在已经认识到了现代生产引起的产需分离是不可忽视的，尽管许多生产者都把“用户第一”当作自己的主导思想，但是，生产毕竟有生产的规律，大生产的特点之一便是“少品种、大批量、专业化”，而这样产品的规格、品种、性能往往不能与消费需要密切衔接。弥补这一分离的方法，就是在流通环节进行辅助加工，也就是“流通加工”。所以，流通加工的产生实际是现代生产发展的一种必然趋势。

（二）流通加工的形式

我国常用的流通加工主要形式有以下几种。

1、剪板加工

剪板加工是在固定地点设置剪板机或各种剪切、切削设备，将大规格的金属板料裁切为小尺寸的板料或毛坯。

2、集中开木下料

集中开木下料是将原木锯裁成各种木板、木方，同时把木头碎屑集中加工成各种规格的夹板板材，甚至还进行打眼、凿孔等初级加工。

3、燃料掺配加工

燃料掺配加工是将各种煤或其他一些发热物资，按不同的配方进行掺配，形成各种能产生不同热量的燃料。

4、冷冻加工

冷冻加工是为解决鲜活商品、药品等在流通中保鲜、装卸搬运问题，采取低温冷冻的加工。

5、分选加工

分选加工是对农副产品进行分等、分级的挑选分类工作。

6、精制加工

精制加工是对农牧副鱼产品去除无用部分，甚至进行切分、洗净、分装的工作。

7、分装加工

分装加工是对商品按零售要求进行新的包装，大包装改小包装，散装改小包装，适合运输的包装改适合销售的包装等。

8、组装加工

组装加工是对出厂配件、半成品进行组合安装，随即销售。

9、定造加工

特别为使用者加工制造适合个性的非标准用品，这些东西往往不能由大企业生产出来，而是由流通加工企业为其“量身定做”。

（三）流通加工的合理化要求

流通加工合理化的含义是尽量实现流通加工的最优配置，就是对是否设置流通加工环节，在什么地方设置，选择什么类型的加工，采用什么样的技术设备等问题作出正确抉择。目前，我国在进行合理化的考虑中已积累了一些经验，取得了一些成果。

实现流通加工合理化应主要考虑以下几方面。

1、**加工和配送相结合**

加工和配送相结合就是将流通加工设置在配送点中，一方面按配送的需要进行加工，另一方面加工又是配送业务流程中分货、拣货、配货的环节之一，加工后的产品直接投入配货作业，这就无需单独设置一个加工的中间环节，而使流通加工与中转流通巧妙地结合在一起。同时，由于配送之前有必要的加工，可使配送服务水平大大提高。这是当前对流通加工作合理选择的重要形式，在煤炭、水泥等产品的流通中已表现出较大的优势。

这里所提到"流通加工地点设置"的问题是流通加工合理化的重要因素。既然考虑与配送的结合，那么流通加工地点应设置在需求地区，还应选择在运输线路的交接点、交通枢纽等地区。如果选址不当，会使物流费用大大提高。

2、**加工与配套相结合**

配套是指对使用上有联系的用品集合成套地供应给用户使用。例如，方便食品的配套，包括食品生产企业的产品——各种即食或速熟食品，还有餐具生产企业的产品——各种一次性餐具。当然，配套的主体来自各个生产企业，如上例所说，其中的"方便面"就由其生产企业配套生产，但是，有的配套不能由某个生产企业全部完成，如方便食品中的"盘菜"、"汤料"等，而在物流企业经过流通加工，可以有效地促成配套，大大提高流通作为供需桥梁与纽带的能力。

3、**避免盲目设置流通加工**

流通加工不是对生产加工的代替，而是一种补充和完善。所以，一般而言，如果工艺复杂，技术装备要求高，可以由生产过程延续或轻易解决的，都不宜再设置流通加工，否则会增大物流企业的非本专业技术压力，使其承担力不能及的工作，这是不合算的。

流通加工业务是现代物流企业提供的增值服务，既会提高流通商品的附加价值，从而实现物流企业的经济效益，也给供需双方带来方便与效率，所以它有广阔的发展前途。

四、物流信息

现代物流与传统物流相比，最大的区别在于现代物流具有"信息"这个功能要素。"信息"包括信息的拥有与信息技术的运用。

物流信息是现代物流区别于传统物流的关键所在。

随着市场经济的发展，现代物流业面对着变化万千的市场信息世界，这其中包括：许许多多的供、需方客户，他们的供应或需求资料要进行配套对接，品种繁多的存货的识别与动态反映，对发出到天南海北的运输车辆的跟踪调拨……这些都需要通过运用高新科技手段进行处理，也是前述各种功能要素能够发挥作用的必要前提，这就是现代物流的信息功能。

现代物流通过信息功能，实现了对供应商、批发商、零售商各类企业信息的连接，从而使现代物流成为一种“供应链”管理。

缺少信息功能的物流，供应商、制造商、批发商和零售商是分散、各自为政的，各个功能要素也是分散的，如图 3-4 所示。

图 3-4 缺少信息功能的物流

对于缺乏信息交流的传统物流，一项简单的物流业务，往往要好几个供应商承担才能完成，铁路只管发运，车队只管运输，仓库只管收发货，相互之间既没有信息沟通，又没有统一的操作规范和标准。这种状态使客户涉及许多供应商，中间环节繁琐，有了问题相互推诿，不利于运作和管理，也很难适应市场经济的需求。

通过物流信息连接后，各种企业的关系形成“供应链”结构，如图 3-5 所示，从而使得各个物流功能相互链接，物流的成本下降，形成现代物流新的经济增长点。

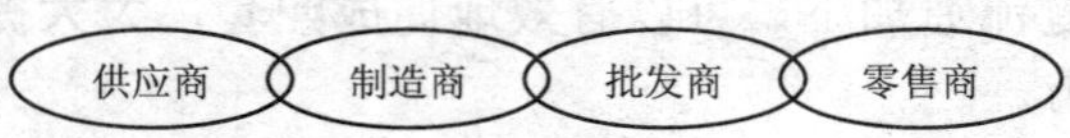

图 3-5 现代物流形成供应链结构

（一）物流信息的含义与内容

物流信息的内容可以分为狭义物流信息与广义物流信息。

从狭义范围来讲，物流信息是指与物流活动（如运输、保管、包装、装卸、流通加工等）有关的信息。在物流活动的管理与决策中，如运输工具的选择、运输路线的确定、每次运送批量的确定、在途货物的跟踪、仓库的有效利用、最佳库存量的确定、订单管理及如何提高对顾客的服务水平等，都需要详细、准确的物流信息，因为这些物流信息对发挥前述的物流功能有支持与保证作用。

从广义范围来看，物流信息不仅指与物流活动有关的信息，而且包括与其他流通活动有关的信息，如商品交易信息和市场信息。

1）商品交易信息，指与买卖双方的交易过程有关的信息，如销售与购买信息、订货与接受订货信息、发出货款与收到货款信息，还有货物交接信息等。

2）市场信息，指与市场活动有关的信息，如消费者的需求信息、企业的销售促进活动信息、竞争性商品信息、交通与通信等基础设施方面的信息等。这些信息之间有着密切的关系。

广义的物流信息不仅能起到联结整合从生产企业，经过批发商和零售商，最后到消费者的整个供应链的作用，而且在应用现代先进信息技术的基础上，能实现整个供应链活动的效率化，具体地说就是利用物流信息可以使供应链上各个企业都提高效率，满足他们对控制计划生产、协调顾客服务进行有效管理的要求。

（二）物流信息管理的原则

1、及时性

及时性是指一种活动发生后在有关系统中的传递快捷程度。

例如，生产企业的产成品实际是连续生产出来的，成为等待销售的存货。而存货的记录状态也许是按每小时、按每班次甚至按每天进行更新。显然，适时更新或立即更新，更要有及时性，但是这样做会增加记账工作量，增加物流成本。而现代物流的信息体系采用先进的科技手段，如编制条码、扫描和电子数据交换（EDI），完全可以及时而有效地作出记录。

信息系统的及时性带来了管理控制的有效性。及时地在还有时间采取正确措施之前，或使损失减少到最低限度之时提供信息，使决策准确性的概率大大提高，从而让企业实现有效的管理控制，这在整个物流系统与供应链中都十分重要。

2、精确性

精确性可以解释为物流信息系统的报告与实际状况相符合的程度。信息的精确性越高，管理决策的风险与不确定性就越少。

精确性要求的难度在于日常处理数据量太大。据统计，一般中小企业，每天进出库的料单就有 50～100 张，每年合同达数千份，物料动态记录达上万条，每天发生的数据约 8 000～15 000 项，而且还要不断积累历史数据，这些数据处理的精确性是不容易保证的。

物流信息系统一般采用计算机自动化管理，能够实现数据传送高度的精确性。

3、灵活性

灵活性要求适应性广，切换快捷。

商务数据的处理往往需要这种灵活性。例如，有些顾客也许想将订货单、发货票等跨越一般的划分界限进行汇总，如一般零售商按每个门市部店面的发货票进行汇总；而某零售商则要求，按其若干连锁店的同类商品的发货票进行汇总，这就跨越了一般的划分界限。

物流信息系统应具有灵活性，可提供迎合特定顾客需要的数据。通过对先进的信息科技手段如数据库的熟练运用等，应能满足顾客提出的各种数据处理要求。

4、广泛性

现代的商务活动存在着多元性，也就是说，一个供应商可以面对多个需求商；同样，一个需求商可以面对多个供应商，而不存在固定的接口；消费者甚至可以通过“电子商务”方式，向千里之外的制造商求购商品……这些在信息技术发达的今天都可以做到。

广泛性是指物流形式的广泛和所涉及的领域广泛，还指适应对象范围广、数量多。

现代物流的信息功能在运用互联网参与供需双方沟通的基础上，还能为客户“量身定做”供应方案。例如，我国香港的“利丰物流”集团就可以做到，为客户从韩国购买棉纱，运到我国内地进行纺染，再运到泰国裁制服装，然后销往阿拉伯海湾国家……

综上所述，物流信息系统将是高新信息科技之集大成者，由于它能广泛、及时地收集信息，精确、灵活地处理信息，可以众多的零售信息终端，如灵敏的触角，探测到市场瞬息万变的消费需求，为客户架起一道道供需桥梁，从而实现了物资流通畅达的商品经济新局面，也为物流企业带来了无限的发展空间。

（三）物流信息技术

信息技术在不断地快速更新，但是用于物流活动的基本有以下几种。

1、识别记录技术

识别记录对物流活动非常重要。物流中心面对着众多客户、繁多存货以及在不同时间的不同要求，因此必须加以准确识别，同时要及时、精确地记录，这是很不容易做到的。

在运用物流信息技术以前，这些识别记录只能靠手工进行，就是人工编目、记账。在哈尔滨一家大型国有企业的仓库里，曾有一位仓管员，以出色的记忆天赋和高度的责任心，能做到所管理的两万多种物资全都记得，能根据需要快速把它们从琳琅满目的货架上找出来……这在当时被树立为做好本职工作的模范，且号召大家向她学习。但是这是很不容易做到的。

现在，采用信息科技的识别技术，就是使用条码与电子扫描技术，这种自动识别方式能以很低的误差率完成对物流对象的记录、识别与跟踪。

条码用于一般产品最初是在1972年，它给每位制造商和产品分配了一个五位数的号码，根据不同的号码，可以区分不同制造商、不同规格甚至不同包装尺寸的产品。这些号码不是用数字表示，而是用粗细不一的条杠与其间隙表示，这样就能让电子计算机识别，叫做“读码”。

电子计算机“读码”的眼睛是扫描仪。现在我们最常见的是超级市场收款处使用的那种扫描仪（俗称POS机）。物流中心在货物收发、车辆装卸等交接环节安置各种扫描仪，就能识别每种货物，并且跟踪它的去向。

2、通信传输技术

最早的通信传输手段是邮递，现在大量使用电话、电传等技术。但是这些技术在物流活动中的使用都不是那么有利，因为物流活动的特点一般表现为非常分散的运动状态。运输的特点就是点多、面广、流动、分散，因此，信息的发射点与接收点，往往随着物流实际活动出现不同的地点而变动。

无线电频率技术，即移动电话的出现，使运输车辆的驾驶员能够接收物流中心调度员的指示，但是车辆驾驶员往往无法确定自己所在的地理位置，这对于物流中心调度中心来说，仍然是处于失控状态……

最新的信息技术是卫星通信，这项技术将大量地被物流活动所利用。环绕地球上空的卫星不断地接收来自发射点的信号，并反射给指定的接收点，还可以根据需要报告发射点所在位置周围的所有信息。例如，运输车辆安装了信号接收设备，物流中心的调度员可以与车辆驾驶员进行联络，调度员可以下达最新的调拨指示，还可以了解车辆所在位置的周围情况，如果发生交通堵塞，可以指示车辆改变行走路线，等等。

3、互联网技术

当今世界，计算机网络无所不至，这给物流管理带来了极大的便利。这里仅介绍其中一个典型的应用技术——电子数据交换技术（EDI）。

EDI被确认为是企业之间计算机与计算机交换商务文件的标准形式，即在标准化基础上，通过计算机联网进行数据的传输与交换。

这里举一个简单的例子，说明EDI的应用。

某次物流业务的EDI步骤如下：

1）发货企业根据订货合同备货并发出运送计划，通过网络传输给收货企业与物流中心。

2）物流中心通过网络调拨车辆。

3）车辆按指示前往发货企业仓库取货，所取的货物条码同时通过网络接收，到了发货企业仓库，车辆上的扫描仪按给定的条码，对仓库叉车送来的货物“读码”验收。

4）车辆载货返回物流中心，按要求进行有关辅助加工。

5）物流中心通过网络向收货企业通知准备收货，查问收货地点，然后发车。

6）车辆载货到收货企业仓库，仓库同样按网络给予的条码“读码”验收，并且在车辆驾驶员带去的交接凭证上作签收标志。

7）物流中心把签收标志在网络上转达给发货企业，并发出收取费用通知。

数据的传递、车辆的调度、提货、单证签收、交接等流程的信息交流全部由 EDI 电子数据交换完成，做到准确、及时、快捷。

这里用到的“网络”也可以是局域网。网点包括供应链有关企业，还包括政府有关部门与金融结算机构等。

上面所说的种种信息高新技术，使物流活动效率大大提高，具有强烈的现代感与明显的先进性。当然，其资金投入是相当大的。这些技术运用的目的不是降低成本，而是提高服务优势，从而增大企业实现利润的空间，也为客户带来更高的效率，减少他们的流通费用，无疑是一个“双赢”的举措。

物流信息的完善使得原本松散的功能变得紧密可靠，使物流、商流、资金流变得有序、完整，在供应链情况下有信息的物流使物流管理中的物流、商流、资金流更加有序。图 3-6 所示为现代物流管理中物流、商流、资金流和信息流之间的关系。

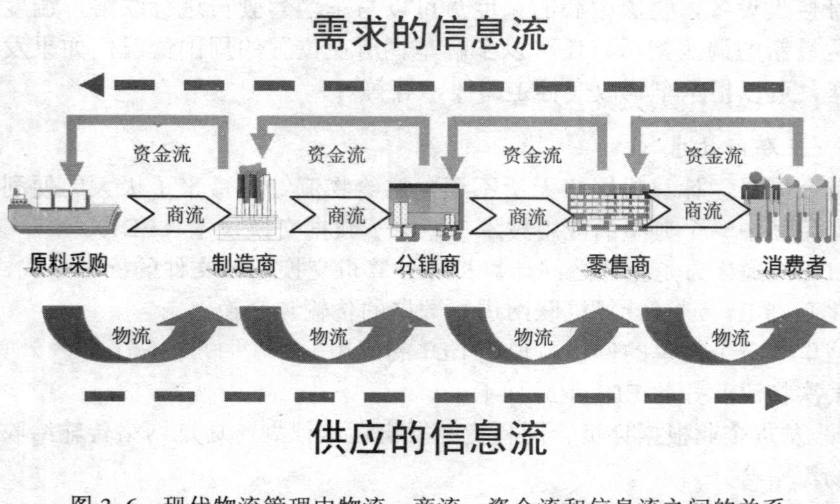

图 3-6 现代物流管理中物流、商流、资金流和信息流之间的关系

第三节　配送的概念及类型

一、配送的概念与特点

（一）配送（Distribution）的概念

配送是送货形式在现代经济社会中的发展、延伸和创新。特别需要指出的是，不能用传统的送货来理解现代的配送，虽然两者之间有历史渊源的关系，但是两者之间不能等同。如果一定要将两者挂钩，那么，可以将配送理解为现代送货形式。

配送是现代社会的产物，在买方市场的前提下，“送货”是买方的要求，卖方只有通过送货才能提高服务水平，取得竞争优势，因此可以说送货这种方式是在竞争环境下发展的产物，受利润、占领市场和企业战略发展动力的驱使，企业想方设法提高送货的服务水平，降低送货的成本，这就必须要使送货行为优化，实践中又出现了货物的合理配备、车辆的合理调配、路线的合理规划这些新的内涵，这些新内涵和送货有机结合在一起，便形成了现代社会中的配送。

国家质量技术监督局发布的《中华人民共和国国家标准物流术语》（GB/T 1834—2006）中关于配送的解释是这样的：在经济合理区域范围内，根据用户的要求，对物品进行拣选、加工、包装、分割、组配等作业，并按时送达指定地点的物流活动。一般来说，配送一定是根据用户的要求，在物流据点内进行分拣、配货等工作。它将商流和物流紧密结合起来，既包含了商流活动，也包含了物流活动中若干功能要素。

关于配送，应当掌握以下几个要点。

1、配送的资源配置作用

配送是“最终配置”，因而是接近顾客的配置。

对于现代企业而言，“接近顾客”是至关重要的。美国兰德公司对《幸福》杂志所列的500家大公司进行一项调查表明“经营战略和接近顾客至关重要”，所以，接近顾客的配送，自然取得了它在现代经济中的地位。

2、配送的实质是送货

配送的主要经济活动，尤其是接近顾客的经济活动是送货。

3、配送是现代送货

现代两个字表述了和旧式送货的区别，其区别主要在于：① 一般送货可以是一种偶然的行为，而配送却是一种体制行为，是市场经济的一种体制形式；② 一般送货是完全被动的服务行为，而配送则是有一定组织形式的计划行为；③ 配送依靠现代生产力，依靠科技进步支撑。

4、配送是“配”和“送”有机结合的形式

配送利用有效的分拣、配货等理货工作，使送货达到一定的规模，以利用规模优势取得较低的送货成本。如果不进行分拣、配货，有一件运一件，需要一点送一点，这就会大大增加活劳动和物化劳动的消耗，使送货并不优于取货。所以，追求整个配送的优势，分拣、配货等项工作是必不可少的。

5、配送是市场经济形式

配送是在市场经济条件下，在“供大于求”的买方市场环境中派生出的一种形式。

在买方市场环境下，用户具有选择权，而卖方需要通过有效的服务来销出自己的产品，争夺一块份额，这就形成了有提供者和需求者的理想市场环境，使配送得以发展。

6、配送以用户要求为出发点

在定义中强调“根据用户要求”明确了用户的主导地位。配送是从用户利益出发、按用户要求进行的一种活动，因此，在观念上必须明确“用户第一”、“质量第一”，配送企业的地位是服务地位而不是主导地位，因此不能从本企业利益出发而应从用户利益出发，在满足用户利益基础上取得本企业的利益。更重要的是，不能利用配送损伤或控制用户，不能利用配送作为部门分割、行业分割、割据市场的手段。

7、配送是按时送达指定地点的物流活动

过分强调“按用户要求”是不妥的，受用户本身的局限，要求有时候存在不合理性，在这种情况下会损失自我或双方的利益。对于配送而言，在满足用户要求，按时送达指定地点的同时，应当在时间、速度、服务水平、成本、数量等多方面寻求最优，实现双方共同受益即“双赢”的目的。

（二）配送的特点

配送需要依靠信息网络技术来实现，它包括以下特点：

1、配送不仅仅是送货

配送业务中，除了送货，在活动内容中还有拣选、分货、包装、分割、组配、配货等工作，这些工作难度很大，必须具有发达的商品经济和现代的经营水平才能做好。在商品经济不发达的国家及历史阶段，很难按用户要求实现配送，要实现广泛的高效率的配送就更加困难。因此，一般意义的送货和配送存在着时代的差别。

2、配送是送货、分货、配货等活动的有机结合体

配送是许多业务活动有机结合的整体，同时还与订货系统紧密联系。要实现这一点，就必须依靠现代信息，建立和完善整个大系统，使其成为一种现代化的作业系统。这也是以往的送货形式无法比拟的。

3、配送的全过程有现代化技术和装备的保证

由于现代化技术和装备的采用，使配送在规模、水平、效率、速度、质量等方面远远超过以往的送货形式。在活动中，由于大量采用各种传输设备及识码、拣选等机电装备，使得整个配送作业像工业生产中广泛应用的流水线，实现了流通工作的一部分工厂化。因此，可以说，配送也是科学技术进步的一个产物。

4、配送是一种专业化的分工方式

以往的送货形式只是作为推销的一种手段，目的仅仅在于多销售一些商品，而配送则是一种专业化的分工方式，是大生产、专业化分工在流通领域的体现。因此，如果说一般的送货是一种服务方式的话，配送则可以说是一种体制形式。

二、配送的分类

为了满足不同产品、不同企业、不同流通环境的要求，经过较长一段时期的发展，国内外已创造出多种形式的配送。这些配送形式都有各自的优势，但同时也存在其一定的局限性。

（一）按配送组织者不同来分类

1、商店配送

这种配送形式的组织者是商业或物资的门市网点，这些网点主要承担商品的零售，一般来说规模不大，但经营品种却比较齐全。除日常经营的零售业务处，这种配送方式还可根据用户的要求，将商店经营的品种配齐，或代用户外订外购一部分本商店平时不经营的商品，与商店经营的品种一起配齐运送给用户。

2、配送中心配送

这种配送的组织者是专职配送中心，规模比较大，其中有的配送中心由于需要储存各种商品，储存量也比较大，也有的配送中心专职组织配送，因此储存量较小，主要靠附近的仓库来补充货源。

由于配送中心专业性比较强，与用户之间存在着固定的配送关系。因此，一般情况下都实行计划配送，需要配送的商品有一定的库存量，但是一般很少超越自己的经营范围。

3、仓库配送

这种配送形式是以一般仓库为据点来进行配送。它可以是把仓库完全改造成配送中心，也可以是在保持仓库原功能前提下，以仓库原功能为主，再增加一部分配送职能。由于不是专门按配送中心要求设计和建立，所以，仓库配送规模较小，配送的专业化程度较差，但可以利用原仓库的储备设施及能力、收发货场地、交通运输线路等，所以是开展中等规模的配送可选择的配送形式，也是较为容易利用现有条件而不需要大量投资、上马较快的形式。

4、生产企业配送

这种配送的组织者是生产企业，尤其是进行多品种生产的生产企业，可以直接由本企业开始进行配送而无需再将产品发运到配送中心进行中心配送，生产企业配送由于避免了一次物流中转，所以有其一定优势。但是生产企业，尤其是现代生产企业，往往进行的是大批量、低成本的生产，品种较单一，因而不能像配送中心那样依靠产品凑整运输取得优势，实际上生产企业配送不是配送的主体。

（二）按配送商品种类及数量不同来分类

1、单（少）品种、大批量配送

一般来说，对于工业企业需要量较大的商品，由于单独一个品种或几个品种就可以达到较大输送量，可以实行整车运输，这种情况下就可以由专业性很强的配送中心实行配送，往往不需要再与其他商品进行搭配。这种情况下，由于配送中心的内部设置、组织、计划等工作也较为简单，因此配送成本较低。但是，如果可以从生产企业将这些商品直接运抵用户，同时又不至于使用户库存效益下降时，采用直送方式则效果往往更好一些。

2、多品种、少批量配送

现代企业生产中，除了需要少数几种主要物资外，大部分属于次要的物资，品种数较多，但是由于每一品种的需要量不大，如果采取直接运送或大批量的配送方式，由于一次进货批量大，必然造成用户库存增大等问题。类似的情况在向零售品店补充一般生活消费品的配送中也存在，所以以上这些情况，适合采用多品种、少批量的配送方式。

多品种、少批量配送是根据用户的要求，将所需的各种物品（每种物品的需要量不大）配备齐全，凑整装车后由配送据点送达用户。这种配送作业水平要求高，对配送中心的设备要求复杂，配货、送货计划难度大，因此需要有高水平的组织工作保证和配合。而且在实际中，多品种、少批量配送往往伴随多用户、多批次的特点，配送频度往往较高。

配送的特殊作用主要反映在多品种、少批量的配送中。因此，这种配送方式在所有配送方式中是一种高水平、高技术的方式。这种方式也与现代社会中的“消费多样化”、“需求多样化”等新观念刚好相符，这也是许多发达国家推崇的方式。

3、配套成套配送

这种配送方式是指根据企业的生产需要，尤其是装备型企业的生产需要，把生产每一台件所需要的全部零部件配齐，按照生产节奏定时送达生产企业，生产企业随即可将此成套零部件送入生产线以装配产品。

这种配送方式中，配送企业承担了生产企业大部分的供应工作，使生产企业可以专注于生产，与多品种、少批量的配送效果相同。

（三）按配送时间及数量不同来分类

1、定时配送

定时配送是指按规定时间间隔进行配送，如数天或数小时等；而且每次配送的品种及数量可以根据计划执行，也可以在配送之前以商定的联络方式（如电话、计算机终端输入等）通知配送的品种及数量。

由于这种配送方式时间固定，易于安排工作计划，易于计划使用车辆，因此，对于用户来说，也易于安排接货的力量（如人员、设备等）。但是，由于配送物品种类变化较大，配货、装货难度较大，因此如果要求配送数量变化较大时，也会使安排配送运力出现困难。

2、定量配送

定量配送是指按照规定的批量，在一个指定的时间范围内进行配送。这种配送方式数量固定，备货工作较为简单，可以根据托盘、集装箱及车辆的装载能力规定配送的定量，能够有效利用托盘、集装箱等集装方式，也可做到整车配送，配送效率较高。由于时间不严格限定，因此可以将不同用户所需要的物品凑成整车后配送，运力利用也较好。对于用户来讲，每次接货都处理同等数量的货物，有利于人力、物力的准备工作。

3、定时、定量配送

定时、定量配送是指按照所规定的配送时间和配送数量进行配送。这种方式兼有定时、定量两种方式的优点，但是其特殊性强，计划难度大，因此适合采用的对象不多，不是一种普遍的方式。

4、定时、定线路配送

定时、定线路配送是指在规定的运行路线上，制订到达时间表，按运行时间表进行配送，用户则可以按规定的路线及规定的时间接货以及提出配送要求。

采用这种方式有利于计划安排车辆及驾驶人员。在配送用户较多的地区，也可以免去过分复杂的配送要求所造成的配送组织工作及车辆安排的困难。对于用户来讲，既可以在一定路线、一定时间进行选择，又可以有计划地安排接货力量。但这种方式的应用领域也是有限的。

5、即时配送

即时配送是指完全按照用户突然提出的时间、数量方面的配送要求，随即进行配送的方式。这是有很高灵活性的一种应急的方式，采用这种方式的品种可以实现保险储备的零库存，即用即时配送代替保险储备。

（四）按加工程度不同来分类

1、加工配送

加工配送是指与流通加工相结合的配送，即在配送据点中设置流通环节，或是流通加工中心与配送中心建在一起。如果社会上现成的产品不能满足用户需要，或者是用户根据本身的工艺要求，需要使用经过某种初加工的产品时，可以在经过加工后进行分拣、配货再送货到户。

流通加工与配送的结合，使得流通加工更有针对性，减少了盲目性。对于配送企业来说，不但可以依靠送货服务、销售经营来取得收益，还可以通过加工增值来取得收益。

2、集疏配送

集疏配送是指只改变产品数量组成形态而不改变产品本身的物理、化学形态的，与干线运输相配合的一种配送方式，如大批量进货后小批量、多批次发货，零星集货后以一定批量送货等。

（五）按经营形式不同来分类

1、销售配送

销售配送是指配送企业是销售性企业，或者是指销售企业将其作为销售战略一环所进行的促销型配送。一般来讲，这种配送的配送对象是不固定的，用户也往往是不固定的，配送对象和用户往往是根据对市场的占有情况而定，其配送的经营状况也取决于市场状况，因此，这种形式的配送随机性较强，而计划性较差。各种类型的商店配送一般多属于销售配送。

用配送方式进行销售是扩大销售数量、扩大市场占有率、获得更多销售收益的重要方式。由于是在送货服务前提下进行的活动，所以一般来讲，也受到了用户的欢迎。

2、供应配送

供应配送是指用户为了自己的供应需要所采取的配送形式。在这种配送形式下，一般来讲是由用户或用户集团组建配送据点，集中组织大批量进货

（以便取得批量折扣），然后向本企业配送或向本企业集团内的若干企业配送。在大型企业或企业集团或联合公司中，常常采用这种配送形式组织对本企业的供应，如商业中广泛采用的连锁商店，就常常采用这种方式。

用配送方式进行供应，是保证供应水平，提高供应能力，降低供应成本的重要方式。

3、销售—供应一体化配送

销售—供应一体化配送是指对于基本固定的用户和基本确定的配送产品，销售企业可以在自己销售的同时，承担用户有计划供应者的职能，既是销售者，同时又成为用户的供应代理人，起到用户供应代理人的作用。

对于某些用户来讲，这样就可以减除自己的供应机构而委托销售者代理。对销售者来讲，这种配送方式能够获得稳定的用户和销售渠道，有利于扩大销售数量，有利于本身的稳定持续发展。对于用户来讲，能够获得稳定的供应，而且可以大大节约本身为组织供应所耗用的人力、物力和财力。我们知道，销售者能有效控制进货渠道，这是任何企业的供应机构都难以做到的，因而委托销售者代理对供应的保证程度可大大提高。

销售—供应一体化的配送是配送经营中的重要形式，这种形式有利于形成稳定的供需关系，有利于采取先进的计划手段和技术手段，有利于保持流通渠道的畅通稳定。

4、代存代供配送

代存代供配送是指用户将属于自己的货物委托给配送企业代存、代供，有时还委托代订，然后组织对本身的配送。这种配送在实施时不发生商品所有权的转移，配送企业只是用户的委托代理人。商品所有权在配送前后都属于用户所有，所发生的仅是商品物理位置的转移。配送企业仅从代存、代供中获取收益，而不能获得商品销售的经营性收益。在这种配送方式下，商、物是分流的。

三、配送的作用

1、完善了输送及整个物流系统

配送环节处于支线运输，灵活性、适应性、服务性都较强，能将支线运输与小搬运统一起来，使运输过程得以优化和完善。

2、提高了末端物流的经济效益

采取配送方式，通过增大经济批量来达到经济地进货的目的。它采取将各种商品配齐集中起来向用户发货和将多个用户小批量商品集中在一起进行发货等方式，以提高末端物流经济效益。

3、通过集中型库存，可使企业实现低库存或零库存

实现了高水平配送之后，尤其是采取准时制配送方式之后，生产企业可以完全依靠配送中心的准时制配送而不需要保持自己的库存。或者，生产企业只需保持少量保险储备而不必留有经常储备，这就可以实现生产企业多年追求的“零库存”，将企业从库存的包袱中解脱出来，同时解放出大量储备资金，从而改善企业的财务状况。实行集中库存，库存的总量远低于不实行集中库存时各企业分散库存之总量。同时这也增加了调节能力，也提高了社会经济效益。此外，采用集中库存可利用规模经济的优势，使单位存货成本下降。

4、简化手续、方便用户

采取配送方式，用户只需要向配送中心一处订购，就能达到向多处采购的目的，只需组织对一个配送单位的接货便可代替现有的高频率接货，因而大大减轻了用户的工作量和负担，也节省了订货、接货等一系列费用开支。

5、提高了供应保证程度

生产企业若自己保持库存，维持生产，供应保证程度就很难提高（受库存费用的制约）。采取配送方式，配送中心可以比任何企业的储备量更大，因而对每个企业而言，中断供应、影响生产的风险便相对缩小，使用户免去短缺之忧。

由于配送在物流系统中占有重要的地位，所以目前物流发达的国家都很重视配送业务的发展。

我国目前在某些点上也正在尝试实行配送制。例如，物资部天津储运公司唐家口仓库的物资配送，河北石家庄市物资局“三定一送”（定时、定量、定点、送货上门）的物资配送，葫芦岛市木材公司的木材配送，许多大型超市的连锁配送，企业与企业之间的配送等。

四、配送应用

（一）在销售环节的应用——销售配送

销售配送的经营管理模式有以下几种。

1、电子商务的销售配送

（1）和 B-to-C 电子商务配套的“门到人”配送　这种销售配送的用户是以生活资料为主体的最终消费者。这就决定了这种配送在管理上要面临数量庞大的用户、需求不稳定的用户、个性化及突发性需求的用户、每次需求品种及数量都较小的用户。当然，在这种情况下，很难实行计划配送，因而有非常大的管理难度。

（2）和 B-to-B 电子商务配套的“门到门”配送　这种销售配送的用户是

以生产产品为主体的生产企业，或是以零售为主的商业企业。这些用户的特点是需求品种规格较多，数量较大，需求较稳定而且用户的数量确定，用户的随机性较小。所以，这种类型的销售配送，比较容易建立精细的计划管理。

在网络经济时代中，和虚拟网上交易相配套，利用配送方式将网上销售的商品送交用户，这是网络经济运行中必须要做的事情，销售配送作为电子商务重要的支撑力量，是必不可少的，因而也是“新经济”的一种经济活动方式。

2、批发分销型销售配送

批发分销型销售配送的应用领域主要是大型商业批发企业，大型工业、农业企业，在国际贸易中或全国性、大范围的批发分销，其过程如图 3-7 所示。

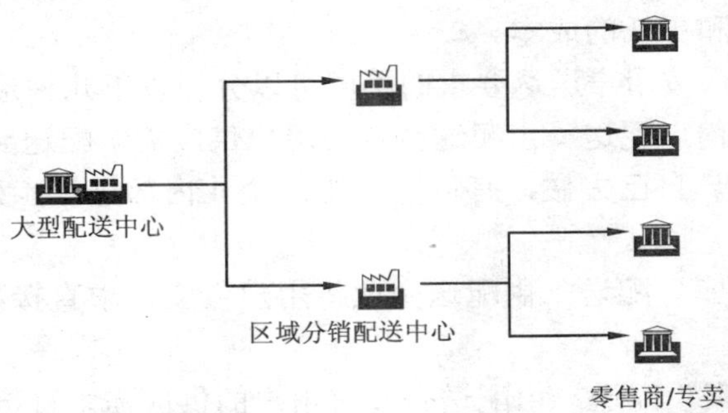

图 3-7　批发分销配送

3、零售型销售配送

零售型销售配送是面向广大消费者的配送，主要是“门到人”和“门到门”方式的配送。

零售型销售配送可以采用电子商务的交易方式，也可以采用电话订货、传真订货、通信订货以及现在广泛采用的商店购货等方式进行交易活动，然后采用“商物分离”的方式，由配送中心或者商店进行配送，这是通用的配送方式。

（二）在供应环节的应用——供应配送

供应配送往往是针对特定的用户，满足特定用户的供应需求的配送方式。

这种方式配送的对象是确定的，用户的需求是确定的，用户的服务要求也是确定的，所以，这种配送可以形成较强的计划性，较为稳定的渠道，这有利于提高配送的科学性和强化管理。有了这个前提条件，才可以建立“供应链管理”的管理方式。

供应配送有以下两种方式。

1、由企业自己组织企业供应需求的配送

这种配送组织管理方式多发生在巨型企业和集团企业。这种类型的企业可以实行统一订货、集中库存、准时配送的方式，以保证车间和分厂或分公司的供应配送服务，甚至可以达到“零库存”的配送供应服务。由于是在同一企业之内，可以建立比较完善的信息系统，有统一的计划、指挥系统，可以做到企业内需求和供应的同步，有较强的科学性。

2、由社会物流服务商（第三方物流）进行供应配送

这种配送组织管理方式，是由社会物流服务商对某一企业或者若干企业的供应需求实行统一订货、集中库存、准时配送或其他配送服务的方式。依靠社会物流服务商的专业配送服务，可以使企业专注于本身的核心竞争力和核心生产力，把供应服务委托给专业的第三方物流企业去做，往往可以取得更好的供应保障和更低的成本。

这种供应配送按用户送达要求的不同可以分为以下几种形式：

（1）“门到门”配送　由配送企业将用户供应需求配送到用户“门口”，以后的事情由用户自己去做，有可能在用户企业内部进一步延伸成企业内的配送。

（2）“门对库”配送　由配送企业将用户供应需求直接配送到企业内部各个环节的仓库。

（3）“门到线”配送　由配送企业将用户的供应需求直接配送到生产线。显然，这种配送可以实现企业的“零库存”，对配送的准时性和可靠性要求较高。

（三）销售——供应一体化配送

由生产企业或者是销售企业以自己生产和经营的产品供应给用户的配送形式。第三方物流只是受用户的委托，以自己的专业特长和配送渠道代理用户进行供应，而不是货物的所有者。货物所有者在实现销售的同时对用户完成了供应，这是在有连锁产品关系的企业之间、子企业和母企业之间经常采用的方式。这种方式对销售者来讲，能获得稳定的用户和销售渠道，有利于本身的稳定和持续发展，有利于强化与用户关系并取得销售经营的收益。对于用户来讲，能获得稳定的供应，可大大节约本身组织供应所耗用的人力、物力、财力，因而可大大提高供应保证程度。

五、配送中心

配送中心是从事配送业务且具有完善信息网络的场所或组织。在配送中心中，为了能做好送货的编组准备，必然需要采取零星集货、批量进货等种

种资源搜集工作和对货物的分整、配备等工作，因此它也具有集货中心、分货中心的职能。为了更有效、更高水平地进行配送，配送中心往往还有比较强的流通加工能力。此外，配送中心还必须执行货物配备后送达到户的使命，这是和分货中心只管分货不管运达的重要不同之处。由此可见，如果说集货中心、分货中心、加工中心的职能还是较为单一的话，那么，配送中心功能则较全面、完整，也可以说，配送中心的功能实际上是集货中心、分货中心、加工中心功能的综合，并有了配与送的更高水平。

可见，配送中心的建设是基于物流合理化和发展市场两个需要。

【物流案例精选】

沃尔玛“天天平价”的奥秘在物流

“我们的‘天天平价’不是来自于外界所传言的榨干供应商和低工资低福利，而是依靠改善和提高我们物流体系的效率来节约成本。物流供货系统是沃尔玛的核心竞争力所在。”

2004 年 3 月 12 日，戴浩文专程来京参加中国企业采购与供应链管理高层论坛。在这个有麦肯锡、惠普、Oracle、索尼、爱立信等跨国公司物流与信息主管参加的论坛上，戴浩文演讲的题目是《沃尔玛中国公司的物流体系和机遇》。由于沃尔玛在全球零售业乃至全球 500 强中多年来的“老大”地位，尤其是在物流信息流控制方面也早就闻名业界，因此戴浩文的演讲格外引人注目。

1. **平价要靠现代物流**

戴浩文说，在沃尔玛，物流配送体系的重要性仅次于员工，如果说员工对沃尔玛健康发展的重要程度是 75%的话，物流几乎占了余下的 25%。因为顾客之所以能在沃尔玛以最低价格买到最优的产品，在很大程度上都依赖于物流体系在发挥作用。

在戴浩文看来，沃尔玛的“天天平价”不是像其他零售商那样来自对供应商收取各种进场费等方式的“盘剥”，更不是来自对内部员工克扣工资、降低福利待遇的“压榨”，而是从不断改善和效率提升的物流配送体系中降低成本，从而进一步降低商品价格。沃尔玛中国公司目前在深圳和天津一南一北分别建有两大配送中心，分别负责沃尔玛在东北和南部的商品配送工作。戴浩文认为，正是依靠南北两大配送中心的集中配送（大型送货货车主要在夜间工作），沃尔玛才能有效控制了商品的成本、交货时间以及供应商的订单满足率。

对于这一点，戴浩文显得格外自豪。他进一步介绍说，通过对供应链的有效整合，沃尔玛借助POS自动补货系统，可以实现配送中心和每个商店的现货最大化和多余库存最小化。这样，进入沃尔玛配送中心的商品可以做到无滞留地于当天直接转送到各店，从而减少了库存，加速了流通速度。

2. 完成“不可能完成的任务”

但戴浩文还不满足于这一点，他给物流部门定下的量化目标：实现98.5%的现货率和100%的供应商订单满足率。这个目标对别的企业来说，几乎是“不可能完成的任务”，在戴浩文看来，凭借沃尔玛全球的技术和经验支持，沃尔玛中国应该也必须完成这一任务。

在加盟沃尔玛之前，戴浩文是沃尔玛的一家第三方物流服务公司的老板。由于其出色的管理和服务水平，戴浩文被招聘进了沃尔玛体系中。尽管在我国工作已8年（沃尔玛3年），戴浩文已经是一个不折不扣的“中国通”，但在刚刚起步的中国物流市场，仍有许多让戴浩文感到非常无奈的地方。

最让戴浩文感到为难的是国内地方保护主义严重、各成体系的地方货运系统：中央没有一个全国性的物流政策，各地方政府的物流体系与标准又各不相同，每个省都建有自己的运输配送体系，而全国性的运输网尚未建立起来，这对沃尔玛——需要在全国范围内实现大规模物流配送的公司造成了较大的阻碍。

此外，目前国内的货运公司基本都是整车起运，没有那种全国范围内的“门对门”个性化运输服务，这些都在无形中加大了沃尔玛等的物流配送成本。而且，戴浩文也不得不承认，我国充足而廉价的劳动力资源，使得沃尔玛这样善于依靠自动化设备的跨国企业优势难以发挥。例如，现在很多供应商都依靠员工对货物进行手工贴标签，这并不需要太多技术性，成本还很低。这样一来，供应商建立自动化的货物识别体系的压力就不大了。

尽管如此，沃尔玛仍一直在努力提高其在我国的物流供货体系的信息化水平。据戴浩文透露，目前沃尔玛中国公司正在尝试着将一种先进的无线射频技术引入中国，这种不需高额成本的技术将有助于沃尔玛进一步降低商品管理成本，从而降低商品价格。但由于这一技术在美国也才刚开始试用，中国还没有国家标准，因此何时才能在我国大规模推广还不得而知。

【复习思考题】

一、思考题

1. 现代物流的功能要素包括哪些内容？它与传统的运输、仓储有什么不同？
2. 何谓包装？它有什么主要特征？它的主要作用是什么？
3. 何谓装卸？它有什么主要特征？它的主要作用是什么？
4. 何谓运输？它有什么主要特征？它的主要作用是什么？

5. 何谓保管储存？它有什么主要特征？它的主要作用是什么？

6. 何谓流通加工？它有什么主要特征？它的主要作用是什么？

7. 为什么说物流信息是现代物流区别于传统物流的关键所在？

8. 铁路运输、水路运输、公路运输各有什么特点？各适应哪些运输？

9. 现代物流业的中心要素和综合要素各包括哪些内容？

10. 现代配送与传统送货有什么不同？如何理解现代配送的内涵？

11. 配送的作用有哪些？

12. 何为配送中心？配送中心应基本符合哪些要求？

二、填空题

1. 集装箱运输由于具有“______、______、_____、_______、中转方便”等优点，目前被世界各国广泛使用。

2. 现代物流业的中心要素包括________、(短距离的运输称为________)、________。

3. 现代物流业的综合要素包括_________、___________、___________、_________。

4. 配送是由______、_______和_______三个基本环节组成。

5. 配送中心有如下几种功能：______________、_______________、______________、______________、_________________、_________________、__________________。

三、选择题（单选或多选）

1. 下列情况中（　　）属于不合理运输。

A. 单程空驶　　B. 舍近求远　　C. 无效运输　　D. 长途联运

2. 对于集装箱运输由于它具有“高速、高效、安全、经济、中转方便”等优点，目前被世界各国广泛使用。目前国际通行使用的集装箱的箱型有：(　　)。

A. 1AA（30t）　B. 1CC（24t）　C. 10D（10t）　D. 5D（5t）

3. 集装箱运输的好处是：(　　)。

A. 不点件计收　　B. 交接凭箱口铅封

C. 不易冒领　　D. 可方便地实现门对门服务

4. 对于长距离运输，如果对时间的要求不高，下列运输形式（　　）的成本最低。

A. 航空运输　　B. 公路运输　　C. 铁路运输　　D. 水路运输

第四章　企业物流

【知识目标】

熟练掌握企业物流，包括企业供应物流、企业生产物流、企业销售物流和回收物流与废弃物物流等基本内容；了解进行企业物流管理的基本方法和理论参考依据。

【能力目标】

能对各种物流形式进行详尽的分析；会综合地对企业物流系统进行评价；能结合实际对本章所列举物流系统案例进行分析，并能评价可行的企业物流解决方案。

【教学重点】

本章的学习重点是把握各种企业物流间的相互关系和各自的特点。

企业物流是指生产和流通企业围绕其经营活动所发生的物流活动。详见《中华人民共和国国家标准物流术语》（GB/T 18354—2006）。

企业物流是从企业角度研究与之有关的物流活动，是在生产经营过程中，物品从原材料供应，经过生产加工，到产成品销售，以及伴随生产消费过程中所产生的废弃物的回收及再利用的完整循环活动。企业物流是企业生产力经营活动的重要组成部分，是创造“第三利润”的源泉，是具体的、微观的物流活动的领域。企业物流又可区分为供应物流、生产物流、销售物流、回收物流、废弃物物流。企业物流循环过程如图 4-1 所示。

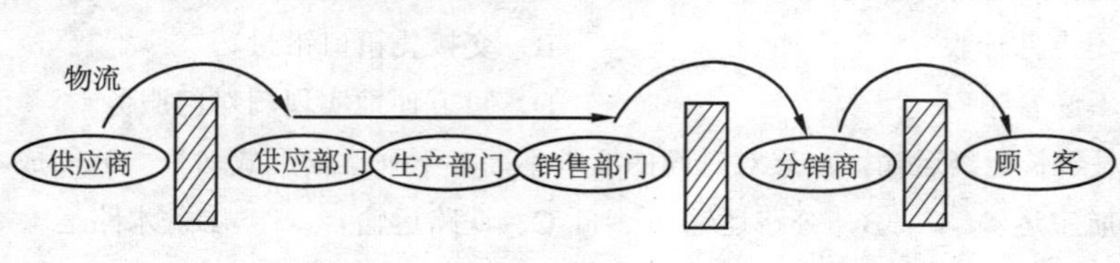

图 4-1　企业物流循环过程

企业物流功能结构，从物流功能角度显示了供应、生产、销售物流中的具体物流操作范围，如图 4-2 所示。

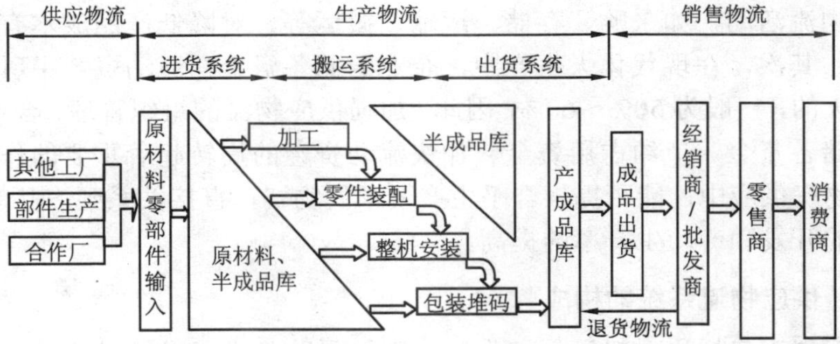

图 4-2 企业物流功能结构图

第一节 企业供应物流

一、供应物流概述

（一）供应物流的概念

为生产企业提供原材料、零部件或其他物品时，物品在提供者与需求者之间的实体流动，称为供应物流。

供应物流是企业在提供原材料、零部件或其他物料时所发生的物流活动，是从原材料、外协件等的订货、购买开始，通过运输等中间环节，直到收货人收到货入库为止的物流过程，它是企业物流过程的起始阶段。

（二）供应物流的基本任务和作用

1、供应物流的基本任务

企业的生产过程同时也是物质资料的消费过程。企业只有不断投入必要的生产要素，才能顺利进行生产和保证其经济活动最终目的的实现。企业供应物流的基本任务是保证适时、适量、适质、适价、齐备成套、经济合理地供应企业生产经营所需要的各种物资，并且通过对供应物流活动的科学组织与管理和运用现代物流技术，促进物资的合理使用，加速资金周转，降低产品成本，使企业获得较好的经济效果。

2、供应物流的作用

供应物流的基本作用表现在以下两个方面。

（1）供应物流是保证企业顺利进行生产经营活动的先决条件。企业供应物流的作用，首先就是为企业提供生产所需的各种物资。

（2）加强供应物流的科学管理，是保证完成企业各项技术经济指标、取得良好经济效果的重要环节。物资供应费用在产品成本中占有很大的比重（如在机械产品中一般占 60%～70%），因此，加强供应物流的科学管理，合理组织供应物流活动，如采购、存储、运输、搬运等，对降低产品成本有着重要的意义。其次，在现代化大生产中，企业的储备资金在流动资金中所占比重也是很大的，一般为50%～60%，因此，加强供应物流的组织管理，合理储备，对压缩储备资金、节约占用资金、加快流动资金的周转起着重要的作用。最后，在物资供应中，能否提供合乎生产要求的物资，直接关系到产品的质量、新产品的开发和劳动生产率的提高。

二、供应物流系统的构成

供应物流包括原材料等一切生产资料的采购、进货运输、仓储、库存管理、用料管理和供料。供应物流受企业外部环境影响较大，并且和生产系统、搬运系统、财务系统等企业各部门以及企业外部的资源市场、运输条件等密切相关，是由多个作业环节构成的。

（一）采购

采购是供应物流与社会物流的衔接点。采购是依据企业生产计划所要求的供应计划制订采购计划并进行原材料外购的作业层，在完成将采购的物资输送到企业内的物流活动的同时，还需要承担市场资源、供货方、市场变化等供求信息的采集和反馈任务。

采购是企业向供应商获取商品或服务的一种商业行为，企业经营活动所需要的物资绝大部分是通过采购获得的，采购是企业物流管理的起始点。采购物流管理的目标就是以恰当的价格、在恰当的时间、从恰当的供应商处购买到恰当数量和质量的商品或服务。

1. 采购的概念

采购包含着两个基本意思：一是“采”，二是“购”。“采”，即采集、采摘，是从众多的对象中选择若干个之意。“购”，即购买，是通过商品交易手段把所选定的对象从对方手中转移到自己手中之意。所以，所谓采购，一般是指从多个对象中选择购买自己所需要的物品的意思。这里所谓对象，既可以是市场、厂家、商店，也可以是物品。

采购一般包括三层含义：

（1）采购是从资源市场获取资源的过程　无论是生活，还是生产，采购对于人们的意义，就在于能解决人们需要的而自己又缺乏的资源问题。这些资源，既包括生活资料，也包括生产资料；既包括物资资源（如原材料、设备、工具等），也包括非物资资源（如信息、软件、技术、文化用品等）。能够提供这些资源的供应商，形成了一个资源市场，而为了从资源市场获取这些资源，就要通过采购的方式。也就是说，采购的基本功能，就是帮助人们从资源市场获取他们所需要的各种资源。

（2）采购既是一个商流过程，也是一个物流过程　采购的基本作用，就是将资源从资源市场的供应者手中转移到用户手中的过程。在这个过程中，一是要实现将资源的所有权从供应者手中转移到用户手中，二是要实现将资源的物质实体从供应者手中转移到用户手中。前者是一个商流过程，主要通过商品交易、等价交换来实现商品所有权的转移；后者是一个物流过程，主要通过运输、储存、包装、装卸、流通加工等手段来实现商品空间位置和时间位置的转移，使商品实实在在地到达用户手中。采购过程，实际上是这两个方面的完整结合，缺一不可。只有这两个方面都完全实现了，采购过程才算完成了。因此，采购过程实际上是商流过程与物流过程的统一。

（3）采购是一种经济活动　采购是企业经济活动的主要组成部分，在整个采购活动过程中，一方面，通过采购，获取了资源，保证了企业正常生产的顺利进行，这是采购的效益。另一方面，在采购过程中，也会发生各种费用，这就是采购成本。我们要追求采购经济效益的最大化，就要不断降低采购成本，以最少的成本去获取最大的效益。而要做到这一点，关键是要努力追求科学采购。科学采购是实现企业经济利益最大化的基本利润源泉。

2、采购流程

从物流的角度看，最初的采购流程运行得成功与否将直接影响到企业生产、销售、最终产品的定价情况和整个供应链的最终获利情况。

企业采购流程通常是指有制造需求的厂家选择和购买生产所需的各种原材料、零部件等物料的全过程。在这个过程中，作为购买方，首先要寻找相应的供货商，调查其产品在数量、质量、价格、信誉等方面是否满足购买要求。其次，在选定了供应商后，要以订单方式传递详细的购买计划和需求信息给供应商并商定结款方式，以便供应商能够准确地按照客户的性能指标进行生产和供货。最后，要定期对采购物料的管理工作进行评价，寻求提高效率的采购流程创新模式。

采购流程可以用一个简单的图形来表示，如图 4-3 所示。

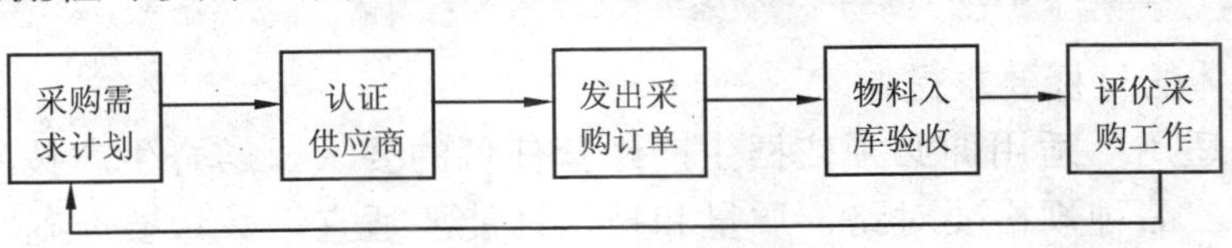

图 4-3　采购流程图

3、采购的控制与管理

企业为生产而采购，制造业产品的成本中主要是材料费用，如果采购成本控制不利而造成采购成本偏高的话，无论企业再如何控制企业内部的其他成本都无济于事，所以有必要对采购业务进行严格而深入的控制和管理。换言之，采购管理的核心内容就是控制采购流程，实现最小采购成本。一方面，企业通过采购控制，可以把原材料的成本维持到一个比较合理的较低水平；另一方面，也可以使企业的生产有一个持续的原材料供应和原材料质量的保障。

要控制采购成本，关键是把握几个“控制点”：

（1）采购计划是企业采购的基本依据，是控制盲目采购的重要措施，还是搞好现金流量预测的有力手段，所以要根据生产计划、物料需求计划、资金条件、采购手段等信息编制并且严格执行计划，做到无采购计划不采购。

（2）采购订单是与供应商签订的采购合同，供应商是否按合同“按时按质按价”供货对企业的生产有重大影响，所以要严格采购订单的管理，对于可能拖期的供应商应及时催货，以避免对生产造成影响。

（3）采购业务的确认和付款是企业采购中的日常业务。当供应商的物料到达企业以后，要检查相应的采购计划、订单，确认是否是本企业采购的物料。如果是，还要经过质检、验收，才能办理入库手续。当采购员持发票准备报销时，要根据入库单逐笔核对，如果物料尚未入库，不允许直接报销，应提交领导审批通过后，方可报销。

（4）供应商的正确选择对于稳定物料来源、保证物料质量是十分重要的。由于采购流程是一个动态连续的过程，所以对供应商的管理可以纳入企业计算机管理信息系统，以采购管理子系统方式实现对包括采购计划、采购订单、收货、确认发票、付款业务、账表查询、期末转账等几部分的控制功能。

4、采购管理的目标

采购是为企业的生产经营活动服务的，采购管理的目标，当然应该和企业总目标相一致。对生产企业来说，就是要为生产的正常进行提供物质保证，合理利用资源，并努力降低成本，增加企业利润。

提示板 4-1：采购管理的目标

适用、及时、齐备、经济、协作。

其具体的目标要求是：

（1）适用　适用即必须依据生产经营任务的要求，结合生产技术水平来采购物品。品种规格要对路，质量和技术性能要适宜，数量要准确。这是由于有些生产中所使用的物品，质量要求严，代用性小，有较强的质的规定性。采购的物品品种不对路、质量不合适、数量不足，都会导致供应中断，直接影响生产的正常进行，也造成企业经济效益的下降。因此，适用性是采购管理中的首要目标。为此，采购部门必须同设计、生产、技术等有关部门一起，正确地选择和核算，并随时掌握使用情况。

（2）及时　及时是指进货时间安排必须与生产使用时间相互衔接。既要防止采购不及时造成停工待料，又要避免进货过早而增加不必要的库存，占压资金。因此，采购部门必须掌握生产进度，摸准用料规律，安排好进货周期，同时要充分了解供应商按时组织供货的可靠性和运输条件的可能性。

（3）齐备　齐备是指各种物品的采购要满足生产使用上的配套性要求。产品的生产不仅要求基本生产过程和辅助生产过程之间设备能力上的配套，而且包括各种材料加工、外购零部件的配套，它们之间都存在着一定的数量比例关系。按照这个比例关系来组织配套供应是保证生产正常进行的客观要求。为此，采购部门要掌握各种物品、各种设备间的比例关系，安排各种物品的进货数量和进度，尤其是外购零部件，注意它们之间的平衡衔接。

（4）经济　经济是指采购物品时要努力降低采购费用，为企业盈利创造条件。它包括合理地选购物品，做到物美价廉，降低商务和物流费用。为此要求采购部门确切掌握产品性能对材料的要求，加强经济核算，进行价值分析，正确运用物流方式，严格控制库存，按照采购总费用最小的原则组织采购业务。

（5）协作　协作是指供需双方、采购部门与供应部门内部，以及与其他生产、研发、财务、销售等部门的各业务环节都要建立良好的协作关系，相互协调，密切合作，才能保证供应质量，保证企业生产的顺利进行。为此，采购部门在与供应商的关系处理中要重合同、守信用，注意双方的经济利益，在双赢中建立长期的合作关系；在企业内部则应想生产之所想，急生产之所急，用全心全意为生产服务的观念来处理部门之间的关系。

上述采购管理目标，是依据生产过程的连续性、平行性，各种生产能力的均衡性、比例性以及企业盈利等客观要求而提出的，如图 4-4 所示。

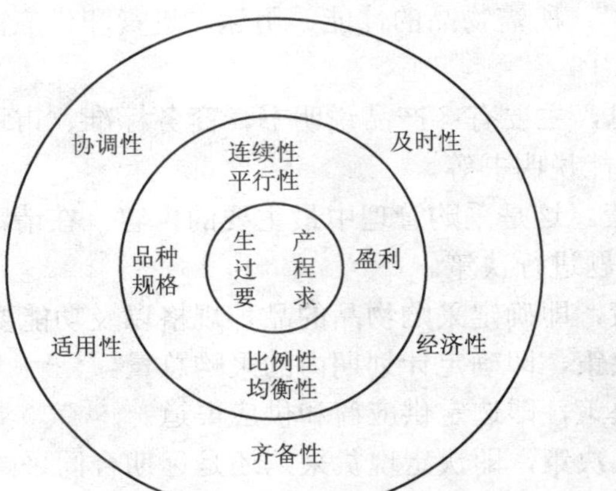

图 4-4　采购管理目标确立的依据

5、采购管理的内容

采购管理的内容包括计划、组织实施和监控，如图 4-5 所示。

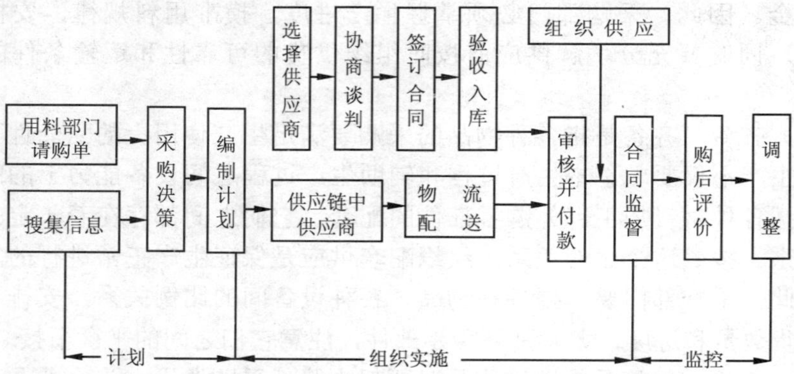

图 4-5 采购管理的内容

（1）计划

1）用料部门请购单。用料部门请购单是采购业务的凭据。虽没有统一的标准格式，由各企业自行制订，但其内容一般应包括：请购单号（识别编号）、请购单位名称、申请日期、订购数量、功能要求、需要日期、采购单号、供应商名称、供货日期等。

2）搜集信息。各类采购信息为采购决策和审核请购单提供依据，包括：

① 外部信息，主要有：市场供求状况及预期，价格波动及趋势，供应商的多少，其产品的质量、价格、运距与运费、供应可靠性，市场上新材料、新设备、替代品的情况和供应状况，以及政府对物品使用的政策和法规等。

② 内部信息，主要有：生产计划任务，物品消耗定额、消耗统计资料，设备能力"瓶颈"，所需物品的性能、用途，进货和供应能力，物流组织状况和资金条件。

③ 产品信息，主要有：产品说明书，商务标准、市场等级、设计蓝图、材料说明书、功能说明书等。

3）采购决策。这是采购管理中最主要的内容。在请购单审核后，要对以下几个方面的问题进行决策。

① 品种决策，即确定采购物品的品种规格以及功能要求。

② 采购量决策，即确定计划期内的采购总量。

③ 供应商决策，即选定供应商和供应渠道。

④ 采购方式决策，即决定现货采购还是远期合同采购；同种物品，向一家购买还是向多家购买；是由各事业部分散采购还是由集团总部采购；是网上采购还是招标采购。

⑤ 订购批量决策，即确定一次订购的数量和批次。

⑥ 采购时间决策，即确定订购周期（即两次订购的时间间隔）、进货时间。

⑦ 采购价格决策，即确定合理的价位，并考虑折扣等优惠条件。

⑧ 进货方式决策，即确定物流配送还是自行提货等。

⑨ 确定参与采购的人员，由于企业规模大小不同，参与采购的人员差异很大。

4）编制采购计划。决策后要编制采购计划，包括年度采购计划，它表明大类物品的采购总量，其目的在于使采购活动与市场供应资源平衡，与企业内货物的进、存、用平衡，与企业的资金、成本、费用等指标平衡。季度和月度采购计划是在年度计划的指导下，按具体品种规格编制的，是具体落实年度采购计划，组织日常采购的任务书。

（2）组织实施

1）选择供应商。采购部门可以从产品质量、价格、交付及时性、服务等方面考查供应商，还可以从人员访问、供应商财务报告、历来经营状况等方面进一步分析，择优选取。

2）商务谈判。与选中的供应商进行谈判，要做到知己知彼，谈判要做到“双赢”才能使谈判成功。

3）签订采购合同。以符合法律规范的书面形式明确双方的权利、义务以及违规的处理。

4）验收入库。采购部门要配合仓库部门按有关合同规定的数量、质量、验收办法、到货时间做好验收入库工作。财务部门按入库单及时付清货款，对违反合同的要及时拒付或提出索赔要求。

（3）监控

1）合同监管。对签订的合同要及时进行分类管理，建立合同台账平台，按期检查合同执行情况，并将执行过程及时输入数据库，以对供应商作出评价。采购部门要加强与供应商的联系，督促按期交货。对出现的质量、数量、到货时间等问题要及时交涉。同时要与企业内部的其他部门密切配合，为顺利执行合同做好准备。

2）购后评价。所购物品投入使用后，采购部门要与使用部门保持联系，掌握使用情况、使用效果以及服务水平，并考查各供应商的履约情况，以决定今后对供应商的选择和调整。

（二）供应

1、供应的概念

任何企业进行生产经营活动，都要消耗各种物品。为了生产经营不间断地进行，就必须不间断地以新的物品补充生产经营过程的消耗，这种以物品补充生产经营消耗的过程，就称之为供应。供应过程包括采购、储存、供料等环节，涉及商流、物流、信息流和资金流。

供应是供应物流与生产物流的衔接点。供应是依据材料供应计划、物资消耗定额、生产作业计划进行生产资料供给的作业层，负责原材料消耗的控制。供应方式一般有两种基本方式：一是传统的领料制；二是供应部门根据生产作业信息和作业安排，按生产中材料需要的物料数量、时间、次序、生产进度进行配送供应的方式。

2、供应物流的主要业务

供应物流的主要业务活动包括物资供应计划、物资消耗定额、供应存货与库存控制等。

（1）物资供应计划　物资供应计划一方面要适应生产、维修、技术措施、基建、成本、财务等对物资和资金使用方面的要求；另一方面又反过来为其他计划的顺利执行提供物资保证。对企业物资管理来说，物资供应计划是订货、采购、储存、使用物资的依据，起着促进企业加强物资管理的作用。

正确地确定物资需要量，是编制物资计划的重要环节。不同用途、不同种类物资需要量的确定，方法是不同的。概括说来，有直接计算法和间接计算法两种。

1）直接计算法。它是直接根据物资消耗定额和计划任务来核算需要量，也叫定额计算法。

2）间接计算法。用间接计算法确定物资需要量比较粗略。一般用来确定不便于制订消耗定额的辅助材料需用量，或用来确定某些辅助生产部门的部分用料。

（2）物资消耗定额　物资消耗定额是在一定生产技术条件下，为制造单位产品或完成某项任务所规定的物资消耗量标准。

物资消耗量标准的制订方法大致有以下三种。

1）技术计算法。它是根据产品图样和工艺说明等资料计算物资消耗定额的方法。

2）实际测定法。它是运用理论、称重、计算等方式，对实际物资消耗进行测定，然后通过分析研究，制订物资消耗定额的方法。

3）统计分析法。统计分析法是根据实际物资消耗的历史统计资料，进行简单的计算和分析，借以确定物资消耗定额的方法。

（三）库存管理

在目前的企业环境中，库存管理的任务变得越来越复杂，涉及库存管理的方法越来越多，库存决策也变得更加复杂。在实践中管理者需要根据企业的具体情况来选择合适的库存管理方法以提高企业物流系统的效率，无论企业选择什么样的库存管理方法，总成本最小化是库存管理的关键。

1．库存的概念

库存是指储存作为今后按预定目的使用而处于闲置或非生产状态的物品。广义的库存还包括处于制造加工状态和运输状态的物品。详见《中华人民共和国国家标准物流术语》（GB/T 18354—2006）。

由于生产和消费在时间和批量上的差异，在空间地理位置的分离，使生产出来的物品往往不能立即投入消费，就形成了库存。库存具有整合供给和需求，维持各项活动顺畅进行的功能，是连接和协调企业供产销系统各环节以及生产和流通过程中各相关企业经济活动的润滑剂。因此，库存是保证社会再生产不间断进行的客观必要条件。但是，库存又是物品的闲置，是社会产品的一种扣除。只有当物品库存量保持在社会再生产正常进行所必要的限度内，这种库存才具有积极意义。过多的库存会带来物品流转过程的停滞，过少的库存又会造成社会再生产的中断。所以，研究和建立物品库存的意义就在于寻求确定和实现这种库存量的必要限度，以达到保障生产、加速流通、提高企业和社会经济效益的目的。

库存管理是供应物流的核心部分。库存管理是依据企业生产计划的要求和库存控制情况，制订采购计划、库存数量和结构的控制，指导供应物流的合理运行；另外还包括制订库存控制策略和计划及根据反馈修改计划。

2．库存的分类

库存范围的确认，应以企业对存货是否具有法定所有权为依据，而不论该物品存放在何处和处于何种状态。企业持有的库存可按用途和目的进行分类。

（1）按库存的用途进行分类　按库存的用途，企业持有的库存可分为：原材料库存、在制品库存、维护/维修/作业用品库存、包装物和低值易耗品库存及产成品库存。

1）原材料库存。原材料库存（Raw Material Inventory）是指企业通过采购和其他方式取得的用于制造产品并构成产品实体的物品，以及供生产耗用但不构成产品实体的辅助材料、修理用备件、燃料以及外购半成品等，是用于支持企业内制造或装配过程的库存。

2）在制品库存。在制品库存（Work—In—Process Inventory，WIP）是指已经过一定生产过程，但尚未全部完工、在销售以前还要进一步加工的中间产品和正在加工中的产品。在制品库存之所以存在，是因为生产一件产品需要时间，即循环时间。

3）维护/维修/作业用品库存。维护/维修/作业用品库存（Maintenance/Repair/Operating，MRO）是指用于维护和维修设备而储存的配件、零件、材料等。维护/维修作业用品库存的存在是因为维护和维修某些设备的需求和所花费的时间有不确定性，对维护维修作业用品库存存货的需求常常是维护计划的一个内容。

4）包装物和低值易耗品库存。包装物和低值易耗品库存是指企业为了包装本企业产品而储备的各种包装容器和由于价值低、易损耗等原因而不能作为固定资产的各种劳动资料的储备。

5）产成品库存。产成品库存（Finished Goods Inventory）就是已经制造完成并等待装运，可以对外销售的制成产品的库存。产成品必须以存货的形式存在的原因是用户在某一时期的需求是未知的。

（2）按照库存的目的进行分类　按照库存的目的，企业持有的库存可以分为经常库存、保险库存和季节性储备。

1）经常库存。经常库存也称周转库存，是企业在正常的生产经营环境下，为保证两次进货间隔期内正常供应的需要而建立的库存。它是用于经常周转的货物储备，即在前后两批货物正常到达期之间，提供生产经营需要的储备。这种库存在进货后达到最大量，随着日常供料而不断减少，直至为零，然后又通过下一次进货重新补充，这样周而复始地进行，故又称为周转库存。

2）保险库存。保险库存又称安全库存，是用于应对不确定性因素（如大量突发性订货、交货期突然延期等）而准备的缓冲库存。详见《中华人民共和国国家标准物流术语》（GB/T 18354—2006）。

供应过程存在许多不确定因素，导致供应中断的原因主要有两个方面：一是物品的耗用率（实际消耗速度）高于预测；二是外部供货延误，未能按期到货。当出现这两种或其中一种情况时，就需要用安全库存来解决。

保险库存在正常情况下一般不动用，一旦动用，必须在下批订货到达时进行补充。

经常库存和安全库存的关系如图 4-6 所示。

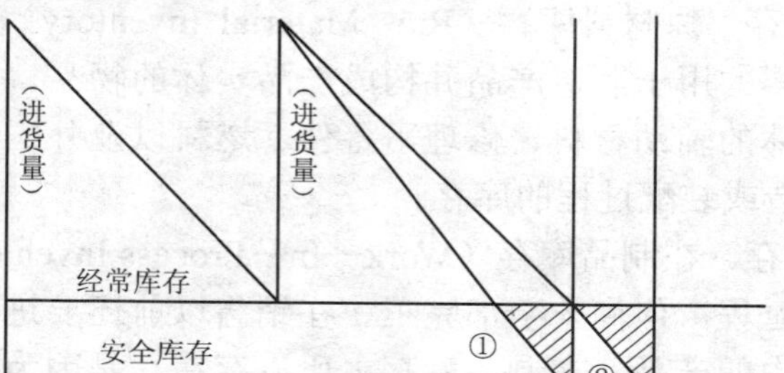

图 4-6　经常库存和安全库存

在第一个进货周期里，到货时间和耗用率均正常，故无需动用安全库存；而在第二个进货周期中，出现了不正常情况，需动用安全库存来解决。图中①是耗用率高于预测的情况，②是到货延误的情况。

3）季节性储备。季节性储备是指企业为减少原材料季节性生产和季节性销售的影响而储存的原材料或产成品。

季节性库存是为满足具有季节性特征需要而建立的库存。一般有两种类型，一种是进货的季节性，这是由于运输季节性（如冬季北方河流封冻使通过河运的进货中断）或供货季节性（如农产品生产季节性）而形成；另一种是用料的季节性，如防汛物品、冬季取暖用煤。这两种类型都影响着供应的均衡性、节奏性，需通过季节性库存来解决。

3、企业库存管理的特点

近年来，企业的经营环境发生了很大变化，从而使企业的生产实践出现了许多新的倾向，这些倾向对企业库存管理产生了极大的影响，其主要表现在以下几个方面。

1）产品系列化、多样化，使得企业的库存水平上升。如果某个企业只生产一种产品，那么企业根据预计销售量，就可以确定相应的周转库存和保险库存；如果该企业生产要增加产品的花色品种，那么它在决定库存数量时，就必须为每一种产品保持相应的库存，其库存总数就会大大增加。

2）存货由零售商转向供应商。存货的转移加大了企业库存管理的难度。买方市场的形成使零售业、制造业的竞争日益激烈，零售商往往采用减少存货的方法来压缩成本，这样做的结果使供应商不得不增加库存来满足零售商的随时订货。

3）库存被看成是一项投资，这使企业库存管理更加重要。库存在企业资产中占据重要的位置，许多企业的库存达到总资产的 50%以上。减少库存投资，就可以节省储存成本。

4）总成本最小的目标。该目标的确立，使企业有时需要加大库存。库存系统是企业系统的一个组成部分，库存成本管理的目标是受企业总目标约束的，有时为了追求企业总成本最小而会增加库存。如果适当增加部分库存能减少其他形式的成本，并且其节约额超过了库存成本的增加额，那么企业就会选择增加库存。

4、存货控制

库存管理的任务是用最低的费用在恰当的时间和恰当的地点取得恰当数量的原材料、消耗品和最终产品。从经济角度看，库存管理就是要降低存货成本。所谓存货成本是指因存货而发生的各种费用的总和，由物品购入成本、订货成本、库存持有成本等构成。详见《中华人民共和国国家标准物流术语》（GB/T 18354—2006）。

在保障供应的前提下，如何使库存物品的数量合理，是企业降低存货成本的关键点。经济订货批量法对企业降低存货成本有一定效果。

经济订货批量（Economic Order Quantity，EOQ）是指通过平衡采购进货成本和保管仓储成本核算，以实现总库存成本最低的最佳订货量。详见《中华人民共和国国家标准物流术语》（GB/T 18354—2006）。

1）物品购入成本。即物品的采购价值，是年度需求量与价格乘积。

年度采购成本=年度需求量×物资单价

2）订货成本。即每进行一次订货时所发生的费用，主要包括差旅费、通信费、手续费以及跟踪订单的成本等。订货费与每次订货量的多少无关，在年需求一定的情况下，订货次数越多，则每次订货量越小，全年订货成本越高。

年度订货成本=一次订货成本×订货次数
=一次订货成本×全年需要量/订货批量

3）库存持有成本。即保管仓储成本，是指因保管存储物资而发生的费用，包括存储设施的成本、搬运费、保险费、折旧费以及货物损失等支出的费用。显然，这些费用随库存量的增加而增加。

年度库存保管成本=订货批量/2×单位物资年存储费
=订货批量/2×物资单价×单位物资年保管费率

年度总库存成本=年度采购成本+年度订货成本+年度库存保管成本

年度总库存成本与订货批量的关系如图 4-7 所示。

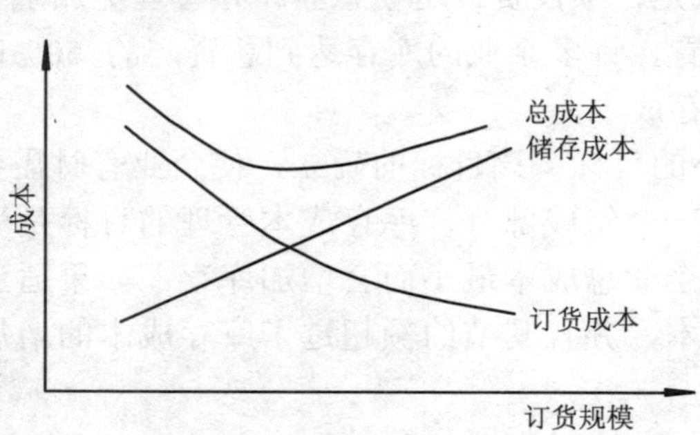

图 4-7 存货成本与订货规模的关系图

从图 4-7 可以看出，年度订货成本随订购量增大而减少，年度库存保管成本随订购量增大而增大，而当两者费用相等时，总费用曲线处于最低点，这时的订购量为经济订购批量。

一次订货成本×全年需要量/订货批量=订货批量/2×单位物资年存储费

$$EOQ=\sqrt{\frac{2DC}{K}}=\sqrt{\frac{2DC}{PF}}$$

式中 EOQ——经济订货批量；

D——全年需要量；

C——一次订购成本；

K——单位物资年存储费；

P——物资单价；

F——单位物资年保管费率。

例：某工厂年需要甲种物资 50 000 件，单价为每件 50 元，年存储费率为 1%，每次订购费 20 元。试用经济订购批量法计算出每次订货数量及所需费用。

解：

$$EOQ=\sqrt{\frac{2DC}{PF}}=\left(\sqrt{\frac{2\times 50\,000\times 20}{50\times 1\%}}\right)\text{件}=2\,000\text{件}$$

年度采购成本=（50 000×20）元=1 000 000 元

年度订货成本=（20×50 000/2 000）元=500 元

年度库存保管成本=（2 000/2×50×1%）元=500 元

在许多企业中，存货成本是物流总成本的一个重要组成部分，物流成本的高低常常取决于库存管理成本的大小，而且，企业物流系统所保持的库存水平对于企业提供的客户服务水平起着重要作用。

三、准时制采购

（一）准时制采购的含义

准时制采购是企业内部准时制系统的延伸，是实施准时制生产经营的必然要求和前提条件，是一种理想的物资采购方式，它的极限目标是原材料和外购件的库存为零、缺陷为零。在向最终目标努力的过程中，企业不断地降低原材料和外购件的库存，从而不断地暴露物资采购工作中的问题，并采取措施解决问题，进一步降低库存。

（二）准时制采购的策略

1、小批量采购

小批量采购减少和消除了原材料和外购件的库存，会使送货频率增加，从而引起运输物流费的上升。

2、保证采购的质量

准时制采购原材料及外购件时，库存减少，以至不存在库存，但必须保证所采购物资的质量。

3、合理选择供货方

准时制采购应选择供货商，选择因素包括产品质量、交货期、价格、技术能力、应变能力、批量柔性、交货期与价格的均衡、批量与价格的均衡、地理位置等。

4、可靠的送货和特定的包装要求

因为消除了缓冲库存，任何交货失误和送货延迟都会造成难以弥补的损失。

实行准时采购战略不但取决于企业内部，而且取决于供货方的管理水平，取决于物流系统的管理水平，因此应对准时制采购的相关因素做好合理、全面的考虑。

四、供应物流合理化

企业的生产过程同时也是物质资料的消费过程。企业只有不断投入必要的物质资料，才能进行生产和保证其经营活动的连续性。但是，物资供应特别是原材料和零部件，由于物流费用可以加在进货价格中，其合理化问题往往不被人们重视。不过，供应物流与销售物流相比，以企业内部为主体，合理化问题较易解决。

供应物流合理化主要从下述两方面入手。

（一）进货方式合理化

现代企业生产的规模大、品种多、技术复杂，生产需要的物资不仅数量、品种、规格、型号繁多，供应来源也广，因此在物料采购时，必须改变过去那种分别购买、各自进货的做法，根据企业生产经营的用货需要和进货要求，采取联合进货方式，由运输单位实行有组织的送货，使企业的物流批量化，以提高运输单位的配送车辆效率和进货工作效率。同时，还可以与同行企业采用代理进货方式，由别的企业代为采购、发送，以提高整车发送率。在美国，为了提高对供应物流合理化的重视，以整车为单位进行交易时，其物流费由卖方负担，非整车交易时，物流费则由买方负担。

（二）供应方式合理化

供应方式合理化主要内容包括：① 发展以产定供的多种形式的物资技术供应，包括按需加工供应、承包配套供应、定点直达供应等；② 实行供运需

一体化供货，即物资供应厂商按照企业生产、工艺和设备要求，签订供货合同，实行定品种、定质量、定数量、定时间送货上门，运输部门按供货合同承担送货任务。按确定的时间将物料送达规定地点。这种供运需一体化供应方式有利于缩短供应物流时间，减少物流费用。

第二节 企业生产物流

企业生产物流是与整个生产工艺过程相伴的，实际上已构成了生产工艺过程的一部分。企业生产过程的物流大体为：原料、零部件、燃料等辅助材料从企业仓库或企业的大门开始，进入到生产线的开始端，再进一步随生产加工过程一个环节一个环节地流动，在流动的过程中，原料等本身被加工成产品，同时生产一些废料、余料，直到生产加工终结，产品进入生产成品仓库，便终结了企业生产物流过程。企业生产物流是企业物流的关键环节，认识并研究生产物流的基本原理，将有利于加强企业竞争力。

一、生产物流概述

（一）生产物流的概念

生产物流是指企业生产过程中发生的涉及原材料、在制品、半成品、产成品等所进行的物流活动。详见《中华人民共和国国家标准物流术语》（GB/T 18354—2006）。

生产物流是按生产流程的要求组织和安排物品在各生产环节之间进行流转的内部物流活动，是指原材料、燃料、外购件投入生产之后，经过下料、发料，运送到各加工点和存储点，以在制品的形态，从一个生产单位流入另一个生产单位，按照规定的工艺过程进行加工、储存，借助一定的运输装置，在某个点内流转，又从某个点内流出，始终体现着物料实物形态的流转过程。

生产过程的物流组织与生产过程的组织是同步进行的。例如，从加工装配型的工业企业来讲，伴随生产过程的空间和时间组织物流，物料随着时间进程不断改变自己的实物形态和场所位置，处于加工、装配、储存、搬运和等待状态，由原材料、外购件的投入开始，终止于成品仓库，形成贯穿生产全过程的物流。

（二）生产物流的目标

在企业生产系统中，物料流转贯穿加工制造过程的始终。无论是在厂区内、库区内、车间内、车间之间、工序之间、机台之间，都存在原材料、零部件、半成品和成品的流转运动，都离不开物料的装、卸、运等活动，也就必然产生费用支出。

生产过程物流的目标应该是：

（1）提供畅通无阻的物料流转，以保证生产过程顺利地、高效率地进行。

（2）减少物料搬运的数量、频率和距离，减少搬运费用，降低成本。

（3）防止物料损坏、丢失，防止人身设备事故。

在比较选择过程中应力求做到以下几点：

（1）尽可能不搬运物料。

（2）尽可能减少人工搬运。

（3）尽可能以物料移动代替人的移动。

（4）“装载单位”的尺寸及重量尽可能大。

（5）尽可能利用物料的重力作用。

（6）通过减少交接时间尽可能减少人员、设备的等待。

（7）尽可能消灭相向、迂回运输。

（8）尽可能使搬运作业与生产、供应、分发等合并。

（9）尽可能利用流水作业法。

（10）保证合理利用空间，特别是通道面积。

（11）尽可能经由较短的途径搬运较大的物料，闲置时间少。

（12）尽可能利用租赁设备、搬运公司的服务代替自购设备。

特别要指出的是，在企业的生产过程中，选用合适的搬运设施，不仅对改善物料搬运工作的条件有重要的意义，而且对提高劳动生产率和降低搬运费用也有着重大的作用。因此，要分析研究各种搬运设备，如运送装置、车辆、起重装置、装卸运输设施等的利弊，借以选择最经济合理的搬运设施。

（三）生产物流的主要影响因素

提示板 4-2：生产物流的主要影响因素

生产类型、生产规模、企业的专业化与协作水平。

1、生产类型

不同的生产类型，它的产品品种、结构的复杂程度、精度等级、工艺要求以及原料准备不尽相同，这些特点影响着生产物流的构成以及相互间的比例关系。

2、生产规模

生产规模是指单位时间内的产品产量，通常以年产量来表示。生产规模越大，生产过程的构成越齐全，物流量越大，如大型企业铸造生产中有铸铁、铸钢、有色金属铸造之分。反之生产规模小，生产过程的构成就没有条件划分得很细，物流量也较小。

3、企业的专业化与协作水平

社会专业化和协作水平越高，企业内部生产过程就越趋于简化，物流流程缩短。某些基本的工艺阶段的半成品，如毛坯、零件、部件等，就可由其他专业工厂提供。

（四）生产物流的组织特性

生产物流区别于其他物流系统的最显著的特点是它和企业生产紧密联系在一起。只有合理组织生产物流过程，才有可能使生产过程始终处于最佳状态。

提示板 4-3：生产物流的组织特性

连续性、节奏性、平行性、应变性、比例性、准时性。

1、物流过程的连续性

企业生产是一道工序一道工序地往下进行的，这就要求物料能够顺畅、最快、最省地走完各个工序，直至成为产品。整个生产过程是连续、顺延、有组织地按进度保质保量地运行，因此物流过程也就有着连续性。

2、物流过程的节奏性

企业产品生产过程的各个阶段，从投料开始到产成品完工入库，生产过程是按计划、有节奏、均衡地进行的，这使物流过程也具有节奏性。

3、物流过程的平行性

企业生产产品种类、产品的型号是多种多样的，每种产品包含着多种零部件，各个零部件的生产是平行作业，协调进行的，这使得物料的投入具有平行性。

4、物流过程的应变性

企业生产产品的型号和种类发生变化时，生产过程具有较强的应变能力，物流过程也同时具备相应的应变能力。

5、物流过程的比例性

它是指生产过程的各个工艺阶段之间、各工序之间在生产能力上要保持一定的比例以适应产品制造的要求。比例关系表现在各生产环节的工人数、设备数、生产面积、生产速率和开动班次等因素之间相互协调和适应，所以，比例是相对的、动态的。因此，物流过程也具有比例性。

6、物流过程的准时性

它是指生产的各阶段、各工序都按后续阶段和工序的需要生产，即在需要的时候，按需要的数量，生产所需要的零部件。只有保证准时性，才有可能推动物流过程的连续性、平行性、比例性、均衡性。

二、生产物流的合理组织

（一）生产物流的空间组织

生产物流的空间组织是相对于企业生产区域而言，其目标是如何缩短物料在工艺流程中的移动距离。

（1）按工艺专业化形式组织生产物流　工艺专业化形式也叫工艺原则或功能性生产物流体系。其特点是把同类的生产设备集中在一起，对企业欲生产的各种产品进行相同工艺的加工，即加工对象多样化但加工工艺、方法却基本一致。

这种方式的优点是对产品品种的变化和加工顺序的变化适应能力强，生产系统的可靠性较高，工艺及设备管理较方便；其缺点是物料在加工过程中物流次数及路线复杂，难于协调。

在企业生产规模不大，生产专业化程度低，产品品种不稳定的单件小批生产条件下，适宜于按工艺专业化组织生产物流。

（2）按对象专业化形式组织生产物流　对象专业化形式也叫产品专业化原则或流水线，其特点是把生产设备、辅助设备按生产对象的加工路线组织起来，即加工对象单一但加工工艺、方法却多样化。

这种方式的优点是可减少运输次数，缩短运输路线；协作关系简单从而简化了生产管理；在制品少，生产周期短。其缺点是对品种的变化适应性差，生产系统的可靠性较低，工艺及设备管理较复杂。

在企业专业方向已经确定，产品品种比较稳定，生产类型属于大量、大批生产，设备比较齐全并能有充分负荷的条件下，适宜于按产品专业化组织生产物流。

（3）按成组工艺形式组织生产物流　成组工艺形式是结合了上述两种形式的特点，按成组技术原理，把具有相似性的零件分成一个成组生产单元，并根据其加工路线组织设备。其主要优点是可以大大地简化零件的加工流程，减少物流迂回路线，在满足品种变化的基础上有一定的批量生产，具有柔性和适应性。

上面三种组织生产物流形式各有特色，而如何选择则主要取决于生产系统中产品品种的多少和产量的大小。

（二）生产物流的时间组织

生产物流的时间组织是指一批物料在生产过程中各生产单位、各道工序时间上的衔接和结合方式。要合理组织生产物流，不但要缩短物料流程的距离，而且还要加快物料流程的速度，减少物料的成批等待，实现物流的节奏性、连续性。

三、生产物流控制

在生产物流运行过程当中，由于受到生产企业的战略选择与企业内外部环境的作用和影响，使得在企业生产过程中其生产物流偏离预定目标，因此，应加强企业生产物流的过程管理，以实现生产物流的有效控制。

（一）控制系统组成要素

1、控制对象

控制对象是由人、设备组成的一个系统单元，通过施加某种控制或指令，能完成某种变化。在生产物流系统中，物流过程是主要的控制对象。

2、控制目标

控制目标是系统预先确定的力争达到的目标，控制的职能就是随时或定期对控制对象进行检查，发现偏差，进行调整，以利于目标的实现。

3、控制主体

在一个控制系统里，目标已定，收集控制信息的渠道也已畅通时，就需要一个机构来比较当前系统的状态与目标值的差距，如果差距超过容许的范围，则采取纠正措施，下达控制指令。这样的控制机构就成为控制主体。

（二）生产物流控制的内容

物流控制的具体内容如下。

1、进度控制

物流控制的核心是进度控制，即物料在生产过程中的流入、流出控制，以及物流量的控制。

2、在制品管理

在生产过程中对在制品进行静态、动态控制以及占有量的控制。在制品控制包括在制品实物控制和信息控制。有效地控制在制品，对及时完成作业计划和减少在制品积压均有重要意义。

3、偏差的测定和处理

在进行作业过程中，按预定时间及顺序检测执行计划的结果，掌握计划量与实际量的差距，根据发生差距的原因、差距的内容及严重程度，采取不同的处理方法。首先，要预测差距的发生，事先规划消除差距的措施，如动用库存、组织外协等；其次，为及时调整产生差距的生产计划，要及时将差距的信息向生产计划部门反馈；再次，为了使本期计划不作或少作修改，将差距的信息向计划部门反馈，作为下期调整的依据。

（三）控制的程序

物流控制的程序应与控制的内容相适应，物流控制的程序一般包括以下几个步骤。

1、制订作业计划标准

物流控制从制订作业计划标准开始，所制订的标准要保持先进与合理的水平，随着生产技术条件等因素的变化，要对标准定期或不定期地进行修订。

2、制订生产物流计划

依据生产计划制订相应的物流计划，并有目的、有组织、系统地完成计划。

3、物流信息的收集、传送和处理

物流过程要有物流信息为之服务，即物流信息要支持物流的各项业务活动。通过信息传递，把运输、储存、加工、装配、装卸、搬运等业务活动有机地结合起来，协调一致，以提高物流作业效率。

4、按期调整

为了保证生产物流计划的顺利完成，要及时检查监督计划的执行情况，及时调整偏差，保证完成生产物流计划的目标。

（1）短期调整　为了保证生产的正常进行，及时调整偏差，保证计划顺利完成。

（2）长期调整　定时进行及时有效的评估和调整。

（四）常见生产物流控制原理

1、推进式物流控制

基本方式是根据最终需求量，在考虑各阶段的生产提前期之后，向各阶段发布生产指令量，这种方式称为推送方式。以这种方式进行物流控制的原理称为物流推进控制原理。

2、拉引式物流控制

它的基本方式是在最后阶段按照外部需求，向前一阶段提出物流供应要求，前一段按本阶段的物流需求量向上一阶段提出要求。依此类推，接受要求的阶段再重复地向前阶段提出要求。这种方式称为拉引方式。这种方式在形式上是多道工序，但由指令方式不难看出，由于各阶段各自独立的发布指令，所以实质上是前一阶段的重复。采用此方式的物流控制原理称为物流拉

引控制原理。

四、物料需求计划与制造资源计划

（一）概念

物料需求计划（Material Requirement Planning，MRP）是指制造企业内的物料计划管理模式。根据产品结构各层次物品的从属和数量关系，以每个物品为计划对象，以完工日期为时间基准倒排计划，按提前期长短区别各个物品下达计划时间先后顺序的管理方法。详见《中华人民共和国国家标准物流术语》（GB/T 18354—2006）。

库存资源的管理，要做到在需用的时候所有的物料都能配套备齐，而在不需用的时候，又不过早地积压，从而达到既要降低库存，又要不出现物料短缺。

制造资源计划（Manufacturing Resource Planning，MRPⅡ），是在物料需求计划（MRP）的基础上，增加营销、财务和采购功能，对企业制造资源和生产经营各环节实行合理有效的计划、组织、协调与控制，达到既能连续均衡生产，又能最大限度地降低各种物品的库存量，进而提高企业经济效益的管理方法。

（二）MRP的逻辑原理

1、主产品结构文件

主产品结构文件反映产品的层次结构，即所有物料的结构关系和数量组成。由需求时间和相互关系来确定主产品进度计划。根据营销计划，主产品结构和工艺规程决定了成品出厂时间和各个时间段内的生产量，包括产出时间、数量或装配时间和数量等。

2、产品库存文件

产品库存文件，包含原材料、零部件和产成品的库存量，已订未到量和已分配但还没有提取的数量。根据物料需求计算所需物料量，考虑库存量，不足部分再进行采购。

3、MRP的逻辑原理图（见图4-8）

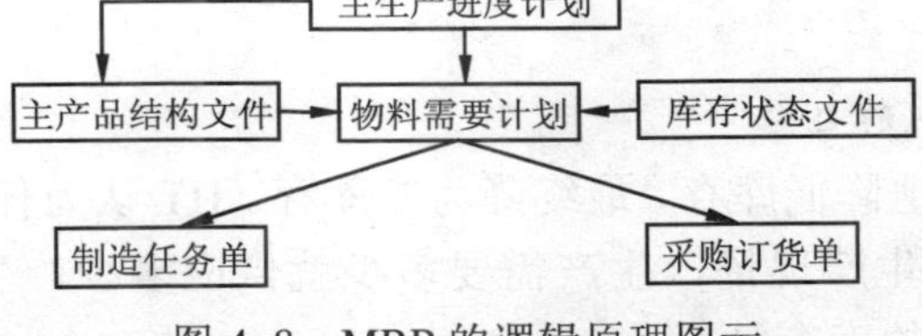

图4-8　MRP的逻辑原理图示

（三）MRP 的特点

1、需求的相关性

根据订单确定了所需产品的数量之后，由产品结构文件即可推算出各种零部件和原材料的数量，这种根据逻辑关系推算出来的物料数量称为相关需求。

2、需求的确定性

MRP 计划都是根据主生产进度计划、产品结构文件和库存文件精确计算出来的，品种、数量和需求时间都有严格的要求，不可改变，即刚性需求。

3、计划的复杂性

由于产品的所有零部件需要的数量、时间、先后关系等需要准确地计算出来，当产品的结构复杂，零部件数量特别多时，必须依靠电子计算机计算。

4、MRP 的优越性

（1）由于各个工序对所需要的物资都按精密的计划适时、足量地供应，一般不会产生超量库存，对于在制品还可以实现零库存，从而节约了库存费用。

（2）有利于提高企业管理素质。企业只有加强物流的信息化、系统化和规范化管理，才能协调好供应、生产和销售以及售后服务工作。

五、准时制生产（Just In Time，JIT）

1、定义

准时制生产即供应商将必要的零件以必要的数量在必要的时间直接送到生产线，从而使生产企业减少库存或不设库存。

2、准时制生产的原理

在生产系统中，任何两个相邻工序之间都是供需关系。按照传统的生产计划组织生产，物料根据预定的计划时间由需方逐个工序流动，需求方根据上一工序送来物料的数量和到达时间进一步加工。需求方接受物料完全是被动的，如果出现了不可预料的因素，物料可能提前或延迟到达。延迟到达将使生产中断，因此必须在生产计划中留有余地，以避免这种现象的发生，这样一来，必然存在或多或少提前到达的现象，从而导致库存量的上升，占用过多的流动资金。

3、准时制生产的目标

（1）最大限度地降低库存，最终降为零库存。JIT 认为任何库存都是浪费，必须予以消除。在生产现场，生产需要多少就供应多少，生产活动结束时现场应没有任何多余的库存品。

（2）最大限度地消除废品，追求零废品。JIT的目标是消除各种引起不合格品的因素，在加工过程中，每一道工序都力求达到最好的水平。要最大限度地限制废品流动造成的损失，每一个需方都拒绝接受废品，让废品只能停留在供应方，不让其继续流动而损害以下的工序。

（3）实现最大的节约。JIT认为，多余的生产物资或产品不但不是财富，反而是一种浪费，因为这不但要消耗材料和劳务，还要花费装卸搬运和仓储等物流费用。它的生产指令是由生产线终端开始，根据订单依次向前一工序发出的。

六、现代制造系统与生产物流（精益生产、敏捷制造）

（一）精益生产（Lean Production，LP）

1、概念

精益生产的要领是由美国麻省理工学院在研究丰田生产方式的基础上提出的，它是准时制生产的进一步提高。精益生产是力求以最小的投入获得最大的产值，以最快的速度进行设计和生产，不断地降低成本，追求消灭残次品，追求零库存，实现全面、高效、灵活、优质的服务。

2、精益生产的特点

消灭物流浪费是人类无限的追求。虽然在现实中几乎不可能达到这种理想的完美境界，但是不间断地追求会产生惊人的效果。

3、精益生产的原则

1）实行团队作业方式，强调集体协作精神。

2）各部门、各生产环节之间必须有良好的交流。

3）更有效地利用资源和更大程度地消除浪费。

4）永不满足现状，不间断地对生产过程进行改进或改善。

（二）敏捷制造（Agile Manufacturing，AM）

由于准时制生产在美国的实行取得了明显的效益，美国制造业认为：仅在市场竞争中降低成本和提高产品质量是不够的，还要缩短产品开发周期、加快产品更新换代，从产品的质量、价格、服务和时间上取得竞争力。

1、敏捷制造

敏捷制造就是指制造系统在满足低成本和高质量的同时，能够对多变的市场需求作出快速反应。这里所说的敏捷性，是指企业对市场变化、技术发展以及社会环境变化作出反应的速度与能力。

2、**企业敏捷能力的体现**

（1）快速反应能力　能够随市场变化作出判断与预测，并能作出正确反应。

（2）竞争力　企业具有一定生产能力、工作效率以及有效参与竞争所需的技能。

（3）灵活性　以同样的人员与设备生产不同产品或实现不同目标的能力。

（4）快速性　以最短的时间执行任务的能力（最短的产品开发周期、最短生产周期、供货准时等）。

3、**敏捷制造企业的战略**

1）以顾客为中心，以用户为上帝。要让用户通过敏捷制造企业的产品与服务得到满意的答案。为了平衡产品批量和生产成本之间的制约关系，可以实行敏捷定价，同一产品对于不同顾客可实行不同定价。

2）通过合作增强竞争能力。为了尽快向市场推出低成本和高质量的产品，敏捷制造企业必须充分利用现有资源而不论这些资源在何处或属于谁。因此要加强国内外企业的合作，组织交叉功能的团队，重组商业过程，组织虚拟公司等。为了扩展可以充分利用资源的途径，和竞争对手也可以合作。

3）具有灵活重组的能力。敏捷制造企业为了保证在多变的市场环境中发展，组织结构必须具有高度的灵活性，能够迅速地重组人力和物力。

4）重视人才培养和信息交流。在敏捷制造企业中，管理人员必须培育一种企业家精神，由于用户需求极为复杂，市场处于不断变化之中，因此敏捷制造企业没有固定和现成的模式可循，关键在于要将敏捷性原则贯彻于企业的目标以及实施目标的具体步骤中去。

第三节　企业销售物流

企业销售物流是企业为保证本身的经营效益，不断伴随销售活动，将产品所有权转给用户的物流活动。企业销售物流是通过包装、送货、配送等一系列环节实现物质的销售。

一、销售物流概述

销售物流是指企业在出售商品过程中所发生的物流活动。详见《中华人民共和国国家标准物流术语》（GB/T 18354—2006）。

销售物流是企业物流与社会物流的衔接点，与企业销售系统相配合，完成产成品的流通。销售系统的功能如下：

1）调查与需求预测。

2）编制销售计划。

3）组织管理订货合同。

4）组织产品推销。

5）组织售后服务。

二、销售物流信息系统的组成

1、接受订货系统

办理接受订货手续是交易活动的始发点，为了迅速准确地将商品送到，必须准确迅速地办理接受订货的各种手续。

2、订货系统

订货系统是与接受订货系统、库存管理系统互动的，库存不仅应防止缺货、断货，还应在库存过多或库存不合理时，根据订货情况，适时适量地调整订货的系统。

3、收货系统

收货系统是根据预订信息，对收到的货物进行检验，与订货要求进行核对无误之后，计入库存，指定货位等的收货管理系统。

4、库存管理系统

正确把握商品库存，对于制订恰当的采购计划、接受订货计划、收货计划和发货计划是必不可缺的，所以，库存管理系统是物流信息系统的中心。

5、发货系统

通过迅速、准确的发货安排，将商品送到顾客手中。发货系统是一种与接受订货系统、库存管理系统互动，向保管场所发出拣选指令或根据不同的配送方向进行分类的系统。

6、配送系统

配送系统是将商品按配送方向进行分类，制订车辆调配计划和配送路线计划的系统。企业销售渠道的组成信息系统应畅通，企业应建立起高效、快速的信息系统。

三、配送需求计划（DRP）

（一）配送需求计划的概念

配送需求计划（Distribution Requirement Planning，DRP）是一种既保证有效地满足市场需求，又使得物流资源配置费用最省的计划方法，是物料需求计划原理与方法在物品配送中的运用。详见《中华人民共和国国家标准物流术语》（GB/T 18354—2006）。

（二）配送需求计划的原理

1. 配送需求计划的基本特征

1）以保证满足社会需求为目的。

2）通过物流运作满足社会的需求。

3）合理组织物流资源。

配送需求计划的原理示意图如图 4-9 所示。

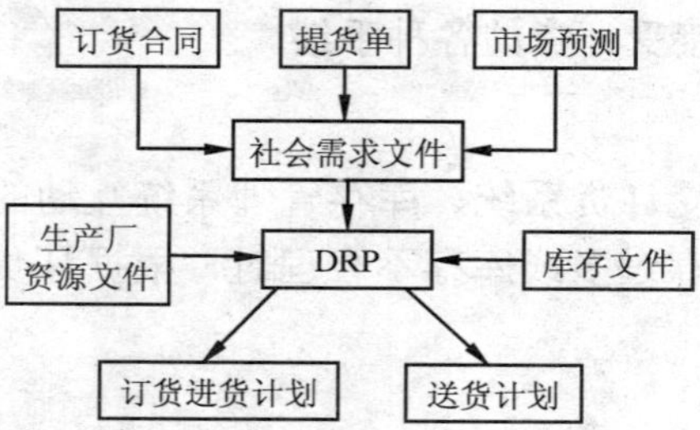

图 4-9 DRP 原理

2. 配送需求计划内容

配送需求计划内容包括：输入文件和输出文件。

（1）输入文件

1）需求文件，所有用户的订货单、提货单和供货合同，包括子公司的订货单、企业的订货单，以及市场调查、预测的需求量构成的社会需求文件。

2）库存文件，对自有库存物资进行统计汇总，从而根据需求情况确定进货量。

3）资源文件，包括生产企业的地理位置、企业可供应的物资品种。

（2）输出文件

1）订货进货计划，订货进货计划即从生产企业订货进货的计划。

2）送货计划，送货计划是根据物资流动的作业时间、路程，为用户送货的计划。

第四节 回收物流与废弃物物流

一、回收物流与废弃物物流概述

从生产经过流通直到消费是物资流向的主渠道。在这一过程中有生产过程形成的边角余料、废渣、废水，有流通过程产生的废弃包装器材，也有大量由于变质、损坏、使用寿命终结而丧失了使用价值或者在生产过程中未能形成合格产品而不具有使用价值的物资，它们都要从物流主渠道中分离出来，成为生产或流通中产生的排泄物。这些排泄物一部分可以回收并再生利用，称为再生资源，形成了回收物流；另一部分在循环利用过程中，基本或完全失去了使用价值，形成无法再利用的最终排放物，形成了废弃物物流。

（一）回收物流与废弃物物流的概念

1、回收物流的概念

回收是指对排放物处理时将其中有再利用价值的部分加以分拣、加工、分解，使其成为有用的物资重新进入生产和消费领域。例如，废纸被加工成纸浆，又成为造纸的原材料，废钢被分拣加工后又进入冶炼炉变成新的钢材，废水经净化后又被循环使用等，被称为回收。这类物质的流动形成回收物流。

2、废弃物物流的概念

将经济活动或人民生活中失去原有使用价值的物品，根据实际需要进行收集、分类、加工、包装、搬运、储存等，并分送到专门处理场所的物流活动。详见《中华人民共和国国家标准物流术语》（GB/T 18354—2006）。

（二）回收物流与废弃物物流的作用

1、回收物流的作用

回收物流的作用是考虑到被废弃的对象有再利用的价值，将其进行加工、拣选、分解、净化，使其成为有用的物资或转化为能量而重新投入生产和生活循环系统。

2、废弃物物流的作用

废弃物物流的作用是无视对象物的价值或对象物已没有再利用价值，仅从环境保护出发，将其焚化、化学处理或运到特定地点堆放、掩埋。

（三）回收物流与废弃物物流流向

回收物流与废弃物物流流向图如图 4-10 所示。

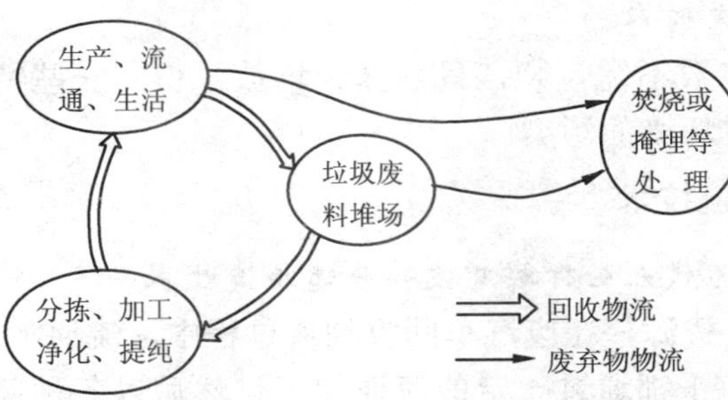

图 4-10 回收物流与废弃物物流流向图

（四）回收物流与废弃物物流的意义

（1）回收物流是社会物资大循环的组成部分　自然界的物资是有限的，森林的采伐、矿山的开采都是有一定限度的，在资源已日渐枯竭的今天，人类社会越来越重视通过回收物流将可以利用的废弃物收集、加工、重新补充到生产、消费的系统中去。例如，废纸回收已成为造纸业原料供应不可缺少的一环。据统计，钢铁产量有近 1/3 来自回收的废钢。在日本，每年报废汽车半数以上被分解成废钢、橡胶和玻璃而被回收利用。城市垃圾中的一些成分也可以加工成肥料或燃料，甚至有些废物、废材经过适当加工，可以直接成为商品进入消费领域。

（2）回收物流与废弃物物流合理化具有经济意义　废弃物资是一种资源，但和自然资源不同，它们曾有过若干加工过程，本身凝聚着能量和劳动力的价值，因而常被称为载能资源。回收物资重新进入生产领域作为原材料会带来很高的经济效益。

（3）回收物流与废弃物物流合理化具有社会意义　由于废弃物的大量产生严重地影响人类赖以生存的环境，必须有效地组织回收物流与废弃物物流，使废弃物得以重新进入生产、生活循环或得到妥善处理。

二、回收物流与废弃物物流技术

（一）回收物流与废弃物物流技术的特点

1、小型化、专用化的装运设备

使用各种机动车和非机动车，采用多阶段收集、逐步集中的方式将分布广泛的各类生产和生活废弃物回收处理。

2、多样化的流通加工

对回收的废弃物根据其类别采用分拣、分解、分类，压块、捆扎、切断和破碎的加工处理方法。

3、简易包装与储存

对于废弃物多数不需包装，只需露天堆放，但对一些特殊废弃物应讲求其包装，以防止对环境的污染。

（二）回收物流技术

1、以废汽车为代表的拆解及破碎分选物流技术

废汽车是再生资源，在废汽车回收物流过程中，流通加工占有重要位置，所有的废旧汽车几乎都通过一定的流通加工，然后以各种新的资源形式进入到新一轮循环利用中。例如，利用废汽车拆解制作学习教具。

2、以废玻璃瓶为代表的回送复用技术

在以废玻璃瓶作为再生利用资源的回收物流过程中，有一个回送复用的运输系统，依靠这个运输系统，可将用过的玻璃瓶再回运给生产企业，成为再生资源。

3、以废纸为代表的收集集货物流技术

回收废纸资源的物流过程中，有一个收集废纸的废纸收集物流系统，这种收集系统是集货系统的一种，废纸需要收集、集中，才能批量提供回收加工。

4、以粉煤灰为代表的联产供应物流技术

粉煤灰再生资源的回收物流过程中，采用管道这种物流手段，将电厂排放的粉煤灰，通过管道直接运送供应给生产企业，进行加工处理。

（三）废弃物物流技术

1、垃圾掩埋

在一定规划区内，利用原来的废弃坑塘或用人工挖出深坑，将垃圾运来后倒入，到一定处理量之后，表面用土掩埋。

2、垃圾焚烧

在一定地区用高温焚烧垃圾以减少垃圾和防止污染及病菌、虫害滋生。

3、垃圾堆放

在远离城市地区的沟、坑、塘、谷中，选择合适位置直接倒垃圾，也是一种物流技术。

4、净化处理加工

对垃圾进行净化处理，以减少对环境危害的废弃物物流技术，尤其是废水的净化处理。

回收与废弃物物流具有良好的社会效益，同时对资源的再利用也起到较大的作用。

5、垃圾发电

对垃圾进行技术处理，利用现代技术手段，对垃圾进行转化，通过燃烧和化学降解，使其转换成热能和电能。

【物流案例精选】

美的集团——走活供应物流这步棋

我国制造企业有 90%的时间花费在物流上，物流仓储成本占据了总销售成本的30%～40%，供应链上物流的速度以及成本更是令我国企业苦恼的老大难问题。美的集团针对供应链的库存问题，利用信息化技术手段，一方面从原材料的库存管理做起，追求零库存标准；另一方面针对销售商，以建立合理库存为目标，从供应链的两段实施挤压，加速了资金、物资的周转，实现了供应链的整合成本优势。

美的集团虽多年名列空调产业的“三甲”之位，但是也不是没有一朝城门失守之忧。自2000年以来，在降低市场费用、裁员、压低采购价格等方面，美的集团频繁变招，其路数始终围绕着成本与效率。美的集团在广东地区已经悄悄为终端经销商安装进销存软件，即实现“供应商管理库存”（以下简称VMI）和“管理经销商库存”中的一个步骤。

对于美的集团来说，其较为稳定的供应商共有 300 多家，其零配件（出口、内销产品）加起来一共有3万多种。从2002年中期，利用信息系统，美的集团在全国范围内实现了产销信息的共享。有了信息平台做保障，美的集团原有的100多个仓库精简为8个区域仓，在8h可以运到的地方，全靠配送。这样一来美的集团流通环节的成本降低了15%～20%。运输距离长（运货时间为3～5天）的外地供应商，一般都会在美的集团的仓库里租赁一个片区（仓库所有权归美的集团），并把其零配件放到片区里面储备。

在美的集团需要用到这些零配件的时候，它就会通知供应商，然后再进行资金划拨、取货等工作。这时，零配件的产权，才由供应商转移到美的集团手上，而在此之前，所有的库存成本都由供应商承担。此外，美的集团在ERP（企业资源计划）基础上与供应商建立了直接的交货平台。供应商在自己的办公地点，通过互联网的方式就可登录到美的集团的页面上，看到美的的订单内容，如品种、型号、数量和交货时间等，然后由供应商确认信息，这样一张采购订单就形成了。

实施VMI后，供应商不需要像以前一样疲于应付美的集团的订单，而只需做一些适当的库存即可。供应商不用备很多货，一般只要能满足3天的需求即可。美的集团零部件库存周转率，在2002年上升到70～80次/年。其零部件库存也由原来平均的5～7天存货水平，降低为3天左右，而且这3天的库存也是由供应商管理并承担相应成本。

库存周转率提高后，一系列相关的财务“风向标”也随之“由阴转晴”，资金占用降低、资金利用率提高、资金风险下降、库存成本直线下降。这让美的集团“欣喜不已”。

在业务链后端的供应体系进行优化的同时，美的集团也正在加紧对前端销售体系的管理进行渗透。在经销商管理环节上，美的集团利用销售管理系统可以统计到经销商的销售信息（分公司、代理商、型号、数量、日期等），而近年来则公开了与经销商的部分电子化往来，以前半年一次的手工性的繁杂对账，现在则转变为进行业务往来的实时对账和审核。

在前端销售环节，美的集团作为经销商的供应商，为经销商管理库存。这样的结果是，经销商不用备货了，"即使备也是五台十台这种概念"。经销商缺货，美的集团立刻就会自动送过去，而不需经销商提醒。经销商的库存"实际是美的自己的库存"。通过这种存货管理上的前移，美的集团可以有效地削减和精准地控制销售渠道上昂贵的存货，而不是任其堵塞在渠道中，让其占用经销商的大量资金。

2002 年，美的集团以空调为核心对整条供应链资源进行整合，更多的优秀供应商被纳入美的空调的供应体系，这使美的空调供应体系的整体素质有所提升。依照企业经营战略和重心的转变，为满足制造模式"柔性"和"速度"的要求，美的集团对供应资源布局进行了结构性调整，供应链布局得到优化。通过厂商的共同努力，整体供应链在"成本"、"品质"、"响应期"等方面的专业化能力得到了不同程度的发育，供应链能力得到提升。

目前，美的空调成品的年库存周转率大约是 10 次，而美的集团的短期目标是将成品空调的库存周转率提高 1.5～2 次。目前，美的空调成品的年库存周转率不仅远低于戴尔等电脑厂商，也低于年周转率大于 10 次的韩国厂商。库存周转率提高一次，可以直接为美的空调节省超过 2 000 万元人民币的费用。由于采取了一系列措施，美的集团已经在库存上尝到了甜头，2002 年度，美的集团销售量同比 2001 年度增长 50%～60%，但成品库存却降低了 9 万台，因而保证了在激烈的市场竞争下维持相当的利润。

【复习思考题】

一、思考题

1．什么是准时制采购？

2．库存控制的目标是什么？

3．什么是企业生产物流？影响生产物流的主要因素有哪些？

4．经济订购批量的计算公式是什么？

5．什么是生产物流控制原理？

6．什么是 MRP 逻辑原理？

7．何谓准时制生产？

8．什么是销售物流？销售物流的管理包括哪些内容？

9．配送需求计划的原理？

10．什么是回收物流？什么是废弃物物流？它们各有什么意义？

二、填空题

1．企业物流包括________、________、________和____________。

2．企业生产过程的物流大体为________、________、________、______等的物料流动。

3．供应物流包括原材料等一切生产资料的________、________、________、________、________、________和________。

4．供应物流系统由_____、_____、________、________所构成。

5．生产物流具有________、________和________的特点。

6．MRP 的特点是需求的________、________、________和________。

7．企业销售物流是通过_______、_______、________等一系列环节实现物质的销售。

8．________和________是企业生产物流的循环结束点。

9．废弃物流技术包括________、________、__________、________、________等。

10．生产物流的组织特性体现为：________、________、________、________、________、________；关键是________。

三、选择题（单选或多选）

1．企业敏捷能力体现在快速反应能力、（　　）。

A．竞争力　　B．灵活性　　C．快速性　　D．经济性

2．销售系统的功能是：调查与需求预测、（　　）。

A．编制销售计划　　B．组织管理订货合同

C．组织产品推销　　D．组织售后服务

3．MRP 表示（　　）。

A．物料需求计划　　B．生产需求计划

C．准时制　　D．销售策略计划

4．各个工序对所需要的物资都按精密的计划适时地足量地供应，一般不会产生超量库存，从而使在制品实现零库存，达到节约库存费用的效果，这反映了（　　）。

A．需求的相关性　　B．需求的确定性

C．MRP 的优越性　　D．计划的复杂性

5．采购管理的目标是（　　）。

A．适用　　B．及时

C．齐备　　D．经济

E．协作

第五章 国际物流

【知识目标】

熟练掌握国际物流的基本概念；了解国际物流的特点，国际物流各种运输方式（海运、铁路、公路、航空运输、集装箱运输以及国际多式联运等）及其特点，国际物流合理化措施和各种国际物流中心的职能；理解国际物流网络及国际物流中心的概念和建立国际物流网络应注意的问题；一般了解国际物流的发展过程、国际物流与国际贸易的关系、国际物流网络的重要作用。

【能力目标】

能解释国际物流的基本内涵；通过案例的学习和分析基本能应用国际物流的基本知识，根据国际物流的特点解释我国加入WTO后与国际物流接轨应注意的问题，合理地选择国际物流的各种运输方式；能将所学理论知识应用到国际贸易和国际物流的实际中；能对物流国际化的问题要点进行简单的探索。

【教学重点】

本章的教学重点是国际物流的基本概念，国际物流的各种运输方式，特别是海洋运输、集装箱运输以及国际多式联运等运输方式的特点和正确选择。

第一节 国际物流概述

一、国际贸易与国际物流

（一）国际物流的含义

所谓国际物流，是国内物流的延伸和进一步扩展，是跨越国界的、流通范围扩大了的“物的流通”，是为实现货物在两个或两个以上国家（地区）间的物理性移动而发生的国际贸易活动。所以《中华人民共和国国家标准物流术语（Logistics terms）》中对“国际物流（International Logistics）”的定义是“不同国家（地区）之间的物流活动”。

国际物流是随着世界各国（地区）之间进行国际贸易而发生的商品实体从一个国家（地区）流转到另一个国家（地区）的物流活动。国际物流伴随着国际贸易的发展而产生和发展，并成为了国际贸易的一个重要组成部分，各国之间的相互贸易最终通过国际物流来实现。

随着国内市场的不断放开，我国市场与世界市场将紧密联系在一起，物流服务的全球化、国际化也是大势所趋。就基本概念而言，国际物流与国内物流是一脉相承的，两者之间有许多共同点，但按其重要性和复杂性来说，国际物流远远超过单纯的国内物流。

从本质来说，国际物流实质上是按国际分工协作的原则，依照国际惯例，利用国际化的物流网络、物流设施和物流技术，实现货物在国际间的流动和交换，以促进区域经济的发展和世界资源优化配置。

国际物流的总目标是为国际贸易和跨国经营服务。国际物流系统涉及多个国家，地理范围大；同时由于各国社会制度、自然环境、经营管理方法、生产习惯不同，一些因素变动较大，在国际间组织货物从生产到消费的流动，相比较国内物流更加复杂。因此国际物流的目标即是选择最佳的方式与路径，以最低的费用和最小的风险，保质、保量、适时地将货物从某国的供方运到另一国的需方。作为企业价值链的基本环节，国际物流不仅使国际商务活动得以顺利实现，而且为国际企业带来新的价值增值，成为全球化背景下的“第三利润源泉”。

（二）国际物流的发展

国际物流的发展是随着国际贸易的发展而发展的。自从有了国际贸易，就有了国际物流活动。第二次世界大战以前，国际间已有了不少的经济交往，但是无论从数量来讲还是从质量要求来讲，都没有将伴随国际交往的运输放在主要地位。第二次世界大战以后，国际间的经济交往越来越频繁，越来越活跃，尤其在 20 世纪 70 年代的石油危机以后，国际贸易从数量来讲已达到了非常巨大的数字，交易水平和质量要求也越来越高。在这种新情况下，原有的运输观念已不能适应新的要求，物流就是在这个时期进入到了国际领域。

总体来说，国际物流的发展经历了以下几个阶段。

第一阶段：20 世纪 50 年代至 80 年代初。

这一阶段物流设施和物流技术得到了极大的发展，一些地区和城市建立了配送中心，广泛运用电子计算机进行管理，出现了立体无人仓库，一些国家建立了本国的物流标准化体系等。物流系统的改善促进了国际贸易的发展，物流活动已经超出了一国范围，但物流国际化的趋势还没有得到人们的重视。

在这一阶段中，20 世纪 60 年代在物流技术上出现了大型物流工具，如 20 万 t 的油轮，10 万 t 的矿石船等。到了 20 世纪 70 年代，由于石油危机的影响，国际物流不仅在数量上进一步发展，船舶大型化趋势进一步加强。而且，伴随着国际贸易数量的大幅攀升，出现了提高国际物流服务水平的要求，大数量、高质量服务型物流从石油、矿石等大宗货物向物流难度较大的中、小件杂货领域深入，其标志是国际集装箱及国际集装箱船的大发展，国际间各主要航线的定期班轮都投入了集装箱船，一下子把散杂货的物流水平提了上去，也使物流服务水平获得了很大的提高。70 年代中后期，国际物流的质量要求和速度要求进一步提高，这个时期在国际物流领域出现了航空物流大幅度增加的新形势，同时出现了更高水平的国际联运。

第二阶段：20 世纪 80 年代初至 90 年代初。

随着经济和技术的发展，国际经济往来日益频繁，范围不断扩大，物流国际化趋势开始成为世界性的共同问题。进入 20 世纪 80 年代，美国经济已经失去了兴旺发展的势头，陷入长期倒退的危机之中。因此，必须改善国际物流管理，降低产品成本，并且要改善服务，扩大销售，在激烈的国际竞争中获得胜利。与此同时，日本正处于经济快速发展时期，要以贸易立国，要实现与其对外贸易相适应的物流国际化，所以美、日等发达国家，积极推动、倡导并采取了建立物流信息网络，加强物流全面质量管理等一系列措施，提高了物流国际化的效率。这一阶段物流国际化的趋势局限在美、日和欧洲一些发达国家。

这一阶段，在物流量基本不继续扩大的情况下出现了“精细物流”，物流的机械化、自动化水平不断提高。同时，伴随新时代人们需求观念的变化，国际物流着力于解决“小批量、高频度、多品种”的物流，出现了不少新技术和新方法，这就使现代物流不仅覆盖了大宗货物、集装杂货，而且也覆盖了更多品种的货物，基本覆盖了所有物流对象，解决了所有物流对象的国际物流问题。

这一阶段国际物流领域的另一大发展，是伴随国际物流，尤其是伴随国际联运式物流出现的物流信息和首先在国际航运领域出现的电子数据交换（EDI）系统，物流信息的作用，开始受到普遍的关注。为了使物流向更低成本、更高服务、更大量化、更精细化方向发展，许多重要的物流技术都是依靠信息技术才得以实现的，物流的每一活动几乎都有信息技术支撑。物流质量取决于信息，物流服务依靠信息。可以说，这一阶段的国际物流已进入了物流信息时代。

第三阶段：20 世纪 90 年代初至今。

这一阶段，国际物流的概念和重要性已为各国政府和外贸部门所普遍接受。贸易伙伴遍布全球，必然要求物流国际化，即物流设施国际化、物流技术国际化、物流服务国际化、货物运输国际化、包装国际化和流通加工国际化等。世界各国广泛开展国际物流理论和实践方面的大胆探索。人们已经形成共识：物流无国界，只有广泛开展国际物流合作，才能促进世界经济繁荣。

在这一阶段，供应链管理的思想理念被普遍接受，Internet、条码技术、无线射频技术以及卫星定位系统和地理信息系统在物流领域得到了普遍应用，而且越来越受到人们的重视。这些先进的管理思想和高科技在国际物流中的应用，极大地提高了物流信息化和物流服务水平。各大物流企业纷纷投巨资于物流信息系统的建设和改造。可以说，21 世纪将是物流全球化、信息化高度发展的时代。

（三）国际贸易与物流的关系

当今世界，科技进步极大地促进了生产力的发展，由此创造了前所未有的物质财富。经济全球化和产业结构调整促进了生产要素的跨国流动，世界各国的经济联系越来越密切，为各国发展提供了重要机遇。经济全球化已经成为推动世界经济发展的重要动力。随着经济全球化的到来，商品、物资的流动已经跨越了国界。国际物流的地位与意义也越来越重要，它已经成为现代物流系统发展很快、规模很大的一个物流领域。国际物流为企业提供了营造竞争优势的广阔空间，这对于从事全球化经营的跨国公司来说尤为重要。

随着全球经济一体化的发展，物流业的职能有了很大拓展。物流活动渗透到了跨国生产和国际流通活动之中，全球经济的一体化对物流企业的影响主要体现在三个方面：

一是跨国公司的大量产生，使物流行业的各部分跨越了国界，将运输、仓储、装卸、流通加工等物流活动在更广阔的市场范围内进行分工与协作，当然物流活动的广泛开展只有在物流网络和现代信息技术的支持下才能进行。

二是物流行业的竞争领域更加广阔，这是贸易自由化的国际化发展所带来的。随着商贸活动在国际范围内的自由开展，商品的跨国流转也是必然的。由此使物流行业的竞争不仅仅是在一个小的地域竞争，而且扩展到很大领域。从 20 世纪中期开始，发达国家通过降低每单位 GDP 中的运输和物流成本来提高利润；并通过国际化的物流组织和网络将其物流服务向其他国家地区延伸，在物流服务方面取得了越来越大的国际市场份额。与此同时，新兴工业化国家和广大发展中国家也在加速传统运输业的改造，向现代物流业转型，以降低制造业产品在加工、出口、营销、运输和流程管理中的成本。

三是随着供应链管理思想与方法的采用，在物流的经营战略中更加注重贸易伙伴之间的合作，以期通过合作更好地降低经营成本、更好地满足顾客的需求，从而达到双赢的目的。

进入 20 世纪后期，随着通信产业和信息革命的发展，经济全球化趋势加速，全球采购和全球营销已成为企业的普遍目标和战略行为，随着管理科学的发展，“零库存”生产方式成为相当多企业降低财务费用的有效手段。在这种向物流索取利润的浪潮推动下，世界物流业自 20 世纪 90 年代以来连续保持 20%～30%的高速增长。可见，现代制造业与物流业、国际贸易与国际物流的发展是相辅相成、相互促进的。我国目前按照进出口量已经成为世界第三大贸易国，随着国际贸易的发展而产生和发展起来的国际物流，已成为影响和制约我国国际贸易进一步发展的重要因素。我们必须充分认识到国际贸易与国际物流之间存在着非常紧密的关系。

1. 国际物流是国际贸易的必要条件

世界范围的社会化大生产必然会引起不同的国际分工，任何国家都不能够包揽一切，因而需要国际间的合作。国际间的商品和劳务流动是由商流和物流组成的，前者由国际交易机构按照国际惯例进行，后者由物流企业按各个国家的生产和市场结构完成。为了克服他们之间的矛盾，就要求开展与国际贸易相适应的国际物流。只有物流工作做好了，才能将国外客户需要的商品适时、按质、按量、低成本地送到，从而提高本国商品在国际市场上的竞争能力，扩大对外贸易。

2. 国际贸易促进物流国际化

第二次世界大战以后，出于恢复重建工作的需要，各国积极研究和应用新技术、新方法，促进生产力迅速发展，世界经济呈现繁荣兴旺的景象，国际贸易得以迅速发展。同时由于一些国家和地区资本积累达到了一定程度，本国或本地的市场已不能满足其进一步发展的经济需要，加之交通运输、信息处理及经营管理水平的提高，出现了为数众多的跨国公司。跨国经营与国际贸易的发展，促进了商品和信息在世界范围内的大量流动和广泛交换，物流国际化成为国际贸易和世界经济发展的必然趋势。

3. 国际贸易对国际物流提出了新的要求

随着世界经济的飞速发展和政治格局的风云变幻，国际贸易表现出一些新的趋势和特点，从而对国际物流提出了更新、更高的要求。

（1）质量要求　国际贸易的结构正在发生着巨大变化，传统的初级产品、原料等贸易品种逐步让位于高附加值、精密加工的产品。由于高附加值、高精密度商品流量的增加，对物流工作质量提出了更高的要求。同时由于国际贸易需求的多样化，造成物流多品种、小批量化，要求国际物流向优质服务和多样化方向发展。

（2）效率要求　国际贸易活动的集中表现就是合约的订立和履行。而国际贸易合约的履行是由国际物流活动来完成的，因而要求物流高效率地履行合约。从输入方面的国际物流看，提高物流效率最重要的是如何高效率地组织所需商品的进口、储备和供应。也就是说，从订货、交货，直至运入国内保管、组织供应的整个过程，都应加强物流管理。根据国际贸易商品的不同，采用与之相适应的巨型专用货船、专用泊位以及大型机械专业运输等，这对提高物流效率起着主导作用。

（3）安全要求　由于国际分工和社会生产专业化的发展，大多数商品都在世界范围内分配和生产。例如，美国福特公司某一牌号的汽车要同20个国家中30个不同厂家联合生产，产品销往100个不同国家或地区。国际物流所涉及的国家多，地域辽阔，在途时间长，受气候条件、地理条件等自然因素和政局、罢工、战争等社会政治、经济因素的影响。因此，在组织国际物流时，选择运输方式和运输路径，要密切注意所经地域的气候条件、地理条件，还应注意沿途所经国家和地区的政治局势、经济状况等，以防止这些人为因素和不可抗拒的自然力造成货物灭失。

（4）经济要求　国际贸易的特点决定了国际物流的环节多，备运期长。在国际物流领域，控制物流费用，降低成本有很大潜力。对于国际物流企业来说，选择最佳物流方案，提高物流经济性，降低物流成本，保证服务水平，是提高竞争力的有效途径。

总之，国际物流必须适应国际贸易结构和商品流通形式的变革，向国际物流合理化方向发展。只有切实做好国际物流工作，才能推动和扩大国际贸易，所以说国际物流是发展国际贸易的必要条件，而发展国际贸易又是发展国际物流的前提。

二、现代国际物流的特点

在国际经济已日趋一体化，各国之间的经济联系日益紧密的背景下，任何国家为了求得经济的发展，都要采取符合本国实际的经济发展战略，参与国际分工和国际商品交换。同时，我们在确定经济发展战略上，必须时刻注意国际贸易的新特点，研究与之相适应的国际物流现象，以便提出相应的对策措施。现代国际物流的基本特征主要表现为：

（1）国际物流研究的范围更加广泛　企业物流是将企业作为一个系统，研究原材料从进厂到通过加工，将产品输送到市场上的物流过程；城市物流研究的对象是城市系统，它是一个庞大的社会系统；而国际物流研究的对象，大大地超过了企业物流和城市物流，其研究对象是国际贸易中的物流现象及其规律。

（2）物流环境存在差异　这里的物流环境主要指物流软环境。不同国家有不同的与物流相适应的法律，使国际物流复杂性增强；不同国家不同经济和科技发展的水平，使国际物流处于不同科技条件的支撑下；不同国家的不同标准，使国际物流系统的建立受到制约；不同国家的风俗人文，也使国际物流受到很大局限。

（3）国际物流的流量结构正在发生重大的调整和转移　国际物流的流量结构是同国际产业结构调整相联系的。世界产业结构演变的共同趋势是：劳动密集型→资本密集型→技术知识密集型。产业结构的这种演变规律，使得各国进出口商品的结构不断地调整，因此，国际物流的流量结构、服务内容也必须随之进行调整与转移。

（4）国际物流的输送形式主要是以海运为主　国内物流，无论是企业物流，还是城市物流，其输送方式主要是以公路运输、铁路运输、内河运输为主。国际间的物品流动，由于其距离远、运量大，同时还要考虑输送成本，所以主要以海上运输为主。

（5）国际物流对物流基础设施有特殊要求　在货物运输中有时会提出以集装箱运输为主等特殊要求。

（6）国际物流要求高效率的信息系统　由于国际市场瞬息万变，如果没有高效率的信息传递渠道，就会影响物流功能的正常发挥。因此，国际物流对信息化的要求更高，必须建立高效率的信息系统。

（7）国际物流客观上要求缩短物流中转过程　由于国际物流是两个不同国家的物流公司（或企业）相互提供的不同服务，因此，客观上要求缩短物流的中转过程，于是，直达运输便成为货物运输的一种有效途径。

（8）国际物流的标准化要求极高　要使国际间物流畅通起来，统一标准是非常重要的。可以说，如果没有统一的标准，国际物流水平是不可能提高的。

第二节　国际物流的运输方式

国际物流运输即国际货物运输，是指将进出口货物从出（进）口国（地区）运送到进（出）口国（地区）的国际物流活动。国际物流运输通常也称国际贸易运输，或对外贸易运输，简称外贸运输，它的主要功能是实现物品转移。

国际物流运输是要实现对外经济贸易合同，完成国际货物的空间转移，产生场所功效和时间功效，使货物在需要的时候运到需要的地点，从而提高国际物流运输质量和经济效益。我国常用的国际物流运输方式有国际海洋货物运输、国际铁路货物运输、国际航空货物运输、国际道路货物运输和国际多式联运等多种方式。

一、国际海洋货物运输

国际海洋货物运输是利用天然海洋航道进行的国际物流运输方式，简称海洋运输（见图 5-1）。它是国际物流运输中使用最广泛的一种运输方式。国际物流运输总量的 80%以上、我国进出口货运量的 90%左右，都是通过海洋运输完成的。

图 5-1　国际海洋运输

（一）海洋运输的特点

与其他运输方式相比，海洋运输具有以下特点。

1. 运量大

由于造船技术的不断提高，巨型客轮、巨型油轮、一般杂货船等运输船舶的运载能力，远远大于铁路运输和公路运输。一艘万吨轮载重量相当于 250～300 个火车皮的载重量；50 万 t 油轮的载重量相当于 12 500 个火车皮的载重量。

2. 运费低

按规模经济观点，因为运量大、航程远，分摊于每吨的运输成本低，因此海运运价低廉；加之海运航道天然构成，港口设备一般均为政府修建，商船运载量大，使用时间又长，运输里程较远。所以，与其他运输方式相比，运价低廉。1t 货物的海洋运费仅相当于铁路运费的 1/5，汽车运费的 1/10 和航空运费的 1/20。

3. 通过能力大

海洋运输利用天然航道四通八达，不受道路和轨道限制，通过能力大。如因政治、经济贸易条件变化，可随时改选最有利的航线。

4. 对货物适应性强

远洋轮船可适应多种货物运输需要，如有多用途船、专用船等，对超重、超长的货物也有较强的适应性，并易于改进运输工艺，可适应外贸新发展的需要。

5. 航速较低

商船体积大，水流阻力大，所以航速较低，大约 35mile/h 左右，因而耗能也少。如要提高航速，则燃料消耗会大大增加，是不经济的。

6. 风险较大

商船航行在海上，由于时间长，受气候和自然条件影响较大，有时世界政治局势变动也给海洋运输带来风险。所有这些都促使船舶航期不易准确，遇险的可能性增大，全世界每年遇险沉没的船舶大约为200～300艘。

提示板5-1：海洋运输的特点

运量大、运费低、通过能力大、对货物适应性强、航速较低、风险较大。

（二）海洋运输的基本要素

1、船舶

海上运输的主要工具有三大类：货船、客船和客货船。货船又有杂货船、散装船、冷藏船、油船、集装箱船、滚装船、载驳船之分。

2、航线

海上船舶航行路线按时间和港口是否固定划分，有定期航线和不定期航线；按航行水域范围划分，有沿海航线、近海航线和远洋航线。

3、港口

港口是提供水陆联系的节点，作为国家的运输通道或门户，通过海洋运输进行对外贸易。港口类别很多，按港口用途划分，有商港、军港和避风港（又称中途港）等；按货物性质划分，有普通港、专业港；按地理位置划分，有海（湾）港、内河港、河口港；按国家政策划分，有国内港、国际港、自由港；按建设难度划分，有天然港、人工港；按港口和腹地交通联系划分，有以内河航道沟通为主的港口、以铁路集散货物为主的港口、以管道集散为主的港口、以公路或其他交通线集散货物为主的港口。

港口的衡量标准有：一年内进入港口的船舶数；一年内进入港口的船舶总吨位；一年内由港口处理的商品总吨位，即进出口商品的数量；由港口经营处理的商品价值；港口的收入。

（三）海洋运输方式

按照海洋运输船舶营运方式不同，海洋运输可分为班轮运输和租船运输。

1、班轮运输

班轮运输是指在固定的航线上，以既定的港口顺序，按照事先规定的船期表航行的水上运输方式。它是在不定期船运输的基础上逐渐发展起来的，是当今国际海洋运输中不可缺少的运输方式之一。

（1）班轮运输的特点　班轮运输除了具有“三固定”（定航线、定航期、定港口）的特点外，还具有以下特点。

1）承运人和货主之间不签订租船合同，仅按船公司签发的订有详细的有关承运人、托运人或收货人的权利和义务条款的提单，处理运输中的有关问题。

2）除承运批量大的货物，有时根据协议可允许发货人或收货人在船边交货或提货外，通常要求托运人将货物运送至承运人指定的码头仓库交货，或将货物卸至承运人指定的码头仓库，收货人在这一仓库提货。

3）班轮承运人负责包括装卸货物、理舱、平舱在内的作业，并负责全部费用，即所有装卸费、理舱费、平舱费等均已计入班轮费率表中所规定的数额内。

4）一般不规定固定的装卸定额，也不计滞期、速遣费。

5）班轮运费费率相对比较稳定，受国际航运市场行情的变化影响小，核算运费在货价中的比重较容易。

6）一般适用于零散货物的运输。

（2）班轮运费　班轮承运人根据运输契约完成货物运输后，从托运人那里取得的报酬，由基本运费和附加费两部分构成。基本运费是班轮公司为一般货物在航线上各基本港口港间进行运输所规定的运价；附加费是班轮公司承运一些需要特殊处理的货物，或者由于燃油、货币及港口等原因收取的附加运费，如超重附加费、超长附加费、选卸附加费、直航附加费、转船附加费、港口附加费、燃油附加费等。

基本运费的计收标准有：

1）按货物实际重量计收运费，一般以每公吨为计费单位，故称重量吨（Weight ton），运价表中用“W”表示。

2）按货物的体积/容积计收，一般以 $1m^3$ 为计费单位，故称尺码吨（Measurement ton），运价表中用“M”表示。

3）按重量或体积计收，由船公司选择其中较高者作为计费吨，运价表中以“W/M”表示。

4）按商品 FOB 价格的一定百分比（一般不超过 5%）计收，即从价运费，运价表内用“A. V.”或“Ad. Val.”表示。

另外，在班轮运价表中还有下列计收标准：“W/M or Ad. Val.”及“W/M plus A. V.”。前者表示运费按照货物重量、体积或价值三者较高的一种计收，后者表示先按货物重量或体积计收，然后另加一定百分比的从价运费。

5）按货物的件数计收，一般只对包装固定，包装内的数量和重量、体积也是固定不变的货物，才按每箱、每捆或每件等特定的运费额计收。

6）由货主和船公司临时议定，又称议价（Open Rate），在运价中以“Open”表示。这种方法通常是在承运粮食、豆类、矿石、煤炭等运量大、货价低、装卸速度快的农副产品和矿产品时采用。

2、租船运输

租船运输是指根据协议，租船人向船舶所有人租赁船舶用于货物运输，并按商定运价向船舶所有人支付运费或租金的水上运输方式。

租船运输又称不定船期运输，它与班轮运输不同，没有预定的船期表，航线和停靠港口也不固定，船舶航行的航线、运输货物的种类、航行时间等都按承租人的要求，由船舶所有人确认而定，运费或租金也由双方根据租船市场行情在租船合同中加以约定。

租船运输最适合运输大宗货物，如工业原料、矿石、石油、煤炭、水泥、食糖、化肥和各种饲料等。在世界海运干货总运输量中，租船运输的比例在80%以上。由于租船运输运量大，货种相对单一，装卸港口少，船舶周转快，因而单位运输成本较低。这种运输方式灵活，根据需要和可能，船舶可抵达世界上任何港口。一旦国际贸易量迅速增加，而船舶吨位又不足时，则可利用租船满足进出口贸易的需要。

租船运输有三种方式：

（1）定程租船　又称航次租船或承租船，即由船舶所有人负责提供一艘船舶，在指定港口之间进行一个航次或数个航次，承运指定货物的租船运输。船舶被租用营运数个航次，则称为连续航次租船。

（2）定期租船　又称期租船，即船舶所有人将船舶出租给承租人，供其使用一定时期的租船运输。在租期内，承租人既可将租船充作班轮使用，也可充作承租船使用。

（3）光船租船　船舶所有人将船舶出租给承租人使用一定时期，但船舶所有人所提供的船舶是一艘空船，既无船长，又未配备船员，承租人自己要任命船长、配备船员、负责船员的给养和船舶营运管理所需要的一切费用。这种租船与承租船、期租船不同，实际上属于财产租赁。

期租船、光租船与航次租船不同，它们并不限于作不定期船从事营运。有时，有些承租人以期租船或光船租船的方式租入一些船舶后，在租期内将租用的船舶看作是自有船舶那样，从事班轮运输的经营，或者再以航次租船方式转租。

二、国际铁路货物运输

我国对外贸易货物的铁路运输（见图5-2）包括国际铁路联运、对港澳地区的铁路运输和国内铁路运输三个组成部分。

（一）国际铁路联运

国际铁路联运是指使用一份统一的国际铁路联运票据，由跨国铁路联运人办理两国或两国以上铁路的全程运输，并承担运输责任的一种连贯运输方式。

图 5-2　国际铁路运输

采用国际铁路联运，有关当事国事先必须要有书面约定。早在1890年，欧洲各国就在瑞士伯尔尼举行的各国铁路代表大会上制定了《国际铁路货物运送规则》，1938年修改后改称《国际铁路货物运送公约》（简称《国际货约》）。据此，欧洲各国之间进行着广泛的国际铁路货物联运。1951年，前苏联与东欧各国签订了《国际铁路联运协定》（简称《国际货协》）。1954年，我国与朝鲜、蒙古一起加入《国际货协》，越南随后加入，从而形成欧亚12国国际铁路联运。前苏联和东欧政局发生变化后，《国际货协》也宣告解散，但铁路联运业务尚未见重大改变。而且，东欧的《国际货协》参加国也加入了《国际货约》，为国际铁路货物联运创造了极为便利的条件。

国际铁路货物联运并非仅限于约定国之间。按照《国际货协》有关规定，从参加国向非参加国或相反方向运送货物，也可办理联运。其具体做法是：从参加国向非参加国发货，使用国际铁路货协的联运运单，当货物运到离开参加国的最终出口国国境站时，由铁路边境站负责改换适当的联运票据继续转运至最终到站。从非参加国向参加国铁路发货，其继续转运事宜，由参加《国际货协》的第一国境铁路的进口国国境站负责办理。

铁路运输有许多优点，一般不受气候条件的影响，运量大，速度快，风险小，安全可靠，运输成本低，有高度的连续性，手续简单，始发站（装运站）和目的站接近发货人和收货人所在地。因此，在国际货物运输中，铁路运输是一种仅次于海洋运输的主要运输方式。特别是在内陆接壤国家间的贸易中，起着更为重要的作用。即使以海洋运输的进出口货物，也大多是靠铁路运输进行货物的集中和分散的。

铁路运单和运单副本是发、收货人与铁路之间缔结的运输契约，对双方都具有法律效力。运单随同货物自始发站到终点站运行，货到终点站，运单作为通知、清点和交付货物的凭证连同货物一并交给收货人。运单副本在始发站经铁路加盖承运日期戳后，退回给发货人，它是发货人连同其他单证向银行办理结汇的主要单据之一。铁路运单不同于海运提单，不是代表货物所有权的凭证。

目前，我国对朝鲜和前苏联的大部分进出口货物，以及对东欧一些国家的小部分进出口货物都是采用国际铁路联运方式运送的。

（二）对港澳地区货物的铁路运输

对港澳地区货物的铁路运输，不属于国际铁路货物联运。它的做法是先由国内产地将货物由铁路运至深圳北站，经当地外运公司接货、报关后，再统一向铁路租车，原车过轨，并委托香港中国旅行社续办港段铁路的托运、押送和在终点站交付收货人的工作。因此，它的特点是“租车方式，两票运输”。对于供应澳门的货物，则需由产地经铁路运至广州后，再用载货汽车或驳船运往澳门。

上述供应香港、澳门的铁路运输货物，凡系凭信用证办理结汇的，都由出口单位凭发货地外运公司签发的“承运货物收据（Cargo Receipt）”随同其他单证办理结汇手续。

（三）国内铁路运输

对外贸易货物的国内铁路运输是指海运进口货物，由港口经铁路转运到各地收货部门，或者海运出口货物，由产地经铁路集运到港口装船，以及各省、市、自治区之间外贸物资的调拨供应运输。它们都是按我国铁道部颁布的《国内铁路货物运输规程》的规定办理的。

三、国际道路货物运输

国际道路货物运输是指国际货物借助一定的运载工具，沿着公路作跨及两个或两个以上国家或地区的移动过程。目前世界上许多国家的国际货物运输多有以汽车作为运输工具的，所以它实际上也就是国际道路货物运输。它既是一个独立的运输体系，也是车站、港口和机场集散物资的重要手段。

道路运输的特点：运量少，机动灵活；直达性能好，可以实现“门到门”的运输；适应性较强，受地理、气候条件影响小且运行范围广，可以穿街巷、进山区、到工厂、下田间，直接把物资运到仓库、商店、工矿企业和乡村田头；可以广泛地参与到与其他运输方式的联运中，是港口、铁路、车站物资集散的必要手段。

我国的国际道路运输实行行车许可证制度。交通部颁发的《国际道路运输管理规定》自2005年6月1日执行，交通部1995年9月12日公布的《中华人民共和国出入境汽车运输管理规定》（交公路发〔1995〕860号）同时废止。其中第三十条规定：国际道路运输实行行车许可证制度。行车许可证是国际道路运输经营者在相关国家境内从事国际道路运输经营时行驶的通行凭证。我国从事国际道路运输的车辆进出相关国家，应当持有相关国家的国际汽车运输行车许可证。外国从事国际道路运输的车辆进出我国，应当持有我国国际汽车运输行车许可证。

同时，第三十一条还规定：我国国际汽车运输行车许可证分为“国际汽车运输行车许可证”和“国际汽车运输特别行车许可证”。在我国境内从事国际道路旅客运输经营和一般货物运输经营的外国经营者，使用“国际汽车运输行车许可证”。在我国境内从事国际道路危险货物运输经营的外国经营者，应当向拟通过口岸所在地的省级道路运输管理机构提出申请，由省级道路运输管理机构报有关部门批准后，向外国经营者的运输车辆发放“国际汽车运输特别行车许可证”。

从法律条文看，“国际汽车运输行车许可证”和“国际汽车运输特别行车许可证”发放的对象是不同的。对于道路运输外国经营者，当他从事国际道路危险品货物运输时，应办理“国际汽车运输特别行车许可证”。

四、国际航空货物运输

国际航空货物运输是指由跨国航空承运人办理两国之间空运的全程运输，并承担运输责任的一种现代化运输方式（见图 5-3）。

图 5-3　国际航空运输

航空运输作为发展极为迅速的一种现代化运输方式，与其他运输方式相比，运送速度快，安全性能较高，货物破损较小，不受地理条件限制，可以四通八达通往各地；同时还可节省包装费、保险费和储存费。但航空运输运量小，运输费用高。最适宜运送易腐易损、贵重急需的物资，鲜活商品和精密仪表，计算机，照相机，胶片，手表，钻石，丝绸，裘皮，羊绒，服装等。随着新技术的不断发展，产品生命周期日益缩短，产品由厚、重、长、大向薄、轻、短、小方向发展。因此今后适用航空运输的商品将越来越多，航空运输的作用也会日益重要。

（一）经营方式

1、班机运输方式

班机运输是指在固定时间、固定航线、固定始发站和目的站所进行的航空运输方式。班机因有定时定航线等特点，因此适用于运送急需物品、鲜活商品以及节令性商品。

2、包机运输方式

包机运输是指当货物量较大，而班机不能满足需要时，包租整架飞机或由几个发货人（或航空货运代理公司）联合包租一架飞机来运送货物，分别称之为整包机和部分包机。

（二）组织方法

1、集中托运方式

航空货运代理公司把若干单独发运的货物组成一整批，向航空公司办理托运，采用一份总运单集中发运到统一到站，或者运到某一预定的到站，由航空货运代理公司到目的地指定的代理收货，然后再报关并分拨给各实际收货人的运输方式。

集中托运的运价比国际空运协会公布的班机运价低 7%～10%，因此在国际航运中使用较为普遍。

2、联合运输方式

这种方式指包括空运在内的两种以上运输方式的联合运输。具体的做法有陆空运输（Train-Air，TA）、陆空陆联运（Train-Air-Truck，TAT）等。

3、送交业务

在国际贸易往来中，通常出口商为了推销商品，扩大贸易，往往向顾客赠送样品、目录、宣传资料、刊物、印刷品等。这些商品空运至到达国之后，委托当地的航空代理办理报关、提取、转运的工作，最后送交给收货人。

4、货到付款（Cash on Delivery）

发货人或其代理人与承运人之间达成协议，由承运人在货物到达后交与收货人的同时，代收航空运单上记载的货款，然后寄给发货人或其代理人，承运人在办理一批货到付款时，按货到付款总额的一定百分比提取劳务费。

5、航空急件传送（Air Express）

俗称航空速递，是目前国际航空运输中最快捷的运输方式，由专门经营航空货物快运业务的机构和航空公司合作，设专人用最快的速度在发货人、机场和收货人之间传送急需的药品、医疗器械、贵重物品、图样资料、货样、单证等物品，又称“桌到桌快递服务”（Desk to Desk Express Service）。

航空运输的运价是指从启运机场运至目的机场的运价，一般是按重量（kg）计算，每件货物一般不超过 250kg，体积一般不超过 40cm×60cm×100cm，宽体飞机一般不超过 100cm×100cm×140cm，每 4g 货物体积超过 6 000cm^3 时为轻泡货物，轻泡货物以每 6 000cm^3 折算 1kg 计重，不包括提货、仓储费等其他额外费用。航空运价分为普通货物运价、特种货物运价和等级运价三类。

随着国际贸易的迅速发展以及国际货物运输技术的不断现代化，空运方式日趋普遍。据统计，世界航空货运量正在以每年约 10%的速度递增。

我国的国际航空货运正处在成长和发展阶段，国际航线已由 1975 年的七条增加到目前的数十条，通航亚洲、欧洲、非洲、北美和大洋洲等多个国家（地区）的数十个城市。日益增多的国际航线为我国国际物流的发展创造了条件。

五、国际多式联运

（一）国际多式联运的概念

国际多式联运是按照联运合同，以至少两种不同的运输方式，由多式联运经营人将货物从一国境内的接管地点运至另一国境内指定交付地点的货物运输方式。

国际多式联运，又称国际联合一贯制运输，是在集装箱运输的基础上产生并发展起来的一种新型运输方式，也是近年来在国际货物运输中发展较快的一种综合性运输方式，如陆空联运、陆海联运、海空联运等。

（二）国际多式联运的必备条件

按照《联合国国际货物多式联运公约》第 1 条的规定，构成国际多式联运必须具备以下 6 个条件：

（1）必须是至少两种不同运输方式的连贯运输。

（2）必须是国际间的货物运输。

（3）必须由一个多式联运经营人对全程运输负总责。多式联运经营人是与托运人签订多式联运合同的当事人，也是签发联运单据的人。

（4）必须有一个多式联运合同，明确规定多式联运经营人（承运人）和托运人之间的权利、义务、责任、豁免的合同关系和多式联式的性质。

（5）必须使用一份全程多式联运单据。多式联运单据是指证明多式联运合同以及证明多式联运经营人已接受货物并负责按照合同条款交付货物所签发的单据。

（6）必须是全程单一的运费费率。

（三）国际多式联运的当事人

1、货方

货方主要指与多式联运经营人签订多式联运合同，托运货物并产生索赔等关系的发货人及其代理人。

2、多式联运经营人

多式联运经营人是指与货方签订多式联运合同，对货方负有履行合同的责任，并对货物在全程运输过程中丢失损坏或延期交付所造成的损失承担赔偿责任的当事人。

3、分承运人

受多式联运经营人的委托，办理有关地区段（如海运、空运、铁路运输、公路运输）实际运输业务的承运人。分承运人与发货人或其他代理人不发生任何联系，它与多式联运经营人之间是承托关系。

（四）国际多式联运的优越性

提示板 5-2：国际多式联运的优越性

责任统一、手续简便；中间环节减少；运输成本降低；实现“门到门”运输的有效途径；综合优势明显。

国际多式联运是国际货物运输的一种较高组织形式，它集中了各种运输方式的优点，并将其扬长避短地融为一体，组成连贯运输，达到简化货运环节，加速国际货物周转，减少货损货差，降低运输成本，实现合理运输的目的，与传统的单一运输方式相比具有以下优越性。

1、责任统一、手续简便

与单一运输方式的分段托运和多头负责相比，多式联运不仅手续简便，而且责任明确。在全程运输过程中，不论距离多远，使用多少种运输工具，也不论途中要经过多少次转换，一切运输事宜都由多式联运经营人统一负责办理，而货主只要办理一次托运，签订一个合同，支付一笔全程单一运费，取得一份联运单据，多式联运经营人就履行全部责任。由于责任统一，一旦发生问题，只要找多式联运经营人便可解决问题。

2、中间环节减少

国际多式联运可有效地减少中间环节，缩短货运时间，降低货损货差，提高货运质量。

3、运输成本降低

国际多式联运由于中间环节少，能降低运输成本，节省运杂费，有利于对外贸易开展。

4、实现“门到门”运输的有效途径

采用多式联运，可以把货物从发货人所在地仓库直运至收货人所在地仓库，为实现门到门的直达连贯运输奠定了基础。如果说，工业上自动化大生产是通过自动化生产线，那么，多式联运可以说是运输大生产的自动化生产线。

5、综合优势明显

国际多式联运具有参加国多、要求高、运输时间短、成本低的特点。且国际多式联运具有手续简单、责任统一、安全准确、运送迅达、节省费用及提早收汇等一系列优点，是实现“门到门”运输的有效途径，因此在国际货物运输中越来越受欢迎。

六、集装箱运输

集装箱运输（Container Transport）是 20 世纪货运技术的重要发展，也是一次运输革命，目前已经成为国际上占有支配地位的运输方式。集装箱也称货柜，这种容器和货物的外包装不同，是进行货物运输，便于机械装卸的一种成组工具。目前，国际标准化组织共规定了 5 个系列、13 种规格的集装箱，普遍使用的是 1A 与 1AA 型（40feet，30t）、1CC 型（20feet，24t）集装箱。

集装箱船舶的装载能力通常以能装多少个 TEU 为衡量标准。

集装箱运输（见图 5-4）是以集装箱作为运输单位进行货物运输的一种现代化的运输方式，它适用于海洋运输、铁路运输及国际多式联运等。同传统海运相比，它具有以下优点：提高了装卸效率，提高了港口的吞吐能力，加速了船舶的周转和港口的疏港；减少了货物装卸次数，有利于提高运输质量，减少了货损货差；节省了包装费、作业费等各项费用，降低了货运成本；简化了货运手续，便利了货物运输；把传统单一运输串联成为连贯的成组运输，从而促进了国际多式联运的发展，集装箱运输方式根据货物装箱数量和方式分为整箱（Full-Container Load， FCL）和拼箱（Less Than Container Load，LCL）两种。整箱是指货方将货物装满整箱后，以箱为单位托运的集装箱。一般做法是由承运人将空箱运到工厂或仓库后，在海关人员监督下，货主把货装入箱内，加封铅封后交承运人并取得站场收据（Dock Receipt），最后凭站场收据换取提单。拼箱是指承运人或代理人接受货主托运的数量不足以整箱的小票货物后，根据货类性质和目的地进行分类，整理、集中、装箱、交货等工作均在承运人码头集装箱货运站或内陆集装箱转运站进行。

图 5-4　集装箱运输

第三节　国际物流管理

一、国际物流管理的内容与业务运作流程

（一）国际物流管理的内容

国际物流系统由商品的包装、储存、运输、检验、外贸加工和其前后的整理、再包装以及国际配送等子系统构成。国际物流管理就是通过对国际物流各个子系统的计划、组织和协调，实现货物的时空效应。国际物流管理的内容主要包括：

1．国际货物运输的管理

国际货物运输是国际物流系统的核心，它可以创造物流的空间效应，通过国际货物运输实现商品由发货方到收货方的转移。国际货物运输是国内运输的延伸和扩展，同时又是衔接出口国货物运输和进口国货物运输的桥梁与纽带。

相对于国内货物运输来说，国际货物运输具有路线长、环节多、涉及面广、手续繁杂、风险性大、时间性强、内外运两段性和联合运输等特点。国际货物运输的管理主要体现在运输方式的选择，运输线路的选择，运输价格的估算等，需要制订详细的运输计划。

2、外贸商品储存的管理

外贸商品流通是一个由分散到集中，再由集中到分散的流通过程。储存保管克服外贸商品使用价值在时间上的差异，创造商品的时间价值。外贸商品的储存地点可以是生产厂的成品库，也可能是流通仓库或国际转运站点，而在港口、站场储存的时间则取决于港口装运系统与国际运输作业的有机衔接。由于商品在储存进程中有可能降低其使用价值，而且需要消耗管理资源，因此对外贸商品储存的管理必须以缩短储存时间，加快周转速度为管理的准绳。

3、进出口商品装卸与搬运的管理

在物流系统中，装卸搬运主要指垂直运输和短距离运输，其主要作用是衔接物流其他各环节的作业。货物的装船、卸船，商品进库、出库以及在库内的搬、倒、清点、查库、转运转装等都是装卸与搬运的重要内容。近年来跨国直接投资发展迅猛，高科技、高附加值的高端制造及研发环节转移的比例大大提高，高科技、高附加值的货物比例也在提高。管理好装卸搬运环节，提高装卸搬运的作业质量和作业效率，不仅可以有效地减少物流各环节之间的摩擦，提高物流系统的效率，更可以大大降低物流成本。

4、进出口商品的流通加工与检验的管理

商品在流通过程中的检验与加工，不仅可以促进商品销售，提高物流效率和资源利用率，而且还能通过加工过程保证并提高进出口商品的质量，扩大出口。流通加工既包括分装、配装、拣选、刷唛等出口贸易商品服务，也包括套裁、拉拔、组装、服装烫熨等生产性外延加工。这些加工不仅能最大限度地满足客户的多元化需求，还能增加外汇收益。对进出口商品的流通加工的有效管理是许多国际物流企业能否开展增值服务的基本保证。

进出口商品的检验是对卖方交付商品的品质和数量进行鉴定，以确定交货的品质、数量和包装是否与合同的规定一致的过程。我国商检机构的主要任务是：对重要进出口商品进行法定检验，对一般进出口商品实施监督管理和鉴定。在对外贸易中的商品检验，主要是对进出口商品的品质、规格、数量以及包装等实施检验，对某些商品进行检验以确定其是否符合安全、卫生的要求；对动植物及其产品实施病虫害检疫；对进出口商品的残损状况和装运某些商品的运输工具等也需进行检验。对进出口商品的检验管理更多地体现为国家主权的行使，以及对国际义务的履行。

5. 商品包装的管理

在国际物流系统中，商品包装的主要作用是保护商品、便利流通、促进销售。商品的商标与包装不仅反映了企业的经营水平与风格，也是一个国家综合科技文化水平的直接反映。在对出口商品包装进行设计及具体包装作业的管理中，应将包装、储存、装卸搬运、运输等物流各环节进行系统分析，全面规划，实现现代国际物流系统所要求的"包、储、运一体化"，从而提高整个物流系统的效率。

（二）国际物流的业务运作流程

从国际贸易的一般业务角度来看，国际物流表现为，实现国际商品交易的最终目的的过程，即实现卖方交付单证、货物和收取货款，而买方接受单证、支付货款和收取货物的贸易对流。国际贸易合同签订后的履约过程，便是国际物流业务的实施过程，国际物流业务的运作流程大致如图 5-5 所示。

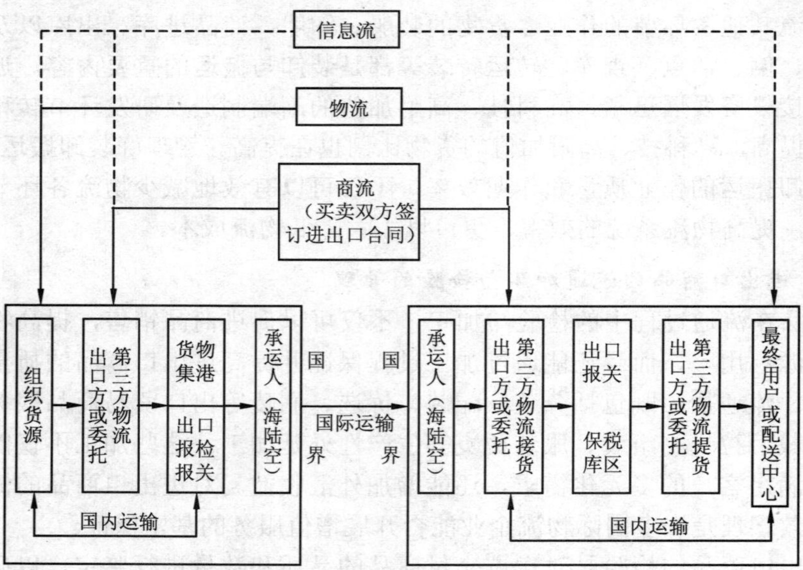

图 5-5 国际物流业务的运作流程图

（三）国际物流管理人员工作关系

国际物流管理从追求效益的角度出发，虽然也必须以市场为导向，以企业为核心，以信息网络技术为支撑，以降低物流成本、提高服务质量为目的，但是国际物流涉及多个国家，地理范围大；同时由于各国社会制度、自然环境、经营管理方法、生产习惯不同，一些因素变动较大，在国际间组织货物从生产到消费的流动，相比国内物流更加复杂，管理的内容和管理人员的分工更加专业化。国际物流管理人员的工作关系和工作内容大致如图 5-6 所示。

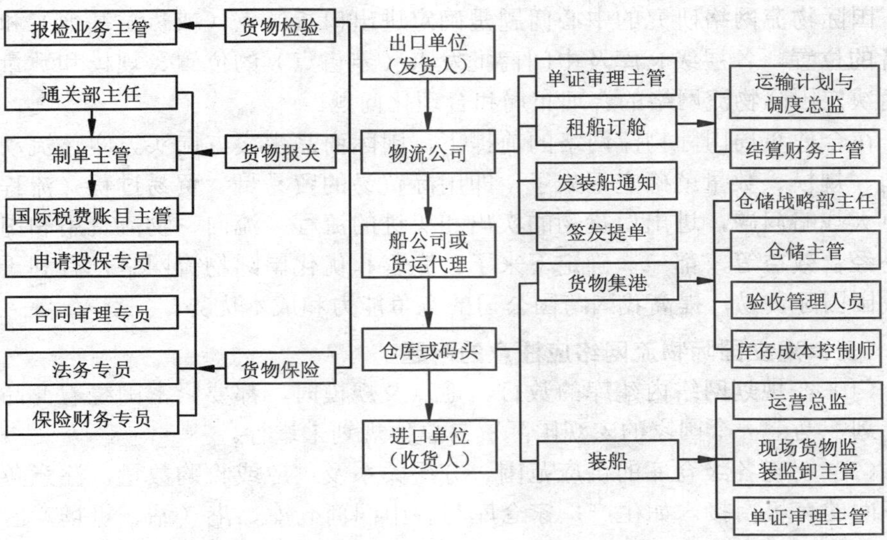

图 5-6　国际物流管理人员工作关系图

二、国际物流合理化

（一）国际物流网络的概念

国际物流网络是指由不同国家或地区的多个收发货“节点”和它们之间的“连线”所构成的物流抽象网络以及与之相伴随的信息流网络的集合。

收发货节点是进出口过程所涉及的国内外的各层级的仓库或储存处所，如制造商仓库、中间商仓库、货运代理人仓库、口岸仓库、国内外中转站仓库以及流通加工/配送中心和保税区仓库。国际贸易商品就是通过这些仓库的收进和发出，并在中间存放保管，实现国际物流系统的时间效益，克服生产时间和消费时间上的分离，促进国际贸易的顺利进行。

连线是指上述国内外众多收发点的运输连线，如各种海运航线，铁路航线，飞机航线以及海、陆、空联合运输线路。这些网络连线是库存货物移动（运输）轨迹的物化形式；每一对节点有许多连线以表示不同的运输路线、不同产品的各种运输服务；各节点表示存货流动暂时停滞，其目的是为了更有效地移动（收或发）；信息流动网络的连线通常包括国内外的邮件，或某些电子媒介（如电话、电传、电报以及目前的 EDI 电子数据交换等），其信息网络的节点则是各种物流信息汇集及处理之点，如员工处理国际订货单据、编制大量出口单证或准备提单以及电脑对最新库存量的记录；物流网络与信息网络并非独立，它们之间是密切相联系的。

（二）国际物流网络的重要作用

国际物流网络研究的中心问题是确定进出口货源点（或货源基地）和消费者的位置，各层级仓库及中间商批发点（零售点）的位置、规模和数量，从而决定国际物流网络的合理布局和合理化问题。

在合理布局国际物流网络的前提下，国际商品由卖方向买方实体流动的方向、规模、数量就确定下来了，即国际贸易的贸易量、贸易过程（流程）的重大战略问题，进出口货物的卖出和买进的流程、流向、物流费用和国际贸易经营效益等，都一一确定下来了。完善和优化国际物流网络，有利于扩大我国国际贸易，提高我国跨国公司的竞争能力和成本优势。

（三）建立国际物流网络应注意的问题

（1）在规划网络内建库的数目、地点及规模时，都要紧密围绕着商品交易计划，乃至一个国家的宏观国际贸易总体规划来进行。

（2）明确各级仓库的供应范围、分层关系及供应或收购数量，注意各层仓库间的有机衔接。如生产厂家仓库与各中间商仓库、港（站、机场）区仓库以及出口装运能力的配合和协调，以保证国内外物流畅通，少出现或不出现在某一层仓库储存过多、过长的不均衡状态。

（3）国际物流网点规划要考虑现代物流技术的发展，留有余地，以备将来的扩建。为发展外向型经济，扩大国际贸易，增强商品在国际市场上的竞争力，建立健全高效、通畅的国际物流体系，实现国际物流合理化和国际贸易扩大化。

三、国际物流合理化的措施

（1）合理规划和布局国内、外物流网点，扩大国际贸易的范围、规模，以达到费用省、服务好、信誉高、创汇好的物流总体目标。

（2）使用先进的运输方式、运输工具和运输设施，加速进出口货物的流转。充分利用海运、多式联运方式，不断扩大集装箱运输和大陆桥运输的规模，增加物流量，扩大进出口贸易量和贸易额。

（3）缩短进出口商品的在途积压，包括进货在途（如进货、到货的待验和待进等）、销售在途（如销售待运、进出口口岸待运）、结算在途（如托收承付中的拖延等），以节省时间，加速商品和资金的周转。

（4）改进运输路线，减少相向、迂回运输。

（5）改进包装，增大技术装载量，多装载货物，减少损耗。

（6）改进港口装卸作业，创造条件扩建港口设施，合理利用泊位与船舶的停靠时间，尽力减少港口杂费，吸引更多的买卖双方入港。

（7）改进海运配载，避免空舱或船货不相适应的状况。

（8）综合考虑国内物流运输。在出口时，有条件的要尽量采用就地就近收购、就地加工、就地包装、就地检验、直接出口的物流策略。

四、国际物流枢纽

国际物流枢纽是指国际物流活动中商品、物资等集散的场所，就大范围国际物流而言，某些小国家或地区可能成为物流枢纽，如香港、新加坡等就具有国际物流枢纽的地位。自由交易区、保税区等具有一般意义上的物流枢纽的功能。就小范围而言，港口码头、保税仓库、外贸仓库或者超级市场等都可以成为国际物流枢纽。当前人们所说的国际物流中心多指由政府部门和物流服务企业共同筹建的具有现代化仓库、先进的分拨管理系统和计算机信息处理系统的外向型物流集散地。

（一）外贸仓库

外贸仓库是进出口商品的集散、储存场所。它不仅要完成进出口商品保管储存的任务，还要担负商品加工、挑选、整理、包装、刷唛、备货、组装和发运等一系列的任务。仓库是对外贸易运输的基地，我们要发挥各种运输手段和仓库各自的优势，把仓储和运输紧密地结合起来，力争外贸商品早出口、多出口、早结汇、多收汇。仓库还要根据库存商品货件变化和库存时间的长短、周转的快慢等资料，及时向有关单位提供信息，以充分发挥仓库工作的能动作用。

在流通过程的不同环节，不同类型的仓库具有不同的特征，承担着不同的任务。

1. 按照仓库在商品流通中的主要职能分类

（1）口岸仓库　口岸仓库大都设在商品集中发运出口的沿海港口城市，主要职能是售出口岸和内地对外贸易业务部门收购的代运出口商品和进口等分拨的商品，因此又叫周转仓库。

（2）中转仓库　中转仓库大都设在商品生产集中的地区和出运港口之间，主要职能是按照商品的合理流向，收储、转运本省和外地经过口岸出口的商品。

（3）加工仓库（工厂）　其特点是将出口商品储存与加工业务结合在一起，它的主要职能是对某些出口商品进行必要的挑选、整理、分装、改装和适应流通需要的加工，以方便储存和适应国际市场的需要，如农产品、畜产品、茶叶、中药材及部分干鲜果品等加工仓库（工厂）。

（4）储存仓库　其特点是商品储存期较长，其主要职能用于储存待销的出口商品、援外的储备物资、进口待分拨和出口业务需要储备的物资等。

2、按照储存商品的性能及技术设备分类

（1）通用仓库　通用仓库是用以储存没有特殊要求商品的仓库，其设施、技术相对较简单，适用范围较广。

（2）专用仓库　专用仓库是专门储存易受外界环境或其他商品影响而发生质量变化的商品仓库。相对普通仓库而言，其主要特点在于为专门存放某类或某几类商品而采用相对专业化的设备或专门技术，体现了专用性。

（3）特种仓库　特种仓库是用以储存具有特殊性能、要求使用特别保管设备和保管技术的商品，如危险品、易腐蚀品、石油、部分药品等。这类仓库必须配备专门设备，如制冷、保温、防燥、防燃烧等设施，以满足商品储存的特殊要求。

3、按照仓库管理体制分类

（1）自用仓库　这类仓库由各进出口专业公司经营管理。

（2）公用仓库　这类仓库由外贸运输公司经营管理，为各进出口专业公司的商品流通服务。

（3）保税仓库　它是根据有关法律和进出口贸易的规定，专门保管国外进口而暂未纳进口税的商品的仓库，由海关统一进行监督和管理。

（二）保税仓库与保税区

1、保税仓库

保税仓库是指由海关监管的专门用于存放保税货物的仓库。保税货物是指经海关批准进境后缓办纳税手续，在国内储存，待加工、装配后复出境货物。这类货物如在规定的期限内复运出境，须经海关批准核销。如果转内销，进入国内市场，则必须事先提供进口许可证和有关证件，正式向海关办理进口手续并缴纳关税，货物才能出库。

保税仓库的类型包括：

（1）专业性保税仓库　由有外贸经营权的企业，经海关批准而建立的自管自用的保税仓库。

（2）公共保税仓库　具有法人资格的经济实体，经海关批准建立的综合性保税仓库。这类保税仓库一般不经营进出口商品，只为国内外保税货物持有者服务。

（3）保税工厂　整个工厂或专用车间在海关监督管理下，专门生产进料加工、进件装配复出口的产品。

（4）海关监管仓库　主要存放已进境者未来提取的货物或行李物品，或者无证到货、单证不齐、手续不完备以及违反海关规程，海关不予放行，需要暂存海关监管仓库等候海关处理的货物。海关监管仓库的另一种类型是出口监管仓库，专门存储已对外成交，并已结汇，但海关批准暂不出境的货物。

2、保税区

保税区是指我国海关关境内的某一个特定的、与国际市场紧密相连的、按照国际经济惯例运作并具有自由贸易区性质的封闭式区域。保税区为海关监管区域，不完全等同于国外的自由贸易区（自由港）、出口加工区。对其政策的制订主要是根据我国国情，同时，也参考和吸收国外类似区域的有关政策和通行作法。

自1990年，经国务院批准设立我国第一个保税区—— 上海外高桥保税区以来，又先后在深圳、烟台、青岛、天津、大连、张家港、宁波、厦门、福州、广州和海口等重要港口城市设立了保税区。设立保税区的目的是为了改善投资环境和吸引外资。保税区是我国目前开放度最大的地区，是对我国“经济特区”、“经济技术开发区”的重要补充和发展。保税区在招商引资、出口加工、国际贸易、转口贸易和仓储等方面，对带动区域经济的发展起着积极的作用。

（三）自由经济区

1、自由经济区的概念

自由经济区是指一国设置在口岸或国际机场附近的特定区域，进入该区域的外国商品可以不办理任何海关手续。

国际上一些著名经济机构从立法的角度对自由经济区进行了定义。1973年5月18日，海关合作理事会在日本京都通过了《关于简化和协调海关业务制度》的国际公约，其中关于自由经济区的定义是：“一国的部分领土内运入的任何货物，就进口税及其他各种税而言，被认为在关境之外，并且可以免于实施惯常的海关监管制度。”1975年，联合国贸发大会将自由经济区定义为：“本国海关关境中，一般设在口岸或国际机场附近的一片地域，进入该地域的外国生产资料、原材料可以不办理任何海关手续，进口产品可以在该地区内进行加工后复出口，海关对此不加以任何干预。”

2、自由经济区的分类

（1）按地理位置分类

1）港口型自由贸易区。在港口内划出一个封闭式的隔离区辟为自由经济区。它或直接与专用码头联为一体，或通过专用通道与码头相连。

2）机场型自由经济区。国际上有一些自由经济区是以邻近的国际机场为依托的自由经济区，属于这种类型较著名的有爱尔兰香农自由贸易区、美国肯尼迪国际机场对外贸易区等。

3）内陆边缘口岸型自由贸易区。这类自由经济区利用其地处两国（或多国）边境的特殊地理位置发展边境贸易、转口贸易和出口加工。例如，墨西哥在美墨边境上的加利福尼亚、金塔纳罗尔自由边境区就是典型的例子。

（2）按功能分类

1）自由港，是指划在本国边境以外的，不属于任何一国海关管辖的港口或海港地区。在这里外国商品可以免税进口，可以在此装卸、储存、加工、包装、再出口，也能供自由港内的居民消费。这是世界上最早出现的自由经济区。以开放地区的范围，自由港可分为两类：一是将港口及其所在城市完全划为自由港；二是限定在港口或毗邻港口的一小块区域。以海关监管范围和贸易管制程度来看，又有完全自由港和有限自由港之分。完全自由港不属于海关管制范围，一切外国商品可免税进出口，在自由港内进行储存、整理、加工、分级、包装或其他作业不受海关监督，外国商品只在从自由港进入所在国海关管制区时才要纳税。现在世界上的完全自由港很少。有限自由港只对少数指定进出口商品征收关税或实施不同程度的贸易管制，其他商品则可享受免税待遇，如我国的香港、新加坡、马来西亚的槟榔屿等，均属于有限自由港。自由港设置的目的是发挥国际商品集散地和转运中心的作用，达到促进本国和（或）本地区经济发展的目的。

2）自由贸易区，又称为免税贸易区、自由关税区、保税区。它以国际贸易为主要职能，外国商品可以免税进入，在该区内自由储存、分类、包装和简单再加工，然后免税出口。自由贸易区的设置目的同自由港一样，也是为了发展贸易和方便转口，以便通过发展贸易、增加商业收入来繁荣地区经济。

3）出口加工区，又称为工业型自由贸易区。它是指一个国家或地区划出某一区域，准许外国厂商在区内办企业，享受关税优惠待遇，外资企业可以免税进口原材料、机械设备及其他零部件，制成品出口也享受免税待遇。它以开拓远洋市场为目标，利用外资和外国先进技术进行产品加工出口，以促进本国（或地区）工业和经济的发展。出口加工区实际上是一种自由贸易区与工业区的结合体，同时也是世界自由经济区升级换代的新形式。

4）科技工业园区，是指在科研机构和名牌科技大学比较集中、居住环境和教育环境比较优越的大城市或城市近郊开辟出一块地方，提供比出口加工区更大的税收优惠，吸引外国资金和技术人才，研究和开发尖端技术产品，促进科技和经济发展。它是智力、资金高度积聚的特定区域，是从事高新科技研究，并对其成果进行测试、生产的新型开发区。世界上较著名的科学工业园区有美国的“硅谷”、日本的“筑波科学城”及我国台湾省的“新竹科学工业园区”等。科技工业园区是通过优惠措施吸引外资、高新技术和专门人才，进行高技术产品的研究、开发和生产。它是自由经济区的一种特殊形式。

【物流案例精选】

加入WTO对我国物流业的影响

公路、水路、航空等交通行业属服务业范畴，其有关的国际服务贸易受WTO《服务贸易总协定》约束。我国公路、水路交通行业在我国申请恢复在关贸总协定中的地位和加入WTO的历程中，作出了广泛的、实质性的市场开放承诺。承诺的内容涉及公路运输、水路运输、仓储、船舶检验、交通基础设施建设等多个领域，其中在公路货运、仓储、海上班轮运输、船舶代理等方面作出了进一步开放市场的承诺。

我国加入WTO后，交通行业面临机遇与挑战并存的局面。首先，加入WTO将促进我国交通行业的发展。WTO所建立的多边贸易体制是以市场经济为基础的，其有关规则反映了市场经济的一般原则，因此加入WTO将进一步推动我国公路、水路交通行业管理体制和管理观念的转变。同时，市场经济也是法制经济，加入WTO必将加快我国公路、水路交通行业的法制化建设步伐。另外，市场的进一步开放和竞争，将有利于提高行业服务水平和技术含量，降低服务价格，增强交通运输企业的市场竞争力。

加入WTO，我国的公路、水路、航空等交通行业也面临着一些问题，其主要体现在两个方面：一是政府管理部门能否切实转变观念，使行业管理符合WTO的有关原则和要求，建立和营造公平、公正、公开、平等竞争的市场环境。这关系到政府体制改革、职能转变是否到位，法律、规章是否符合市场经济规则。这些都是政府首先要考虑和下功夫做的事情。二是由于市场加大开放力度，国内相关企业能否承受竞争压力，并在竞争中发展壮大。我国加入WTO后，外商将加大进入我国仓储物流服务、集装箱多式联运和场站经营、公路快速货物运输、汽车维修、国际海上班轮运输、船舶代理等市场的力度。而目前我国公路、水路交通行业的企业大多数规模小、技术落后、设备陈旧、现代化管理观念不强，与参与国际竞争的要求不相适应，这也是当前我国物流业急需解决的问题。

联想的全球供应链整合

在2001年到2003年期间，联想人的言谈中常常不经意地流露出对Dell供应链管理的兴趣，并且“从戴尔学到了很多东西”。而当前，时过境迁，国际化的联想已经开始以全球视野重新审视自己的供应链系统。

在新联想成立一周年之际，联想高级副总裁、首席运营官刘军披露了联想新的全球供应链路线图，其主要内容包括：优化全球网络设施、建立一个完全由市场驱动的供应链体系、在全球推广联想中国的“双模式”和流程重组等。

这一循序渐进的供应链战略显示，中国将成为联想主要的生产基地，制造供应全球的笔记本电脑和台式机半成品；同时，联想将在全球重点市场设立台式机组装厂，将联想产品就地交付给客户。

2005年10月，联想公布了新的组织架构，建立了一个按照职能、地域和“内部客户”三个维度紧密分工、协同运作的全球供应链体系，总部设在北京，由刘军领导。刘军麾下是一支来自联想、IBM的PC部门和长城国际的跨国文化团队，管理几乎占联想总员工半数以上的供应链系统。为了更好地服务于主要市场的客户，联想还在欧洲、美洲、新加坡和我国深圳设有供应链“据点”，在前端为客户提供客户商务、信用管理和服务。

但是，IBM的PC业务并入联想之后，因为业务整合的复杂性，一度存在比较严重的零部件供应不稳定、缺货等问题。不过，通过半年的努力，情况已经大为改观。在较短时间内，联想克服了供应短缺和内部整合等带来的困难，Think 业务供应链运行水平稳步回升，甚至超过了从 IBM 分离出来之前的最好水平。

在供应链总成本、返修率、平均交付周期等指标方面，联想在国内市场已经超过所有竞争对手。

与联想在中国实行的“双模式”—— 渠道销售模式与客户销售模式并行策略相对应，联想国内的生产线、供应链的设计也兼顾了大客户和中小客户的采购特点。联想中国有两类生产线：一类即所谓的“大流水线”，一台 PC 通过不同工序多人组装，这种模式适合大批量、规模化生产；另一类即对小批量、多品种的订单，联想则采用单元式的生产线，由一位工人从头到尾完成一台 PC 的组装。

联想提供的数据显示，联想中国区“端到端”的供应链成本只有 1.4%；在国内市场，其产品的90天返修率为2.7%，低于其他国内外PC厂商；联想的库存在 10 天以内，现金周期可以达到 20 天。这些领先的指标为联想贡献了相对较高的利润，也使联想中国区成为其整合阶段业务增长的引擎。

联想收购 IBM 的 PC 业务之后，联想在全球有 10 个制造工厂，PC 的产能超过 1 200 万台。然而，其海外市场的供应链主要绩效指标与主要竞争对手相比，还存在一定差距。联想供应链系统的首要任务就是通过优化全球网络设施，建立一个完全由市场驱动的供应链体系，进行流程重组，缩小与国外领先水平的距离。

在这一过程中，联想面临的挑战是要将短、中、长期目标兼顾，在原有的供应链基础上进一步提高效率，同时建立更具竞争力的供应链系统。从业务需求来看，供应链对协同性和整合深度要求都是最高的，它要求各专业部门、各个地区国家的分支机构高度协同，这是业务整合中最难啃的一块骨头。

尽管 PC 业务已经切分出来，但联想海外业务目前还在租用 IBM 的供应链 IT 系统。由于 IBM 本身的业务特性和战略，决定了它的供应链并不是一条面向 PC 行业优化的供应链。它相对更注重质量而忽视成本和效率，它有非常严格和冗长的流程来保障质量，却不理会这种流程带来的时间成本和人力投入。对于服务器业务这种模式可能是合适的，但对于 PC 业务却不见得合适。

联想要想改变这些弊端，就需要尽快建立起自己的供应链 IT 系统。然而，IT 系统的切换并不能一蹴而就。这好比飞机在飞行中换个座椅、修个照明灯问题不大，但换引擎就不一样了，一边还要飞行，不能让它掉下去，一边还要空中作业，其难度可想而知。

【复习思考题】

一、思考题

1. 什么是国际物流，现代国际物流具有哪些特点？
2. 各种国际物流运输方式之间相比较，各自分别具有哪些特点？
3. 什么是国际多式联运，开展国际多式联运必须具备哪些条件？
4. 什么是国际物流网络，其重要作用是什么？
5. 实现国际物流合理化可采取哪些措施？

二、填空题

1. 对港澳地区货物的铁路运输，__________（属于、不属于）国际铁路货物联运。

2. 国际物流的特点是：__________，__________，借助国际服务业帮助，获取______手段新，有高级管理人才以及成本高。

3. 集装箱船舶的装载能力通常以能装多少个__________为衡量标准。

4. 国际多式联运具有____________、______________、______________、____________、__________________等优越性。

5. 海洋运输的特点是：_____________；____________；_____________；___________；_____________；______________。

三、选择题（单选或多选）

1. 国际贸易对物流提出新的要求包括（　　）。

A．质量要求　　B．效率要求　　C．经济要求　　D．安全要求

2. 我国常用的国际物流运输方式有（　　）等多种。

A．国际海洋货物运输　　B．国际铁路货物运输

C．国际航空货物运输　　D．国际公路货物运输

E．国际多式联运　F．集装箱运输

3．我国对外贸易货物的铁路运输包括（　）多个组成部分。

A．国际铁路联运　B．对香港地区的铁路运输

C．国内铁路运输　D．省内铁路运输

4．保税仓库的类型包括：（　）。

A．专业性保税仓库　B．公共保税仓库

C．保税工厂　D．海关监管仓库

5．经国务院批准，先后在深圳、烟台、青岛、天津、大连、张家港、宁波、厦门、福州、上海、广州和海口等重要港口城市设立了保税区，其中设立的第一个保税区是（　）。

A．上海外高桥保税区　B．广州黄埔保税区

C．大连保税区　D．深圳蛇口保税区

6．国际物流运输的主要功能是（　）。

A．物品储存　B．物品转移　C．物品配送　D．物品维护

7．国际运输中可以做到直达的有（　）。

A．航空运输　B．海洋运输　C．铁路运输　D．公路运输

8．国际物流的特点是风险大，适应性强，借助国际服务业帮助，获取信息手段新，有高级管理人才以及（　）。

A．路途远　B．变化多　C．成本高　D．结算慢

第六章　物流信息管理

【知识目标】

熟练掌握物流信息的概念和内容；掌握物流信息的功能、物流信息的特征、条码类别、有关物流信息系统的概念以及物流信息在物流管理中的应用；了解物流信息系统所要解决的问题、EOS 系统的构成、POS 系统的运行步骤。

【能力目标】

能解释物流信息管理的基本内涵；会正确使用物流信息的有关软件与硬件；能对常用条码进行识别和进行简单的物流设备安装；知道国内外物流信息的发展趋势；能结合具体实际加以应用。

【教学重点】

本章的教学重点是物流信息的概念和内容；物流信息的功能、物流信息的特征、条码类别、有关物流信息系统的概念以及物流信息在物流管理中的应用。

第一节　物流信息概述

一、物流信息的概念

物流信息（Logistics Information）是反映物流各种活动内容的知识、资料、图像、数据和文件的总称。物流信息是物流活动中各个环节生成的信息，一般是随着从生产到消费的物流活动的产生而产生的信息流，与物流过程中的运输、保管、装卸、包装等各种功能有机结合在一起，是整个物流活动顺利进行所不可缺少的重要资源。

现代物流的重要特征是物流的信息化，现代物流也可看作是物资实体流通与信息流通的结合。在现代物流运作过程中，通过使用计算机技术、通信技术、网络技术等技术手段，大大加快了物流信息的处理和传递速度，从而使物流活动的效率和快速反应能力得到提高。建立和完善物流信息系统，对于构筑物流系统，开展现代物流活动是极其重要的一项工作内容。物流信息在物流系统中，既如同其他物流功能一样表现成其子系统，但又不同于其他物流功能。它总是伴随着其他物流功能的运行而产生，又不断地对其他物流子系统以及整个物流系统起着支持保障作用。

二、物流信息的内容

从物流信息输入和使用的角度看，它包括物流系统内信息和物流系统外信息两部分。

（一）物流系统内信息

物流系统内信息是指与物流活动（如运输、保管、包装、装卸、配送、流通加工等）有关的信息。它是伴随物流活动而发生的，其来源主要是物流活动的相关环节。在物流活动的管理与决策中，如运输工具、集装器具的选择，运输线路的确定，在途货物的跟踪，仓库的有效利用，订单管理等，都需要详细和准确的物流信息，因为物流信息对运输管理、库存管理、订单管理等物流活动具有支持保证的功能。

（二）物流系统外信息

物流系统外信息是在物流活动以外发生的，但提供给物流系统使用的信息，它包括供货人信息、货品详细信息、顾客信息、订货合同信息、交通运输信息、市场信息、政策信息，还有来自企业内生产、财务等部门的与物流有关的信息，甚至还有国际政治变化等信息。

三、物流信息的特征

物流信息与其他信息相比具有以下特征：

（一）信息量大

物流信息随着物流活动以及商品交易活动展开而大量发生，多品种少批量生产和多频度小数量配送使库存、运输等物流活动的信息大量增加。零售商广泛应用销售时点信息系统（Point of Sale System，POS）读取销售时点的商品价格、品种、规格、数量等即时销售信息，并对这些销售信息进行加工整理，通过电子数据交换（Electric Data Interchange，EDI）向相关企业传送。同时，为了使库存补充作业合理化，许多企业采用电子订货系统（Electronic Ordering System，EOS）。随着企业间合作倾向的增强和信息技术的发展，物流信息的信息量在今后将会越来越大。

（二）更新快

多品种少批量生产，多频度小数量配送，利用 POS 系统及时销售、及时补货，使得各种作业活动频繁发生，从而要求物流信息不断更新，而且更新的速度越来越快。

（三）来源多样化

物流信息不仅包括企业内部的物流信息（如生产信息、库存信息等），而且包括企业间的物流信息和与物流活动有关的基础设施的信息。企业竞争优势的获得需要供应链各参与企业之间相互协调合作。协调合作的手段之一是信息及时交换和共享。现在，越来越多的企业力图使物流信息标准化和格式化，并利用 EDI 在相关企业间进行传送，实现信息共享。

提示板 6-1：物流信息的特征

信息量大、更新快、来源多样化。

第二节　物流信息系统

一、物流信息系统概述

物流信息系统是把物流和物流信息结合成一个有机的系统，用各种方式选择收集输入物流的各种有关数据，经过有针对性、有目的的计算机处理，即根据管理工作的要求，采用特定的计算机技术，对原始数据处理后输出对管理工作有用的信息的一种系统。

一提到信息系统，经常会听到这样一种说法："本公司已设有信息部门。"其实，这是一种错误的认识。原有的信息部门，更多的情况是指生产、销售、物流等部门独立设立的信息系统，各部门之间没有信息交流，一个部门如想获取其他部门的信息，往往不能轻易地得到回应。

例如，物流部门要想调查整个公司的库存情况，由于本部门没有这方面的全部资料，而只能向生产部门询问生产资料库存情况，向销售部门询问销售商品库存情况。因此，在原来的那种部门信息不畅的情况下，要想全面地掌握库存信息是相当困难的。一方面，各部门之间使用的代码存在着很大的差异，难于实现互通；另一方面，对物流部门所提出的一些单一类商品的标准，生产、销售部门更是难以提供。

所以，现在许多企业对核心业务信息化处理软件——ERP（Enterprise Resource Planning）的关心程度越来越高。这是企业核心业务理想化管理的信息软件系统，在此平台上，各企业可以实现业务的有效沟通，这样，一个一体化的信息系统也就很容易地建立起来了。

我国有远见的物流企业都在积极关注物流信息化技术的发展，积极开发或引进基于互联网的物流信息平台，以求把本企业的业务活动提高到新的水平并且尽快地融入一体化的全球物流网络。

（一）物流信息系统所要解决的问题

（1）缩短从接受订货到发货的时间。

（2）库存适量化（压缩库存并防止脱销）。

（3）提高搬运作业效率。

（4）提高运输效率。

（5）使接受订货和发出订货更为省力。

（6）提高接受订货和发出订货的精度。

（7）防止发货、配货出现差错。

（8）调整需求和供给。

（二）建立物流信息系统的意义

现代物流管理以信息为基础，因而建立物流信息系统具有战略意义：

（1）在企业日益重视经营战略的情况下，建立物流信息系统是必要的、不可缺少的。具体来说，为确保物流竞争优势，建立将企业内部的销售信息系统、物流信息系统、生产供应信息综合起来的信息系统势在必行。

（2）由于信息化的发展，各企业之间的关系日益紧密。如何与企业外部销售渠道的信息系统、采购系统中的信息系统，以及运输信息系统连接起来，将成为今后重点研究解决的课题。

（3）企业物流已经不只是一个企业的问题，进入社会系统的部分将日益增多。在这种形势下，物流信息系统将日益成为社会信息系统的一个重要组成部分。

物流信息系统的应用对物流产生了 5 个方面的影响：

① 能够建立起最适合的物流系统，使供应链管理（SCM）得到发展。

② 带来了与物流变化相适应的物流新业态。

③ 数字化物流市场逐步形成。

④ 新的物流需求开始产生。

⑤ 运输业务实现了高效化。

二、条码系统

（一）条码概念

在流通和物流活动中，为了能迅速、准确地识别商品，自动读取有关商品信息，条码技术被广泛应用。条码是用一组数字来表示的商品信息，是目前国际上物流管理中普遍采用的一种技术手段。条码技术对提高库存管理的效率是非常显著的，是实现库存管理电子化的重要工具手段，它使库存控制可以延伸到销售商的 POS 系统，实现库存的供应链网络化控制。

条码是有关生产厂家、批发商、零售商、运输业者等经济主体进行订货和接受订货、销售、运输、保管、出入库检验等活动的信息源。条码是表示 ID 代码的一种图形符号，是对 ID 代码进行自动识别且将数据自动输入计算机的方法和手段，条码技术的应用解决了数据录入与数据采集的“瓶颈”，为物流管理提供了有力支持。

条码（Bar Code）是由一组规则排列的条、空及其对应字符组成的，用以表示一定信息的标识（GB/T 18354—2006《物流术语》）。图 6-1 所示的为 EAN 商品条码字符结构实例。条码由若干个黑色的“条”和白色的“空”所组成，其中，黑色条对光的反射率低而白色的空对光的反射率高，再加上条与空的宽度不同，就能使扫描光线产生不同的反射接收效果，在光电转换设备上转换成不同的电脉冲，形成了可以传输的电子信息。由于光的运动速度极快，所以能准确无误地对运动中的条码予以识别。

图 6-1 条码字符结构实例

条码技术由于在活动发生时点能及时自动读取信息，因此，它的应用便于及时捕捉到消费者的需要，提高商品销售效果，也有利于促进物流系统提高效率。

（二）条码类别

条码可分为一维条码和二维条码，一维条码按其应用范围可分为商品条码和物流条码。二维条码可分为两类：行排式二维条码和矩阵式二维条码。本书主要介绍一维条码。

1、**商品条码**

商品条码（Bar Code for Commodity）是由国际物品编码协会（EAN）和统一代码委员会（UCC）规定的、用于表示商品标识代码的条码，包括 EAN 商品条码（EAN-13 商品条码和 EAN-8 商品条码）和 UPC 商品条码（UPC-A 商品条码和 UPC-E 商品条码）。国际物品编码协会（EAN）和统一代码委员会（UCC）已经规定从 2005 年 1 月 1 日起，全球范围内统一以 EAN/UCC-13 作为代码标识。下面主要介绍一下 EAN 商品条码。

EAN 商品条码是国际上通用的、企业最常用的商品代码，通常情况下，不选用 UPC 商品条码。当产品出口到北美地区并且客户指定时，才申请使用 UPC 商品条码。EAN 商品条码主要是由 13 位数字及相应的条码符号组成，在较小的商品上也采用 8 位数字码及其相应的条码符号。

（1）前缀码　前缀码由 2～3 位数字（$X_{13}X_{12}$ 或 $X_{13}X_{12}X_{11}$）组成，是国际物品编码协会 EAN 分配给国家（或地区）编码组织的代码。前缀码由 EAN 统一分配和管理，截至 2002 年底，共有 99 个国家和地区编码组织加入 EAN，成为 EAN 的组织成员。

需要指出的是，前缀码并不代表产品的原产地，而只能说明分配和管理有关厂商识别代码的国家（或地区）编码组织。EAN 分配给我国大陆使用的前缀码为“690～695”。

（2）厂商识别代码　厂商识别代码由 7～9 位数字组成，由中国物品编码中心负责分配和管理。

由于厂商识别代码是由中国物品编码中心统一分配、注册，因此编码中心有责任确保每个厂商识别代码在全球范围内的唯一性。

（3）商品项目代码　商品项目代码由 3～5 位数字组成，由厂商自己负责编制。

由于厂商识别代码是由中国物品编码中心统一分配、注册，因此，在使用同一厂商识别代码的前提下，厂商必须确保每个商品项目代码的唯一性。厂商在编制商品项目代码时，产品的基本特征不同，其商品项目代码也不同。

（4）校验码　校验码为 1 位数字，用来校验 X_{13}～X_2 的编码的正确性。校验码是根据 X_{13}～X_2 的数值按一定的数学算法计算而得。厂商在对商品项目编码时，不必计算校验码的值。该值由制作条码原版胶片或直接打印条码符号的设备自动生成。

2、物流条码

物流条码包括 25 码、39 码、交插 25 条码、EAN-128 码、库德巴（Codabar）码、ITF 码等。

（1）25 条码　25 条码是一种只有条表示信息的非连续型条码。每一个条码字符由按规则排列的 5 个条组成，其中有两个条为宽单元，其余的条和空，以及字符间隔是窄单元，故称之为“25 条码”。

25 条码的字符集为数字字符 0～9。图 6-2 表示的是“123458”的 25 条码结构。

图 6-2　表示“123458”的 25 条码

（2）39 条码（Code 39）　39 条码是 1975 年由美国的 Intermec 公司研制的一种条码，它能够对数字、英文字母及其他字符等 44 个字符进行编码。此外，由于它还具有自检验功能，使得 39 条码具有误读率低的优点，目前广泛应用在汽车行业、材料管理、经济管理、医疗卫生和邮政、储运单元等领域。我国于 1991 年研究制定了 39 条码标准，目前推荐在运输、仓储、工业生产线、图书信息、医疗卫生等领域应用的为 2002 年修订的 39 条码标准（GB/T 12908—2002）。

39 条码是一种条、空均表示信息的非连续型、非定长、具有自校验功能的双向条码。图 6-3 是表示“B2C3”的 39 条码实例。

（3）交插 25 条码　交插 25 条码（Interleaved 2 of 5 Bar Code）是在 25 条码的基础上发展起来的，由美国的 Intermec 公司于 1972 年发明。它弥补了 25 条码的许多不足之处，不仅增大了信息容量，而且由于自身具有校验功能，还提高了交插 25 条码的可靠性。交插 25 条码起初广泛应用于仓储及重工业领域，1987 年开始用于运输包装领域。1987 年日本引入了交插 25 条码，用于储运单元的识别与管理。1997 年我国也研究制定了交插 25 条码标准（GB/T 16829—1997），主要应用于运输、仓储、工业生产线、图书情报等领域的自动识别管理。图 6-4 是表示“3185”的交插 25 条码实例。

图 6-3　表示“B2C3”的 39 条码

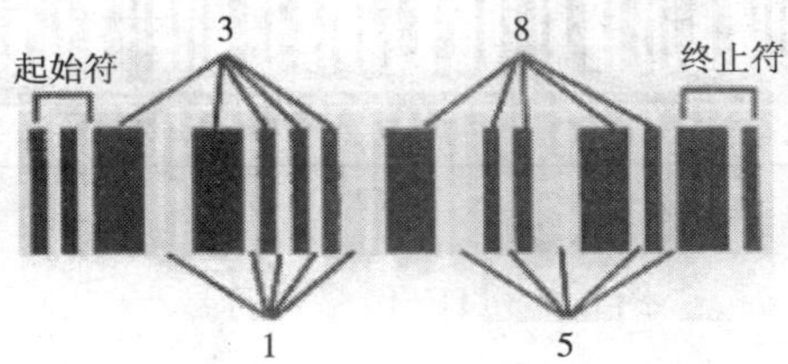

图 6-4　表示“3185”的交插 25 条码

（4）EAN-128 码　EAN-128 码是 128 码的一个子集。它是 1989 年 EAN 与 UCC 共同合作开发的码制，广泛应用于物流领域。图 6-5 为表示 GTIN（全球贸易项目代码）、保质期、批号的一个 UCC/EAN-128 条码符号。

(01)03123451234569(15)991224(10)LV111

图 6-5　UCC/EAN-128 条码符号实例

（5）库德巴（Codabar）码　库德巴条码是 1972 年研制出来的，它广泛应用于医疗卫生和图书馆行业，也用于邮政快件上。美国输血协会还将库德巴条码规定为血袋标识的代码，以确保操作准确，保护人类生命安全。

库德巴条码是一种条、空均表示信息的非连续型、非定长、具有自校验功能的双向条码。它由条码字符及对应的供人识别字符组成。图 6-6 为表示 A 12345678B 的库德巴条码。

图 6-6 表示“A12345678B”的库德巴条码

（6）ITF 码 ITF 码有 ITF-14 和 ITF-6，主要用在储运领域。图 6-7 表示的为 ITF-14 的条码符号。

图 6-7 ITF-14 条码符号

（三）条码识别采用的各种光电扫描设备

（1）光笔扫描器，似笔形的手持小型扫描器。

（2）台式扫描器，固定的扫描装置，手持带有条码的物品在扫描器上移动。

（3）手持式扫描器，能手持和移动使用的较大的扫描器，用于静态物品扫描。

（4）固定式光电及激光快速扫描器，是现在物流领域中应用较多的固定式扫描设备。

各种扫描设备都和后续的光电转换、信息信号放大及与计算机联机形成完整的扫描阅读系统，完成电子信息的采集。

（四）条码在物流中的应用

由条码与扫描设备构成的自动识别技术在物流管理中有很多好处。对托运人来说，它能改进订货准备和处理，排除航运差错，减少劳动时间，改进记录保存，减少实际存货时间。对承运人来说，它能保持运费账单信息完整，顾客能存取实时信息，改进顾客装运活动的记录保存，跟踪装运活动，简化集装箱处理，监督车辆内的不相容产品，减少信息传输时间。对仓储管理来说，它能改进订货准备、处理和装置，提供精确的存货控制，顾客能存取实时信息，安全存取信息，减少劳动成本，精确入库数量。对批发商和零售商来说，它能保证单位存货准确，销售点价格准确，减少实际时间，增加系统灵活性。

目前条码和扫描技术在物流方面主要有两大应用。第一种应用于零售商店的销售点（POS 系统）。除了在现金收入机上给顾客打印收据外，在零售销售点的应用主要是在商店层次提供精确的存货控制。销售点可以精确地跟踪每一个库存单位出售数，这有助于补充订货，因为实际的单位销售数能够迅速地传输到供应商处。实际销售跟踪可以减少不确定性，并可去除缓冲存货。除了提供精确的再供给和营销调查数据外，销售点还能向所有的渠道内成员提供更及时的具有战略意义的数据。第二种应用是针对物料搬运和跟踪的。通过扫描枪的使用，物料搬运人员能够跟踪产品的搬运、储存、装船和入库。虽然这种信息能够用手工跟踪，但却要耗费大量的时间，并容易出错。因此，在物流应用中更广泛使用的是扫描仪，以便提高作业效率，减少差错。

三、电子数据交换系统（EDI）

（一）EDI 系统的概念

EDI（Electronic Data Interchange）即电子数据交换，是指通过电子方式，采用标准化的格式，利用计算机网络进行结构化数据的传输和交换。

EDI 系统是按照统一规定的一套通用标准格式，将标准的经济信息，通过通信网络传输，在贸易伙伴的电子计算机系统之间进行数据交换和自动处理，俗称“无纸化贸易”，它被誉为一场“结构性的商业革命”。

（二）物流管理中 EDI 的构成

构成 EDI 系统的三个要素是 EDI 软件和硬件、通信网络以及数据标准化。一个部门或企业若要实现 EDI，首先必须有一套计算机数据处理系统；其次，为使本企业内部数据比较容易地转换为 EDI 标准格式，须采用 EDI 标准；另外，通信环境的优劣也是关系到 EDI 成败的重要因素之一。

EDI 是为了实现商业文件、单证的互通和自动处理，采用的不是人机对话方式的交互式处理，而是计算机之间的自动应答和自动处理，因此文件结构、格式、语法规则等方面的标准化是实现 EDI 的关键。世界各国开发 EDI 得出了一条重要经验，就是必须把 EDI 标准放在首要位置。EDI 标准主要分为以下几个方面：基础标准、代码标准、报文标准、单证标准、管理标准、应用标准、通信标准、安全保密标准。

（三）物流管理中 EDI 的一般流程

物流管理中的 EDI 的一般流程为：发送货物业主（如生产厂家）在接到订货后制订货物运送计划，并把运送货物的清单及运送时间安排等信息通过 EDI 发送给物流运输业主和接收货物业主（如零售商），以便物流运输业主预先制订车辆调配计划和接收货物业主制订货物接收计划。

随后发送货物业主依据顾客订货的要求和货物运送计划下达发货指令，分拣配货，打印出物流条码的货物标签并贴在货物包装箱上，同时把运送货物的品种、数量、包装等信息通过EDI发送给物流运输业主和接收货物业主，据此请示下达车辆调配指令。

然后，物流运输业主在向发货货物业主取运货物时，利用车载扫描读数仪读取货物标签的物流条码，并与先前收到的货物运输数据进行核对，确认运送货物。物流运输业主在物流中心对货物进行整理、集装，做成送货清单并通过EDI向收货业主发送发货信息，在货物运送的同时进行货物跟踪管理，并在货物交给收货业主之后，通过EDI向发货货物业主发送完成运送业务信息和运费请示信息。

最后，收货业主在货物到达时，利用扫描读数仪读取货物标签的物流条码，并与先前收到的货物运输数据进行核对确认，开出收货发票，货物入库；同时通过EDI向物流运输业主和发送货物业主发送收货确认信息。

在物流管理中，运用EDI系统的优点在于供应链组成各方基于标准化的信息格式和处理方法，通过EDI共同分享信息，提高流通效率，降低物流成本。

EDI的优势已日益明显，运费和海关单据使用EDI，使承运人、货运代理和跨国的产品流大大受益；在零库存的作业中使用EDI，使运作效率有了很大的提高；在销售环节中使用EDI能减少交易费用并降低存货，这在欧美等一些发达国家尤为明显。目前，EDI对采购业务有着很重要的影响，它不仅是一种通信用的业务交易工具，也是一种联合设计、计划、交换预测数据等与其他组织协调的方式。

EDI的竞争优势不仅在于作为通信工具的运用，而且在于它使组织内部和组织之间的竞争结构发生变化。EDI的交互效用可以分成与供应商有关的、内部的和与客户有关的三个方面。在以买方为主导的市场上，EDI迫使它们整合成较少的客户；而在以卖方为主导的市场上，EDI可以为市场设计一些附加超值服务，如通过监控客户存货而自动地追加订货，收集即时市场信息为生产计划增加灵活性和反应能力等。

EDI对于组织供应链的意义表现为：在不必连续接触的情况下，EDI能加强组织内部的协调。

四、电子自动订货系统（EOS）

（一）电子自动订货系统的概念及分类

EOS（Electronic Ordering System）即电子订货系统，是指不同组织间利用通信网络和终端设备以在线连接方式进行订货作业与订货信息交换的体系。电子订货系统将批发、零售商场所发生的订货数据输入计算机，并即刻通过计算机通信网络连接的方式将资料传送至总公司、批发商、商品供货商或制造商处。因此，EOS 能处理从新商品资料的说明直到会计结算等所有商品交易过程中的作业，可以说 EOS 涵盖了整个商流。

EOS 按应用范围可分为三类：企业内的 EOS（如连锁店经营中各个连锁分店与总部之间建立的 EOS 系统），零售商与批发商之间的 EOS 系统，以及零售商、批发商和生产商之间的 EOS 系统。在当前竞争的时代，若要有效管理企业的供货、库存等经营管理活动，并且能使供货商及时补足售出商品的数量且不能缺货，就必须采用 EOS 系统。EDI/EOS 因内含了许多先进的管理手段和方法，因此在国际上使用非常广泛，随着普及面的不断推广，就使得我们更有必要对其进行全面的分析与掌握。

（二）EOS 系统的构成

EOS 系统并非是单个的零售店与单个的批发商组成的系统，而是许多零售店和许多批发商组成的大系统的整体运作方式。EOS 系统结构如图 6-8 所示。

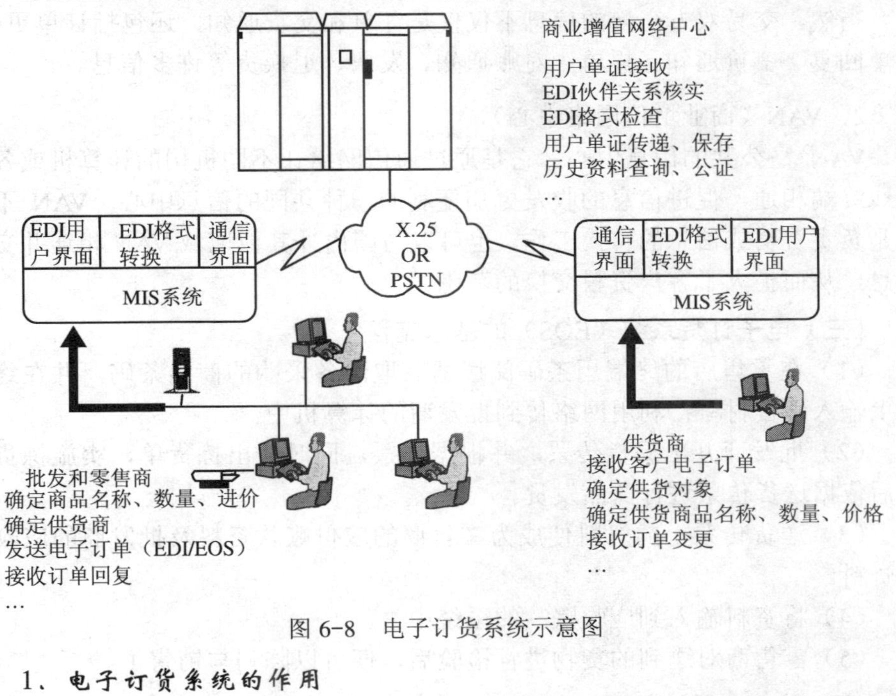

图 6-8　电子订货系统示意图

1. 电子订货系统的作用

从图中可看出，电子订货系统的批发、零售商场，供货商，商业增值网络中心在商流中各有其角色和作用。

（1）批发、零售商场　采购人员根据 MIS 系统提供的功能，收集并汇总各机构要货的商品名称、要货数量，根据供货商的可供商品货源、供货价格、交货期限、供货商的信誉等资料，向指定的供货商下达采购指令。采购指令按照商业增值网络中心的标准格式进行填写，经商业增值网络中心提供的EDI格式转换系统而成为标准的EDI单证，经由通信界面将订货资料发送至商业增值网络中心，然后等待供货商发回的有关信息。

（2）商业增值网络中心　不参与交易双方的交易活动，只提供用户连接界面，每当接收到用户发来的EDI单证时，自动进行EOS交易伙伴关系的核查，只有互有伙伴关系的双方才能进行交易，否则视为无效交易。确定有效交易关系后还必须进行EDI单证格式检查，只有交易双方均认可的单证格式，才能进行单证传递，并对每笔交易进行长期保存，供用户今后查询，或在交易双方发生贸易纠纷时，可以将商业增值网络中心所储存的单证内容作为司法证据。

（3）供货商　根据商业增值网络中心转来的EDI单证，经商业增值网络中心提供的通信界面和EDI格式转换系统而形成一张标准的商业订单。根据订单内容和供货商的MIS系统提供的相关信息，供货商可及时安排出货，并将出货信息通过EDI传递给相应的批发、零售商场，从而完成一次基本的订货作业。

当然，交易双方交换的信息不仅仅是订单和交货通知，还包括订单更改、订单回复、变价通知、提单、对账通知、发票、退换货等许多信息。

2、VAN（商业增值网络中心）

VAN是公共的信息中心，它是通过通信网络让不同机构的计算机或各种连线终端相通，促进信息的收发更加便利的一种共同的信息中心。VAN不单单是负责资料或信息的转换工作，也可以与国内外其他地域VAN相连并交换信息，从而扩大了客户资料交换的范围。

（三）电子订货系统（EOS）的基本流程

（1）在零售店的终端用条码阅读器获取准备采购的商品条码，并在终端机上输入订货材料；利用网络传到批发商的计算机中。

（2）批发商开出提货传票，并根据传票，同时开出拣货单，实施拣货，然后依据送货传票进行商品发货。

（3）送货传票上的资料便成为零售商的应付账款资料及批发商的应收账款资料。

（4）将资料输入到应收账款的系统中去。

（5）零售商对送到的货物进行检验后，便可以陈列与销售了。

（四）EOS与物流管理

物流作业流程见图6-9，该流程将供货商发运作业过程中的业务往来划分成以下几个步骤。

1）供货商根据采购合同要求将发货单通过商业增值网络中心发给仓储中心。

2）仓储中心对接收到的商业增值网络中心传来的发货单进行综合处理，

或要求供货商送货至仓储中心或发送至批发、零售商场。

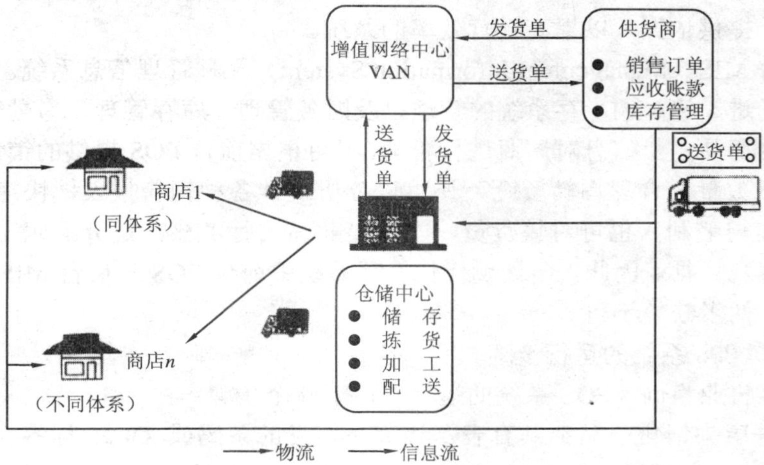

图 6-9　物流作业流程图

3）仓储中心将送货要求发送给供货商。

4）供货商根据接收到的送货要求进行综合处理，然后根据送货要求将货物送至指定地点。

上述几个步骤完成了一个基本的物流作业流程，通过这个流程，将物流与信息流牢牢地结合在了一起。

五、销售时点信息系统（POS）

（一）销售时点信息系统的概念

POS（Point of Sale System）即销售时点信息系统，它包含前台 POS 系统和后台 MIS 系统两大基本部分。POS 系统最早应用于零售业，以后逐渐扩展至金融、旅馆等服务性行业，利用 POS 信息的范围也从企业内部扩展到整个供应链。现代 POS 系统已仅仅局限于电子收款技术，它要考虑将计算机网络、电子数据交换技术、条码技术、电子监控技术、电子收款技术、电子信息处理技术、远程通信、电子广告、自动仓储配送技术、自动售货、备货技术等一系列科技手段融为一体，从而形成一个综合性的信息资源管理系统。同时，它必须符合和服从商场管理模式，按照对商品流通管理及资金管理的各种规定进行设计和运行。

前台 POS 系统是指通过自动读取设备（如收银机），在销售商品时直接读取商品销售信息（如商品名、单价、销售数量、销售时间、销售店铺、购买顾客等），实现前台销售业务的自动化，对商品交易进行实时服务管理，并通过通信网络和计算机系统传送至后台，通过后台计算机系统（MIS）的计算、分析与汇总等掌握商品销售的各项信息，为企业管理者分析经营成果、制订经营方针提供依据，以提高经营效率的系统。

后台 MIS（Management Information System）又称管理信息系统。它负责整个商场进、销、调、存系统的管理以及财务管理、库存管理、考勤管理等。它可根据商品进货信息对厂商进行管理，又可根据前台 POS 提供的销售数据，控制进货数量，合理周转资金，还可以分析统计各种销售报表，快速准确地计算成本与毛利，也可对售货员、收款员业绩进行考核，是分配职工工资、奖金的客观依据。因此，商场现代化管理系统中前台 POS 与后台 MIS 是密切相关的，两者缺一不可。

（二）POS 系统的运行步骤

以零售业为例，POS 系统的运行有以下几个步骤：

（1）店头销售商品都贴有表示该商品信息的条码或 OCR 标签（Optical Character Recognition）。

（2）在顾客购买商品结账时，收银员使用扫描器自动读取商品条码或 OCR 标签上的信息，通过店铺内的微型计算机确认商品的单价，计算顾客购买总金额等，同时返回收银机，打印出顾客购买清单和付款总金额。

（3）各个店铺的销售时点信息通过 VAN 以在线连接方式即时传送给总部或物流中心。

（4）在总部、物流中心和店铺之间利用销售时点信息来进行库存调整、配送管理、商品订货等作业。通过对销售时点信息进行加工分析来掌握消费者购买动向，找出畅销商品和滞销商品，以此为基础，进行商品品种配置、商品陈列、价格设置等方面的作业。

（5）在零售商与供应链的上游企业（批发商、生产商、物流作业等）结成协作伙伴关系（也称战略联盟）的条件下，零售商利用 VAN 以在线连接的方式把销售时点信息即时传送给上游企业，这样上游企业可以利用销售现场的最及时、准确的销售信息制订经营计划，进行决策。例如，生产厂家利用销售时点信息进行销售预测，掌握消费者购买动向，找出畅销商品和滞销商品，把销售时点信息（POS 信息）和订货信息（EOS 信息）进行比较分析来把握零售商的库存水平，以此为基础制订生产计划和零售商库存连续补充计划 CRP（Continuous Replenishment Program）。

（三）POS 系统的特征

（1）单品管理、职工管理和顾客管理　零售业的单品管理是指对店铺陈列展示销售的商品以单个商品为单位进行销售跟踪和管理的方法。由于 POS 信息即时、准确地反映了单个商品的销售信息，因此 POS 系统的应用使高效率的单品管理成为可能。

职工管理是指通过 POS 终端机上的记时器的记录，依据每个职工的出勤状况、销售状况（如以月、周、日甚至时间段为单位）进行考核管理。

顾客管理是指在顾客购买商品结账时，通过收银机自动读取零售商发行的顾客 ID 卡或顾客信用卡来把握每个顾客的购买品种和购买额，从而对顾客进行分类管理。

（2）自动读取销售时点的信息　在顾客购买商品结账时，POS 系统通过扫描器自动读取商品条码标签或 OCR 标签上的信息，在销售商品的同时获得实时的销售信息（Real Time），这是 POS 系统的最大特征。

（3）信息的集中管理　在各个 POS 终端机获得的销售时点信息以在线连接方式汇总到企业总部，与其他部门的有关信息一起由总部的信息系统加以集中并进行分析加工，如把握畅销商品以及新商品的销售倾向，对商品的销售量和销售价格、销售量和销售时间之间的相关关系进行分析，对商品店铺的陈列方式、促销方式、促销时间、竞争商品的影响进行相关分析。

（4）连接供应链的有力工具　供应链与各方合作的主要领域之一是信息共享，而销售时点信息是企业经营中最重要的信息之一。通过它能及时把握顾客的需要信息，供应链的参与各方可以利用销售时点信息并结合其他的信息来制订企业的经营计划和市场营销计划。目前，领先的零售商正在与制造商共同开发一个整合预测和库存补充系统（Collaboration Forecasting and Replenishment，CFAR），各方利用该系统不仅可以分享 POS 信息，而且还可以联合进行市场预测，分享预测信息。

（四）应用 POS 系统的效果

（1）营业额及利润增长　采用 POS 系统的企业供应商品众多，其单位面积的商品摆放数量是普通企业的 3 倍以上，这样可以吸引顾客，且自选率高，这必然会带来营业额及利润的相应增长，仅此一项，POS 系统即可给应用 POS 的企业带来可观的收益。

（2）节约大量的人力、物力　由于仓库管理是动态管理，即每卖出一件商品，POS 的数据库中就相应减少了一件该商品的库存记录，免去了商场盘存之苦，节约了大量人力、物力；同时，企业的经营报告、财务报表以及相关的销售信息，都可以及时提供给经营决策者，以保持企业的快速反应能力。

（3）有效库存增加，资金流动周期缩短　由于仓库采用动态管理，仓库库存商品的销售情况，每时每刻都一目了然，商场的决策者可将商品的进货量始终保持在一合理的水平，提高了有效库存，使商场在市场竞争中占据更有利的地位。据统计，在应用 POS 系统后，商品有效库存可增加 35%～40%，大大缩短了资金的流动周期。

（4）提高了企业的经营管理水平　首先可以提高企业的资本周转率，在应用 POS 系统后，可以提前避免出现缺货现象，使库存水平合理化，从而提高商品周转率，最终提高了企业的资本周转率。其次，在应用了 POS 系统后，可以进行销售促进方法的效果分析，把握顾客购买动向，按商品品种进行利益管理，基于销售水平制订采购计划，有效地进行店铺空间管理和基于时间段的广告促销活动分析等，从而使商品计划效率化。

六、地理信息系统（GIS）

（一）地理信息系统的概念

GIS（Geographical Information System）即地理信息系统，是指以地理空间数据为基础，采用地理模型分析方法，适时地提供多种空间的和动态的地理信息，为地理研究和地理决策服务的计算机技术系统。

GIS 系统是 20 世纪 60 年代开始迅速发展起来的地理学研究新成果，是多种学科交叉的产物。其基本功能是将表格型数据（无论它来自数据库、电子表格文件或直接在程序中输入）转换为地理图形显示，然后对显示结果进行浏览、操作和分析。其显示范围可以从洲际地图到非常详细的街区地图，显示对象包括人口、销售情况、运输线路以及其他内容。

（二）地理信息系统的应用

GIS 应用于物流分析，主要是指利用 GIS 强大的地理数据功能来完善物流分析技术。国外公司已经开发出利用 GIS 为物流提供专门分析的工具软件。完整的 GIS 分析软件集成了车辆路线模型（最短路径模型）、网络物流模型、分配集合模型和设施定位模型等。

1．车辆路线模型（最短路径模型）

用于解决一个起始点、多个终点的货物运输中如何降低物流作业费用，并保证服务质量的问题，包括决定使用多少辆车，每辆车的路线等。

2．网络物流模型

用于解决寻求最有效的分配货物路径问题，也就是物流网点布局问题。如将货物从 N 个仓库运往到 M 个商店，每个商店都有固定的需求量，因此需要确定由哪个仓库提货送给哪个商店，可使得运输代价最小。

3．分配集合模型

可以根据各个要素的相似点把同一层上的所有或部分要素分为几个组，用以解决确定服务范围和销售市场范围等问题。如某一公司要设立 X 个分销点，要求这些分销点要覆盖某一地区，而且要使每个分销点的客户数目大致相等。

4．设施定位模型

用于确定一个或多个设施的位置。在物流系统中，仓库和运输线共同组成了物流网络，仓库处于网络的节点上，节点决定着线路，要根据供求的实际需要并结合经济效益等原则，确定在既定区域内设立多少个仓库，每个仓库的位置，每个仓库的规模，以及仓库之间的物流关系等问题，运用此模型就能很容易地得到解决。

七、全球定位系统（GPS）

（一）全球定位系统的概念

GPS（Global Positioning System）即全球定位系统，是指具有在海、陆、空进行全方位实时三维导航与定位能力的系统。

（二）GPS 系统在物流领域的应用

1、用于汽车自定位、跟踪调度

日本车载导航系统的市场在 1995～2000 年间平均每年增长 35%以上，全世界在车辆导航上的投资平均每年增长 60.8%。因此，车辆导航将成为未来全球卫星定位系统应用的主要领域之一。我国已有数十家公司在开发和销售车载导航系统。

2、用于铁路运输管理

我国铁路开发的基于 GPS 的计算机管理信息系统，可以通过 GPS 和计算机网络实时收集全路列车、机车、车辆、集装箱及所运货物的动态信息，实现列车、货物跟踪管理。只要知道某辆货车的车种、车型、车号，就可以立即从约 10 万 km 的铁路网上流动着的几十万辆货车中找到该货车，还能得知这辆货车现在何处运货或停在何处，以及所有的车载货物发货信息。

铁路部门运用 GPS 技术可大大提高其路网及其运营的透明度，为货主提供更高质量的服务。

3、用于军事物流

全球卫星定位系统最初是因为军事目的而建立的。在军事物流中，如后勤装备的保障等方面，应用相当普遍，在海湾战争中，全球卫星定位系统发挥了较大的作用。在我国的军事和国防建设中，已经开始重视和应用全球卫星定位系统，随着全球卫星定位系统在军事物流方面的全面应用，国防后勤装备的保障将更加可靠。

八、智能交通系统（ITS）

自 20 世纪 90 年代以来，电子信息技术越来越多地进入交通运输部门，并逐渐形成一个崭新的工程领域，即智能交通系统（Intelligent Transportation System，ITS）。所谓智能交通系统，就是通过采用先进的电子技术、信息技术、通信技术等高新技术，对传统的交通运输系统及管理体制进行改造，从而形成一种信息化、智能化、社会化的新型现代交通系统。ITS 强调的是运输设备的系统性、信息交流的交互性，以及服务的广泛性。

1995 年 3 月美国交通部首次正式出版了"国家智能交通系统项目规划"，明确规定了智能交通系统的 7 大领域和 29 个用户服务功能，并确定了到 2005 年的年度开发计划。其中 7 大领域包括：出行和交通管理系统、出行需求管理系统、公共交通运营系统、商用车辆运营系统、电子收费系统、应急管理系统、先进的车辆控制和安全系统。

由于 ITS 是将出行者、道路和交通运输工具三者作为一个整体系统来综合考虑，因此使交通运输基础设施得以发挥最大效能，车辆堵塞和交通拥挤得到有效解决，出行者的安全度和舒适度得到明显改善，并通过节约能源和保护环境使全社会获得巨大的社会经济效益。由于智能交通系统加速了交通运输进入信息时代的步伐，因而成为 21 世纪现代化交通运输体系的重要发展方向；而其巨大的市场容量更决定了这是一项新兴的、大规模的国家产业，而且将是 21 世纪全球几项重大产业之一。

第三节　物流信息的发展

信息系统的建设和应用是物流现代化的主要内容。这个领域的现状如何？未来的发展趋势怎样？这是许多需方、供方企业十分关心的。IT 界对于各行业的信息化进行了多种形式的调查，中国物流与采购联合会也开展了一次物流与采购信息化应用案例的评选推介活动。本节主要对当前我国以及国际上物流信息化的应用现状和未来发展趋势，作一个初步的介绍。

一、我国物流信息发展的现状

我国的物流产业是随着社会分工的发展和社会产品总量的增长，特别是经济全球化和信息技术的发展而迅速成长起来的，并已成为社会经济发展中非常重要的组成部分，它将对传统的商业运作模式、商品流通模式及人们的生活方式产生广泛而深远的影响。

随着计算机互联网的迅速普及和发展，信息流处于一个极为重要的地位，它贯穿于商品交易过程的始终，在一个更高的位置对商品流通的整个过程进行控制，记录整个商务活动的流程，是分析物流、导向资金流、进行经营决策的重要依据。要提供最佳的服务，物流必须要有良好的信息处理和传输系统。电子数据交换技术与国际互联网的应用，使物流效率的提高更多地取决于信息管理技术水平，而计算机的普遍应用无疑为其提供了更多的需求和库存信息。因此，提高信息管理科学化水平，必然使产品流动更加容易和快速。目前，物流信息化，包括商品代码和数据库的建立，运输网络合理化、销售网络系统化和物流中心管理电子化建设等方面还有待加强和完善。可以说，没有现代化的信息管理，就没有现代化的物流服务。

（一）物流业新的利润增长点

物流业的高速增长给企业带来的是高额的物流成本。据统计，目前我国一般工业品，从出厂经装卸、储存、运输等各个物流环节，最终到消费者手中的流通费用，约占商品价格的50%。我国汽车零配件的生产中，90%以上的时间是储存、装卸和搬运。这些费用和时间上的消耗及大量存在的库存，为物流的发展留下巨大的空间，我国物流迫切需要仓储和运输、配送信息化管理的全面普及。目前我国的物流成本占 GDP 的比重超过 20%，比发达国家的平均水平高出 1 倍。以我国 GDP 为 10 万亿元计算，物流成本每节约 1 个百分点，将产生 1 000 亿元的社会财富，所以如何借用物流信息化优化管理成为一个新的利润增长点。而目前我国千万家中小企业中，实现信息化的比例不到 10%，中小型物流企业的信息化更是亟待起步。

物流企业信息化的目的是要满足企业自身管理的需要和不同类型企业在物流业务外包过程中对信息交换方的要求，也就是通过建设物流信息系统，提高信息流转效率，降低物流运作成本。而信息化需求的准确定位是物流企业信息化成功的关键。70%～80%的物流企业已经迫切需要信息化手段来解决一些发展瓶颈，并且认识到信息化能帮助他们，但却不知道如何尽快将自身业务融入物流信息化的大环境，这是当前所需迫切思考和解决的首要问题。

（二）现阶段物流信息化的核心

在仓储运输管理方面，现在约 70%的物流企业只是应用了一些标准的编码、协议、网络等基础设施建设，以内部整合资源和流程为目的的信息采集和交换，其主要的目标是通畅、低成本、标准化，如物流企业的网站建设。但这一层面的信息化只是解决了信息的采集、传输、加工、共享，从而提高决策水平，带来效益。从严格意义上来说，这并非真正的物流信息化。

在我国，物流成本过高主要体现在运输与仓储方面。物流信息系统不仅能够卓有成效地降低人力成本，而且能够彻底改变仓库管理与运输配送模式。现阶段的物流企业信息化的核心即是以物流的仓储管理及运输管理为主要内容，向外延伸到电子商务和供应链管理，如仓储存取的优化方案、运输路径的优化方案等。通过与客户的信息系统对接，形成以供应链为基础的、高效、快捷、便利的信息平台，使信息化成为提高整个供应链效率和竞争能力的关键工具。另外，值得注意的是，物流是一个网络，是资源整合，如果一个企业物流信息化程度再高，而相关的运输、包装、仓储、分拣等与之合作的企业没有信息化，彼此效率就会大打折扣。

（三）风起云涌的制造业物流

我国正在成为世界重要制造基地，珠江三角洲和长江三角洲地区已形成了规模空前的新兴工业园区，今后这些工业园还将逐渐挥师北上，自沿海地区构筑起从南到北的漫长“制造地带”。这一趋势带动了物流信息技术的飞速发展。

与互联网和电子商务等信息技术引发的物流革命不同，这次是由于制造厂商对原材料采购和库存管理以及成品运输销售的市场需求，直接带来的物流扩张的弹性效应，这也决定了作为与之配套的物流业务具有明显的制造业的特征。例如，如果某著名制造企业采取深度直销模式的话，物流企业就要相应地采取“门到门”、“桌到桌”的直运直汇运营模式。如此一来，制造厂商自然会从制造的角度进行物流系统的战略选择，在 ERP 和专用物流系统之间进行权衡。从行业经验的角度出发，厂商可以根据自己的生产业务状况和投资能力，首先考虑以下方式：把物流业务外包出去，交由第三方专业物流公司管理，但是要求第三方专业物流公司具备物流系统，而且可以与厂商自己的生产计划和财务系统对接；在生产线趋于稳定的情况下，考虑先运作原材料和供应商的物流管理系统，然后运作 ERP 系统；先选择用于生产管理的模块，然后循序渐进分步实施包括物流在内的整个 ERP 系统。

通常情况下，ERP 系统只负责订单层面的传递，难以纵向深入到物流的操作层面，特别是涉及到供应商管理库存（VMI）等模式时，则属于典型的物流系统范畴。所以，在实际作业中，有些厂商特别是多工厂的厂商可同时采用 ERP 系统并配以专业的物流仓储和运输配送系统。

（四）外资物流信息在我国的发展状态

我国加入 WTO 后，外商对华投资又掀起了新的高潮。与过去不同，现在我国已不再是以加工后出口为主要目的、成本低廉的世界工厂，而是有着广阔腹地和客户容量持续稳定增长的内销市场。

在跨国企业开始策划在我国进行生产和销售之前，那些与跨国企业有着商务渊源的商社或咨询公司乃至物流企业早已未雨绸缪，在我国做好了外资企业的物流外包准备。由于资金充裕又有过长期信息化的经验，外资企业在物流系统选型时，往往有“起点高、速度快、业务流程和系统同步设计”等特点。

外资企业在物流信息系统选型时会碰到的情况，大致分为以下几种：在跨国公司总部出资的情况下，一般由总部推荐并最终决定系统的类型，基本上尽量采用原来在本国使用过的系统，以保证集团系统的无缝链接。例如，日资企业往往倾向于采用日本物流供应商的系统，台资则愿意选择在我国台湾省有业绩的软件产品。由本地出资决策时，企业非常看中系统供应商的品牌和专业经验，首先招标入围的是国际著名的物流系统供应商；从核心业务考虑，外资企业往往不会自行开发系统，但对相关的系统接口和技术支持服务要求很高；因为有原材料的国际采购和产成品出口的业务，外资企业对系统的功能要求除了通常的运输仓储以外，还强调包括进出口通关在内的供应链物流，追求物流、商流、资金流和信息流的四流合一。

（五）汽车物流信息的发展状况

目前，国际最著名的汽车集团纷纷抢滩国内市场，产业规模越来越大，价格和速度的竞争也愈演愈烈，降低物流成本以提高物流效率已成为众企业的发展之本。

如果说以前是家电物流配送占据了物流系统领域的高端的话，现在则是汽车物流成为“领头羊”。电子看板、准时制、零库存既是生产方式也是物流方式，并且正在被国内其他非汽车企业效仿。

汽车产业涉及销售门店的网上订货、跨国的零部件采购、广域的装配仓储运输和进出口、维修、环保回收、召回等众多而复杂的环节。由于对零部件和整车物流管理的要求极其苛刻，对于物流企业而言，能否通过信息系统就取决于“准确、及时地接收采购订单和看板指令并反馈送料等物流运转状态信息”。

具体而言，汽车企业或者相关物流企业在选择系统合作伙伴时，十分重视对方在汽车行业的专业背景和成功案例，所以往往只有那些具备全面实力的著名系统供应商才能成为候选者；从实际情况来看，外资汽车企业都有较为完善的物流模式和系统支持，国内企业则主要是以生产现场管理为主，基本上没有成熟的系统；当前，汽车企业对系统的选择主要集中在零部件物流管理系统、分销结算系统、销售计划和生产计划系统。生产控制系统、质量管理和质量保证系统、广域采购配送系统和维修服务管理系统则会成为今后的重点。

另一方面，由于汽车企业牵涉到的上下游厂商很多，所以这类企业越来越重视供应链系统及其管理。

（六）自动识别信息系统的发展状况

目前，以条码特别是二维条码为主的识别系统在物流和制造领域中发挥着重要作用，而物流识别技术手段也有发生重大突破的迹象。具体表现在新一代的电子标签系统（RFID）和自动分拣系统两大方面。

在电子标签系统领域，非接触式可读写的 RFID 很可能取代纸张印刷的条码而率先在物流领域掀起一场革命。尽管在读写距离、制作成本等方面还存在障碍，不过从读写特性、信息容量和反复使用方面比较，RFID 具有巨大的技术优越性。

沃尔玛要求其主要的供货商从 2005 年起在集装箱上加挂电子标签，美国和日本的电子标签推广中心也正在进行各种各样的试验。日本也已开发出能够同时读写条码和电子标签的识读设备。平台软件厂商纷纷在自己的产品中预设有电子标签的标准驱动接口。

我国也宣布将把“加快电子标签的研发和商业应用步伐”作为国家战略。可以预见，一些高端的制造和物流企业将率先从条码系统切换到电子标签系统，打造自身在国内市场和国际市场的竞争优势。目前，北京富士通已研制出大容量、可以随时对储存内容进行追加、删除或修改的RFID——具备安全、可靠等特征。应用该系统后，企业将加速业务流程，进而提高整体工作效率，在无限的商机中不断挖掘出新的业务。

在自动分拣系统领域，传统的DPS系统需要电源布线施工，成本比较昂贵，适合于出货频率高、种类多的商品；现在新的系统采用不分正负极的电子标签，不需布线，与库内的无线射频装置组合起来，可实现分拣线上或者仓储区域内的拣货作业的高度自动化，而且安装十分简单，系统成本大大降低。

（七）物流信息软件供应商概况

据不完全统计，目前我国国内从事物流软件开发的公司有500多家，但具备规模的并不太多。国内专业的物流软件公司数量很少，这些公司即使拥有自己的物流软件产品，也主要是用于产品的销售和二次开发，通常难以全面满足不同类型企业的物流以外的系统需求。

目前已有许多优秀的软件和咨询公司逐渐从生产软件产品转向物流业务本身，提高了自己的专业咨询服务能力。物流企业也从务虚到务实，悟出了信息化的核心是应用加服务的道理。因为对于大型的物流软件企业来说，要开发一个适合各类企业的软件并非易事。所以，与其说是物流企业选择物流软件，不如说是选择长期的IT合作伙伴。系统供应商之间也已不再是单纯的软件产品竞争，而是品牌质量和服务整体实力的比拼。成熟的市场只能留下少数的优秀供应商。

此外，还有一些知名的国外物流商、IT商和咨询公司也在我国的物流软件市场中淘金。这些企业可以大体分为以下几类。

（1）国外著名的大公司，其中既有像IBM、ORACLE这样著名的IT商，也有像SAP、i2、EXE这样的专业性物流和供应链管理软件供应商。这类企业的主要市场是高端客户，如跨国公司在华的分公司、国内大型制造商或物流商。

（2）国内比较成功的物流专业性软件供应商，它们在国内市场有一定影响，如招商迪辰、中软冠群、博科、全程物流等，这些企业往往有国外资金或技术的背景，起点较高，又有本土化优势。其中特别要提到的是，有些软件公司在国内某些行业、领域比较成功，如上海时运、五奥环等在连锁分销领域有比较好的口碑。

（3）国内知名的ERP供应商，如用友、金蝶等。这些企业在财务管理系统领域取得了较大的市场份额，进而向企业管理软件ERP领域进军。这是由于这些企业有较好的客户群基础，也由于绝大多数制造业企业的信息化是以ERP为主要内容的，物流只是作为ERP的一种延伸。

（4）其他物流软件供应商，它们规模小、实力弱，大部分还很不稳定。其中有些成功的企业，主要得益于物流信息化需求的增长，自身在某些方面有一技之长，还有就是成本低，价格方面有优势。

总的来看，国内物流软件品牌上比较分散，技术上也缺乏标准化的指导，软件供应商对于物流业务的了解还很不深入，造成了供应商重技术开发、轻业务应用的倾向。事实上，物流软件和其他许多管理软件一样，核心是管理思想，物流方案首先是流程诊断、设计和优化，技术方案是第二位的。

（八）公共物流信息平台的发展

自从EDI技术问世以来，对于公共物流信息平台的研究和探索就一直没有停止过。互联网技术出现并引入中国以后，公共物流信息平台的基础应该建在互联网上，这已达成共识。

但是物流公共信息平台的难题并不在技术上，而是在商业模式上，所以一个公共信息平台是否成功，最终取决于应用，即有没有客户群使用这样的平台，并给他们带来效益，这同时也是平台自身获得生存、发展的根据。在这方面的探索和争论也一直是围绕着商业模式来展开的。主要有两派观点，一派认为公共信息平台应该是一个有形的网站，负责提供信息交换，基础信息服务，基础技术服务；另一派观点认为公共信息平台实际上是一种标准，或者是信息交换的协议，根据一种公共的信息结构、编码，所有的网站之间可以进行信息的无缝连结和交换，并不需要、也不可能建一个垄断性的公共平台网站。

实践的结果是应结合上述两种观点，既要有有形的网站提供信息交互服务，又不是唯一的、垄断的，平台的功能主要是标准化和信息共享，使得多个网站均能提供“一站式”服务。

中国电子口岸是一个公共信息平台的成功实践。中国电子口岸充分运用现代信息技术，借助国家电信公网资源，将外经贸、海关、工商、税务、外汇、运输等涉及口岸行政管理和执法的进出口业务信息流、资金流、货物流的电子底账数据，集中存放在一个公共数据中心，在统一、完全、高效的计算机平台上实现数据共享和数据交换，使口岸行政管理和执法部门可以进行跨部门、跨行业的数据交换和联网数据核查，企业可以在网上办理报关、报仓、结付汇核销、出口退税等各种进出口业务。

中国电子口岸较之现行的口岸管理模式具有以下无可比拟的优越性。

（1）一个公共数据中心，集中存放电子底账，信息资源共享。

（2）完全基于公网系统，开放性好，提供全天候、全方位服务。

（3）入网成本低。

（4）多重严密的安全防护措施使系统安全可靠。系统由政府部门直接管理，安全有保证。

中国电子口岸工程于 2001 年开始在北京、天津、上海、广州 4 个进出口口岸试点运行。其中，上海的前进步伐最为快速。由海关总署和上海市政府共同筹建的中国电子口岸数据中心上海分中心最早正式挂牌成立，它是中国电子口岸数据中心在全国建立的第一个分中心。

建材行业正在从事的一项建材物流公共信息平台是很值得关注的一项探索。有关部门在政府的支持下，从建材产品的标准化管理入手，搭建一个信息平台，采用与国际标准接轨的编码技术和认证程序，把所有建材产品信息都用数据库管理起来。在应用上从建筑设计部门入手，即要求设计部门必须使用注册的建材产品，从而引导施工企业和业主的采购。首先实现搭建采购平台，然后扩展成为物流平台。这是很有创意的探索，也是很合理的。这个案例也说明了公共信息平台是与标准化问题紧密地联系在一起的。

此外，还有一类平台主要是以技术服务为主的，如 GPS/GIS 系统。据了解，此类平台的技术正趋于成熟，主要的问题在于降低成本和培养需求，在这些问题没有解决之前，资源闲置的现象是难以避免的。

二、制约我国物流信息发展的因素

物流信息化的发展为致力于物流信息化的企业带来了巨大机遇。与此同时，物流信息化的发展在我国也存在一定的发展瓶颈，主要表现在：

（一）中小物流企业的信息化程度很低

由于大多数系统的成本较高，而中小企业的起点很低，市场上缺少适合中小企业起步的信息系统。而多数开发商认为，物流信息系统市场在低端不具备开发价值。

（二）我国物流信息化缺乏拥有自主知识产权的信息系统

目前我国国内的研发能力与国际同行还存在一定差距，物流信息系统的标准较为混乱，不成体系，难以实现互联互通和信息共享。当今我国相对成功的电子商务网站仅完成了信息发布和网上议价过程，而针对生产、仓储、运输、支付等相关物流范畴的网络信息建设，却极为滞后。对物流而言，价格确定不是结束，而是开始。谁解决了网上物流、传统物流和网上交易三者之间的协调配合问题，谁就将成为未来网络经济的真正主导者。

（三）软件开发商难以盈利

物流软件是管理软件，需求的个性化和生产的批量化难以统一，因此造成开发成本极高。解决这个问题的关键是如何规范信息技术和开发的模式，加强咨询服务，以满足企业的个性化需求。虽然“网络物流”软件设计的进入门槛很高，但是一旦进入，获利空间是非常大的。

（四）提供基础信息和公共服务的平台发展缓慢

GPS、GIS 技术服务在特大型企业的应用为 23%，在大型物流企业的应用仅为 12.5%，在中小企业基本是空白。基础技术服务应用比例过少，整个行业的整合就相对困难。

（五）物流信息化发展战略暂属空白

我国的物流信息化发展还需要一个培养人才、培养需求、培养管理技术的过程，但多数系统开发商缺乏战略眼光，未提出我国物流信息化长期发展的战略目标。

三、我国物流信息发展的趋势

（一）物流信息发展的总体趋势

2006 年是我国物流业全面开放的第一年，国内众多物流企业将受到明显冲击。第三方物流（3PL）在我国物流发展中将起到越来越重要的作用。综合物流管理信息系统概念应时而生，综合物流管理信息系统强调从供应链角度优化企业物流，针对第三方物流业典型用户开发，支持现代第四方物流业务，蕴涵了先进的物流管理理念。这种新型系统以仓储配送为核心，同时可挂接车队管理、货物跟踪等其他管理模块，可实现多仓库、多客户、跨地域管理，强调仓储配送服务的灵活性、及时性、准确性。通过专业的第三方物流运作管理模式及对物流业经营方面的深入研究，综合物流管理信息系统不仅可服务于大型企业，同时也可作为政府公共平台为社会提供服务。

由于物流行业涉及的面非常广，不仅包括仓储及配送，货运代理，火车、公路、航空、轮船运输，报关代理，最主要的还有物流管理信息平台、物流解决方案、物流咨询、公共信息平台这些物流服务中高附加值的部分。但是我国物流企业大多数只是提供运输和仓储等传统服务，只能获取较低的收益，而能够提供一揽子物流解决方案的企业很少。不过国内也有少数的企业正逐步向现代物流靠近，提供高附加值的服务，如中储物流总公司、西南物流中心等。

（二）市场格局急需物流信息化实现“两化”

面对 2006 年后外资物流企业的不断涌入，在经济全球化的大趋势下，随着信息技术的迅速发展和竞争环境的日益严峻，要大幅度降低我国企业的物流成本，增强企业的国际竞争力，就必须以信息技术和信息化管理来带动物流行业的全面发展，构建全社会的“大物流”系统。这就迫切需要物流信息化在信息资源上实现共享化，在信息网络上实现一体化，即“两化”。

1、物流信息资源共享化

以往物流企业的信息化建设十分看重硬件投入，随着企业发展的需要，信息资源的整合开发日显重要。事实上，开发物流信息资源既是物流信息化的出发点，又是物流信息化的归宿，同时，信息整合也会推动物流行业相关资源和市场的整合。我国著名物流专家陆江曾在接受采访时表示，目前，我国物流企业信息化水平较低，能利用信息技术优化配置资源的企业还不多。特别是公共信息平台的建设滞后，物流信息分散，资源不能有效整合，形成了大大小小的"信息孤岛"。我国要发展现代物流，抓住全球化和信息化带来的发展机遇，必须加强物流信息资源整合，大力推进公共信息平台建设，建立健全电子商务认证体系、网上支付系统和物流配送管理系统，促进信息资源的共享。调研数据显示，在当前物流企业的信息化发展中，对公共信息网络平台的需求比例大约为 56.67%。有关专家建议，物流信息化应纳入国家信息化发展的总体规划，统筹考虑、协调发展，从体制上打破条块分割和地区封锁，从信息资源整合入手，抓好物流资源的整合。

2、物流信息网络一体化

随着经济全球化以及国际贸易的发展，一些国际大型物流企业开始大力拓展国际物流市场。而物流全球化的发展走势，又必然要求跨国公司及时准确地掌握全球的物流动态信息，调动自己在世界各地的物流网点，构筑起全球一体化的物流信息网络，为客户提供更为优质和完善的服务。加入 WTO 以后，我国的物流企业要想适应国际竞争并在竞争中盈利，建立全国性乃至全球性的网络系统同样必不可少。正如一位物流发展有限公司的技术总监所说："通过一体化的网络，物流企业可以产生特殊的规模经济效应，更有利于吸引用户，降低成本。"

【物流案例精选】

我国的物流运输管理与信息技术

目前，有关现代物流发展中信息化问题的讨论已经很多，信息化建设的重要性已经在一定程度上被人们广为重视。但是我国现阶段的物流运输管理中，在信息技术的实际应用效果却差强人意。

我国物流运输信息系统的研制和开发在对世界最新的信息技术手段的采用和跟踪速度方面已经赶上甚至超过了美国。但是，我国运输企业在对信息技术的实际应用程度和应用效果上与美国的运输企业相比差距巨大。这一差距严重地影响着我国的广大运输企业业务管理能力和服务水平的提高。所以，比较研究我国和美国的物流运输企业的信息化实践的异同，有利于我国运输产业的信息化建设健康、快速地发展。

美国是个经济高度活跃、信息技术应用高度发达的国家。美国的物流运输业务管理所面临的问题是在规模化经营和高强度作业管理的情况下，如何进一步加强管理力度，降低人力成本，提高客户服务质量；而我国的广大运输企业的普遍情况是，企业规模不大，作业强度不高，人工成本低廉，高端客户市场尚不够成熟，客户对服务质量总体上要求不高。

国家综合实力的增强是通过无数个作为个体的企业核心业务的发展壮大实现的，所以企业的信息化建设必须注重实效性。

对于目前流行的ERP、CRM、SCM、BRP等技术，不同类型、不同层次的企业应该客观准确地寻找自己的定位，不可盲从。我国市场真正需要的应该是在国际先进管理理念指导下开发出来的简单的、经济的、实用的、功能较为专一的业务管理软件。因为只有容易操作，才易于产业化推广。

世界商业巨头沃尔玛的物流信息管理

沃尔玛的商品以“价廉物美”著称，而沃尔玛能够做到低价格，取决于完善的分销系统。而分销系统又是靠先进的计算机技术来保证的。公司将电脑运用于分销系统和存货管理。公司总部有一台高速电脑，同20个发货中心及1 000多家商店连接。通过商店付款柜台扫描器售出的每一件商品，都全自动计入电脑。当某一货物减少到一定数量时，就会发出这种信号，使商店及时向总部要求进货总部安排货源后，送往离商店最近的分销中心，再由分销中心的电脑安排发送时间和路线。在商店发出订单后48h，所需的货品就会全部出现在货架上。这种高效的存货管理，使公司既能迅速掌握销售情况，又能及时补充存货不足；既不积压存货，又不致使商品断档，加速资金周转，大大降低了资金成本和库存费用。

同时，沃尔玛于1986年与戴姆勒奔驰公司签订合约，斥资2 400万美元，建立了一个卫星交互式通信系统。凭借该系统，它能在所有的商店、分销中心进行通信。公司设有一个6频道的卫星系统，可以同时和1 000多家商店进行视频通话。这样，总部的会议情况和决策都可以通过卫星传送到各分店，也可以进行新产品演示。沃尔玛一共花费了7亿美元才建成了现在的计算机卫星系统。这是当前世界上最大的民用数据库，比美国电话电报公司的还要大。这个高科技的通信系统使信息得以在公司内部及时、快速、通畅的流动。正是这一先进的通信系统构成了沃尔玛高效管理的基础。高科技的分销系统是沃尔玛得以发展壮大与维持控制的重要因素。

【复习思考题】

一、思考题

1. 如何理解物流信息的基本概念？

2．EDI、EOS、POS、GIS、GPS 各代表什么信息内容？

3．物流信息包括哪些内容？

4．物流信息的功能是什么？

5．简述条码码制的构成。

6．条码与扫描设备在物流中是如何应用的？

7．在物流管理中如何应用 EDI、EOS、GIS、GPS？

8．EOS 系统由哪些主体构成？

二、选择题（单选或多选）

1．（　　）是反映物流各种活动内容的知识、资料、图像、数据、文件的总称。

A．物流成本　　B．物流信息　　C．物流体制　　D．物流设备

2．我国通用商品条码标准也采用 EAN 条码结构，它主要是由 13 位数字及相应的条码符号组成，其中前缀码有三位数，国际物品编码协会统一分配给我国的前缀码有（　　）几种。

A．690　　B．691　　C．692

D．693　　E．694　　F．695

3．物流信息与其他信息相比具有（　　）特征。

A．信息量大　　B．更新快　　C．来源多样化　　D．涵盖面广

4．全球定位系统的英文缩写是（　　）。

A．EDI　　B．EOS　　C．POS　　D．GIS

E．GPS

5．地理信息系统的英文缩写是（　　）。

A．EDI　　B．EOS　　C．POS　　D．GIS

E．GPS

6．销售时点信息系统的英文缩写是（　　）。

A．EDI　　B．EOS　　C．POS　　D．GIS

E．GPS

7．（　　）负责整个商场进、销、调、存系统的管理以及财务管理、库存管理、考勤管理等。

A．管理信息系统　　B．物流信息系统

C．运输信息系统　　D．库存设备系统

8．（　　）是通过通信网络让不同机构的计算机或各种连线终端相通，促进信息的收发更加便利的一种共同的信息中心。

A．VAN　　B．商业增值网络中心

C．公共的信息中心　　D．英特网

第七章　物流组织与控制

【知识目标】

熟练掌握物流组织结构、物流成本管理、物流质量管理、物流标准化和物流绩效评价的基本概念；掌握物流成本管理、物流质量管理、物流绩效评价的基本方法；了解物流控制的先进理念和先进的管理模式。

【能力目标】

能解释物流组织结构、物流成本管理、物流质量管理、物流标准化和物流绩效评价的基本内涵，分析有关物流组织结构的简单问题和特点；能进行简单的物流成本核算和使用物流成本分析软件；知道国内外物流成本理论的发展，并能结合具体实际加以应用。

【教学重点】

本章的教学重点是物流组织结构、物流成本管理、物流质量管理、物流标准化和物流绩效评价的基本概念；物流成本管理、物流质量管理、物流绩效评价的基本方法，关键是要能够将理论知识应用于物流管理的具体实践中去。

第一节　物流组织结构

组织结构是描述组织的框架体系，一个组织通过对任务和职权进行分解、组合就形成了一定的组织结构。组织结构设计方面的理论称为组织设计理论。组织结构的设计过程也就是一个组织的组织化过程。组织化的目的是协调组织内部各种不同的活动，使组织整体达到最优。人们形象地把组织比喻为一个有机物，组织结构类似于有机物的解剖结构，组织所在的市场环境类似于有机物赖以生存的大自然环境。一个组织只有不断适应市场环境的变化，才能得以生存。显然，这里的“组织”是指具有独立法人地位的企业、厂商或公司。

物流组织从属于整个组织或公司，是组织中的一部分。对物流的任务和职权进行分解、组合，就形成了一定的组织结构，称为物流组织结构。由于受成长背景、行业特征、信息化水平、企业规模等各种因素的影响，各公司的物流组织结构千变万化，不尽一致，物流活动的规模和水平也相差很大。本章只探讨一些典型的物流组织结构。

一、传统企业组织结构

（一）传统企业组织结构的特征

传统企业组织结构的特征是物流活动分散，对于物流活动没有明确的目标，也不作统一的规划、设计和优化，物流活动只是被看作各部门的必要活动，配合各部门目标的实现。生产部门、市场部门和财务部门是各类企业最基本、最传统的部门，它们具有悠久的历史。在物流的战略地位未被确立之前，物流活动一直未受到应有的重视，人们对物流的认识不全面，也不成系统，各种物流活动曾一度分散在这三个部门，分别受这三个部门经理的管理并由上层经理协调，传统企业组织结构中的物流活动几乎处于割裂状态。

成为一个组织的首要条件是：必须有明确的组织目标。由于传统企业中的物流活动分散在各个部门，没有明确目标，所以传统企业中不存在物流组织，当然也就不存在物流组织结构一说。

（二）传统企业组织结构中存在的一些问题

物流活动分散的传统企业存在诸多问题，主要表现在物流活动目标冲突和物流活动效率低下两个方面。

1. 物流活动目标冲突

企业各部门都有明确的经营目标和评价体系，总的经营目标经分解变成各种活动的分目标。在传统企业中，由于各部门的经营目标不一致，往往导致了各部门的物流活动之间出现目标冲突。例如，物流活动中配送渠道的选择、客户服务水平的设置以及现场存货的控制都是市场部门的职责；部门间的沟通以及存货水平的控制是财务部门的职责；而生产部门一般负责生产、仓储、运输以及原材料供应（现由采购部门负责）等物流活动。这些物流活动分别由各部门管理，并有各自的经营目标，从而不可避免地在这些活动中会出现目标冲突。

2. 物流活动效率低下

物流活动的分散处理带来的另一个问题是业务运作互相牵制，物流活动效率低下。例如在一些小型的流通性企业中，即使企业内部已实现信息化，由于物流活动的分散处理，也经常出现这样一种情形：采购部采购的货物已到达仓库，但仓库未及时对其验收确认并作正式入库处理，所以库存中没有相应的货物数据，这使得销售部无法配送针对这些货物的订单，而只能是望“货”兴叹。对于这种情况，各部门之间往往是互相推诿责任，导致职责不明、物流活动效率的低下和资源的浪费。

二、几种典型的物流组织结构

传统企业中由于存在上述诸多问题，使得有必要将某些物流活动提升出来，组建一个独立的物流部门。该物流部门有明确的经营目标和任务，物流目标和任务经分解形成各种子目标和子任务，这些子目标和子任务分别由相应的子部门负责实现和履行。物流部门内部子部门的设立方式、子部门与物流总部、子部门之间的权责关系构成了物流组织结构。

（一）几种典型的物流组织结构

1、顾问式

顾问式物流组织结构是一种过渡型、物流整体功能最弱的物流组织结构。在顾问式物流组织结构下，物流部门在企业中只是作为一种顾问的角色，它只负责整体物流的规划、分析、协调和物流工程，并产生决策性的建议，对各部门的物流活动起指导作用，但物流活动的具体运作管理仍由各自所属的原部门负责，物流部门无权管理。顾问式物流组织结构如图 7-1 所示。

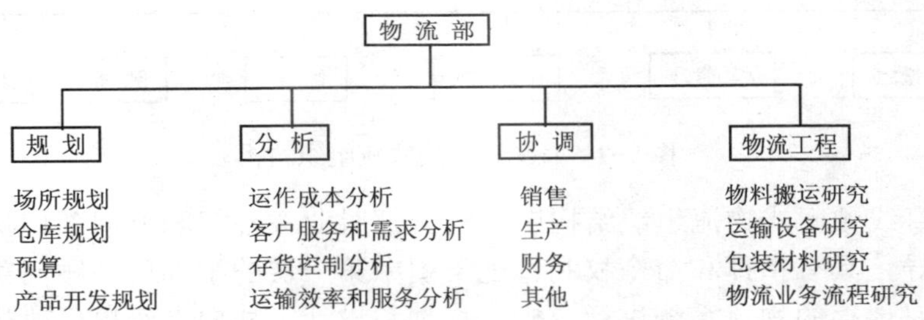

图 7-1　顾问式物流组织结构

顾问式物流组织结构带来的问题是：物流部门对具体的物流活动没有管理权和指挥权，物流活动仍分散在各个部门，所以仍会出现物流效率低下、资源浪费以及职权不明等弊病。

2、直线式

直线式物流组织结构是指物流部门对所有物流活动具有管理权和指挥权的物流组织结构，是一种较为简单的组织结构形式。直线式物流组织结构如图 7-2 所示。

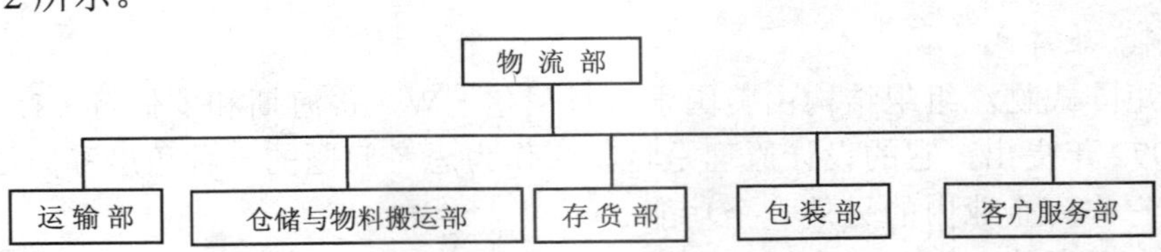

图 7-2　直线式物流组织结构

在直线式物流组织结构下，物流总经理一方面管理下属各部门日常业务的运作，同时又兼顾物流系统的分析、设计和规划，这对物流经理的业务水平提出了较高的要求。直线式物流组织结构的优点是：物流经理全权负责所有的物流活动，先前出现的互相牵制现象不再出现，物流活动效率较高，职权明晰。其缺点是：物流总经理的决策风险较大。

3. 直线顾问式

单纯的直线式或顾问式物流组织结构都存在一定的缺陷，逻辑上的解决办法是将这两种组织结构形式合二为一，形成直线顾问式的物流组织结构。直线顾问式物流组织结构如图 7-3 所示。

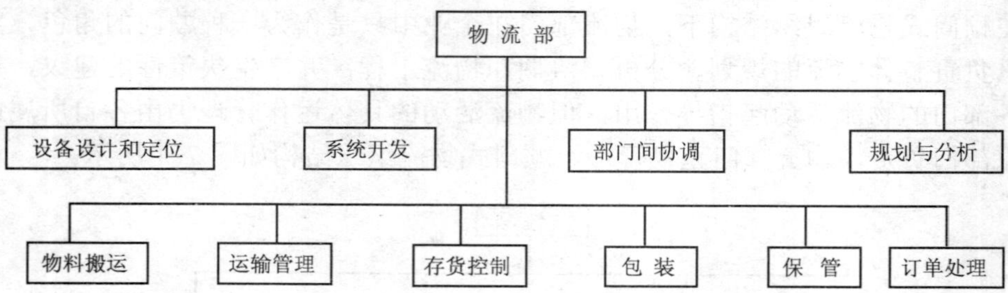

图 7-3 直线顾问式物流组织结构

在直线顾问式物流组织结构中，物流部对业务部门和顾问部门均实行垂直式领导，具有指挥和命令权利。处于图中第一层的子部门是顾问部门，其职责是对现存的物流系统进行分析、规划和设计，并向上级提出改进建议，它们对图中下层的业务部门没有管理权和指挥权，只起到指导和监督的作用。图中第二层的子部门是业务部门，负责物流业务的日常运作并受物流（总）部的领导。

这种组织结构方式消除了物流在企业中的从属地位，恢复了物流部门功能上的独立性。当然，这并不意味着物流部门可以与企业其他部门隔绝而独自运作。物流部门中如规划、协调等顾问性功能仍有必要与其他部门紧密配合，只有这样才能使企业作为一个整体得到改进，而非仅仅是企业的物流功能得到改进。

4. 矩阵式

矩阵式物流组织结构由美国学者丹尼尔·W·蒂海斯和罗伯特·L·泰勒于 1972 年提出，它的设计原理是将物流作为思考问题的一种角度和方法，而不把它作为企业内的另外一个功能。

众所周知，履行一个物流业务需要跨越多个部门，时间较长，涉及的人和事较多，所以在某种程度上，一个物流业务也可看作是一个项目。泰勒和蒂海斯提出了矩阵式的物流组织结构，其大体内容是：履行物流业务所需的各种物流活动仍由原部门（垂直方向）管理，但水平方向上又加入类似于项目管理的部门（一般也称为物流部门），负责管理一个完整的物流业务（作为一个物流“项目”)，从而形成了纵横交错的矩阵式物流组织结构。矩阵式物流组织结构如图 7-4 所示。

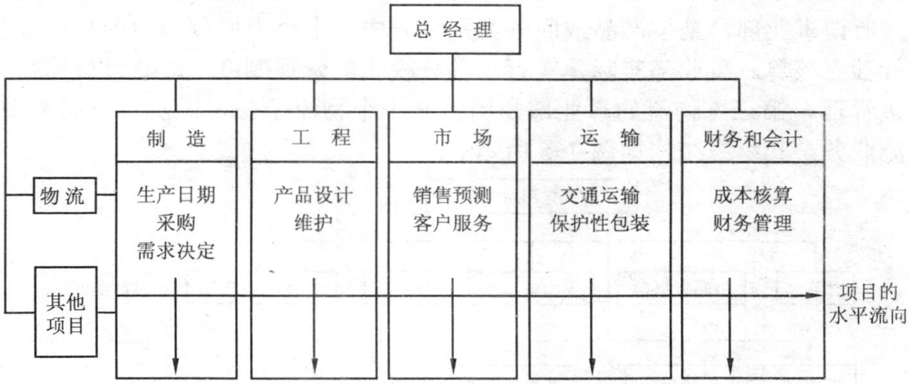

图 7-4 矩阵式物流组织结构

在矩阵式物流组织结构下，物流“项目”经理在一定的时间、成本、数量和质量约束下，负责整个物流“项目”的实施（水平方向)，传统部门（垂直方向）对物流“项目”起着支持的作用。

矩阵式物流组织结构有三个优点：第一，物流部门作为一个责任中心，允许其基于目标进行管理，可以提高物流运作效率。第二，这种形式比较灵活，适合于任何企业的各种需求。第三，它可以允许物流经理对物流进行一体化的规划和设计，提高物流的整合效应。矩阵式组织结构的缺点是：由于采取双轨制管理，职权关系受“纵横”两个方向上的控制，可能会导致某些冲突和不协调。

（二）第三方物流组织结构

第三方物流是资本密集型和技术密集型兼顾的企业，一般规模较大，资金雄厚，并且有着良好的物流服务信誉，它的宗旨是利用自身专业化、高效的物流信息平台和先进的物流设备，为客户提供个性化的各种物流服务。多样化的客户需求是第三方物流所面对的一个特殊的市场环境；另外，随着第三方物流业务的发展和延伸，物流作业跨越的区间越来越大，营业范围涉及国内配送、国际物流服务、多式联运和邮件快递等。跨区域作业使得信息技术和物流技术在第三方物流中扮演着越来越重要的角色，为保持竞争力，第三方物流需要不断提高自身的物流技术水平，开发建设物流管理信息系统，应用 EDI、GPS、RF、EOS、Internet、Barcode 等新技术，对货物进行动态跟踪和信息自动处理。

资本的合理应用、不断发展的技术和动态变化的外部客户需求对第三方物流内部的组织管理提出了较高的要求。上述的物流组织结构很难适应第三方物流资本、技术、客户三方面动态需求的变化，而采取事业部的组织结构能较好地对第三方物流进行有效的管理和运作。

所谓事业部，是按产品或服务类别划分成一个个类似分公司的事业单位，实行独立核算。事业部实际是实行一种分权式的管理制度，即分级核算盈亏，分级管理。第三方物流的事业部相当于一个个物流子公司，负责不同类型的物流业务。其组织结构如图 7-5 所示。

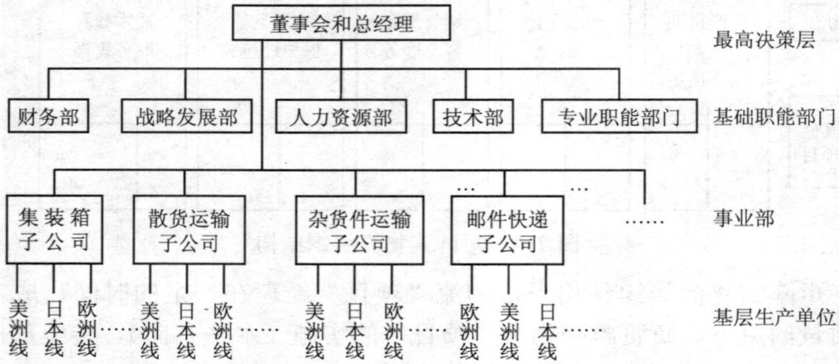

图 7-5 事业部制的第三方物流组织结构

事业部制是一种集权—分权—集权的管理方式，分权主要体现在各事业部拥有计划制订、自主决策和指挥领导的权力，集权表现为总公司对各事业部在资金管理、利润管理和营运监督方面实行集权式管理。

在事业部制的第三方物流组织中，事业部长为事业部的最高负责人，其地位相当于独立公司的经理，事业部长全权处理该事业部的一切事务，可根据市场变化情况，自主采取对策；总公司的职能部门不要求事业部的职能部门上报材料，不实行垂直领导，而是为事业部的职能部门提供服务。事业部的职能部门只对事业部长负责，从而保证了事业部长的决策能切实得以履行。

各事业部严格采取独立核算制，决不用盈利的事业部去弥补亏损的事业部。各事业部必须靠自身的力量实现利润增长。事业部之间的关系是市场竞争的关系，通常按市场竞争的原则建立合同关系。

总公司在资金管理、利润管理和营运监督方面对事业部采取集权式管理。

第三方物流组织结构采用事业部的优点是：第一，各事业部按物流服务类别划分，有利于充分发挥第三方物流的专业优势，提高物流服务的质量；第二，各事业部采取独立核算制，使得各部门的经营情况一目了然，便于互相比较，互相促进；第三，各事业部由于权力下放，分工明确，因而形成一种责任经营制，有利于锻炼和培养出精通物流经营管理的人员，有利于发挥个人的才能和创造性。但是事业部的组织结构也不是完美无缺的，主要存在诸如管理费用高和综合能力差等问题，容易产生本位主义和分散倾向。

第二节　物流成本管理

物流成本是伴随着物流活动而发生的各种费用，物流成本的高低直接关系到企业利润水平的高低。人们对物流的关注首先是从物流成本开始的，物流被视为企业的“第三利润源泉”。因此，物流成本管理已经成为企业物流管理的一项核心内容。

一、物流成本

（一）物流成本的构成与特点

1. 物流成本的构成

物流成本是指物流活动中所消耗的物化劳动和活劳动的货币表现，或者说是产品在空间位移（含静止）过程中所耗费的各种物化劳动和活劳动的货币表现。具体地说，它是产品在实物运动过程中，如包装、装卸搬运、运输、储存、流通加工、配送、信息处理等各物流活动过程中所支出的人力、财力和物力的总和。

不同类型企业对物流成本的理解有所不同。对专业物流企业而言，企业全部营运成本都可以理解为物流成本；对生产企业而言，其物流成本则是指物料采购、储存和产品销售过程中为了实现物品的物理性空间运动而引起的货币支出，但通常不包括原材料、半成品在生产加工过程中而产生的费用；对商品流通企业而言，其物流成本则是指商品采购、储存和销售过程中商品实体运动所产生的费用。

一般来说，物流成本由以下几部分构成：

提示板 7-1：物流成本的构成

人工费用、作业消耗、物品损耗、利息支出、管理费用。

（1）人工费用　人工费用是指为物流作业人员和管理人员支出的费用，如工资、奖金、津贴、社会保险、医疗保险、员工培训费等。

（2）作业消耗　作业消耗是指物流作业过程中的各种物质消耗，如包装材料、燃料、电力等的消耗，以及车辆、设备、场站库等固定资产的折旧费。

（3）物品损耗　物品损耗是指物品在运输、装卸搬运、储存等物流作业过程中的合理损耗。

（4）利息支出　利息支出是指用于各种物流环节、占有银行贷款的利息支出等。对工商企业而言，这主要指库存占用资金的成本。

（5）管理费用　管理费用是指组织、控制物流活动的各种费用，如通信费、办公费、差旅费、咨询费、技术开发费等。

2. **物流成本的特点**

物流成本和其他成本比较，有许多不同之处，具体表现在以下几个方面：

（1）物流成本的隐含性　又称为物流冰山现象。物流冰山现象本来是日本早稻田大学西泽修教授研究有关物流成本问题时所提出来的一种比喻，在物流学界，现在已经把它延伸成物流基本理论之一，把它看成是德鲁克学说的另一种描述。

物流冰山理论认为，在企业中，绝大多数物流发生的费用，是被混杂在其他费用之中，而能够单独列出会计项目的，只是其中很小一部分，这一部分是可见的，常常被人们误解为它就是物流费用的全貌，其实只不过是浮在水面上的、能被人看见的冰山一角而已。如图 7-6 所示。

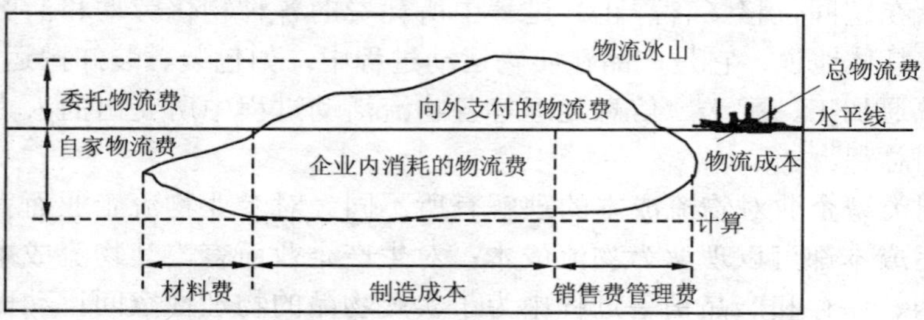

图 7-6　物流冰山说图解

（2）物流效益的背反现象　物流效益的背反现象是物流成本的另一个特点，物流成本的发生源很多，其成本发生的领域往往在企业里面是不同部门管理的领域，因此，这种部门的分割，就使得相关物流活动无法进行整体协调和优化，出现一种物流功能的成本削减，可能会使另一种物流功能的成本增加，即此长彼消、此损彼益的现象是经常有的。由于物流活动是一整体，就必须考虑整体成本最低，而不是局部或某个环节的节约，这就要求人们必须从物流系统的高度去寻求总体的最优。

（3）成本削减的乘数效应　物流成本的削减降低，对企业利润的增加具有显著影响。假设企业的销售额为 100 万元，物流成本为 20 万元，如果企业的物流成本下降 1 万元，就可使企业增加 1 万元的收益。这就是物流成本削减的乘数效应。

（4）物流成本中的非可控现象　物流成本中有的成本费用可由物流部门控制掌握其发生额的大小，但有的成本费用则是物流部门无法控制和掌握的，如物流对象在仓储环节的保管费用，由于进货过多造成积压或生产过多、未能及时销售而造成积压增加的库存保管费用，以及紧急运输等计划外发货的费用。

（二）物流成本的分类

1、按物流活动范围分类

（1）供应物流费用　它是指从商品采购直到批发、零售业者进货为止的物流过程中所需的费用。

（2）企业内部物流费用　它是指从购进的商品到货或由本企业提货时开始，直到最终确定销售对象的时刻为止的物流过程所需要的费用，这包括运输、包装、保管等费用。

（3）销售物流费　它是指从确定物流对象时开始，直到商品送交到客户为止的物流过程中所需要的费用，这包括包装、商品出库、配送等方面的费用。

（4）回收物流费　这是指包括材料、容器等由销售对象回收到本企业的物流过程所消耗的费用。

（5）废弃物物流费　这是指包括为了处理已经成为废弃物的产品、包装物以及运输容器、材料等物品所进行的诸活动而发生的费用。

2、按物流费用的支出形式分类

（1）材料费　因材料的消耗而发生的费用，包括包装材料费、燃料费、消耗性工具费以及其他物料消耗等费用。

（2）人工费　因人力劳务的消耗而发生的费用，包括工资、奖金、福利费、医药费、劳动保护费以及其他一切用于职工的费用。

（3）水电费　它包括水费、电费、冬季取暖费、绿化费及其他费用。

（4）维护费　它是指建筑物、机械设备、车辆、搬运工具等固定资产的使用、运转和维护修理所产生的费用。

（5）一般经费　它包括差旅费、交通费、会议费、书报资料费、文具费、邮电费、城市建设税、能源建设税及其他税款，还包括物资及商品损耗费、物流事故处理及其他杂费等一般支出。

（6）特别经费　它是指采用不同于财务会计的计算方法所计算出来的物流费用，包括按实际使用年限计算的折旧费和企业内利息等。

（7）委托物流费　它是指将物流业务委托给企业外部的物流业者时向其支付的费用，包括向其支付的包装费、运费、保管费、出入库费、手续费、装卸费等。

（8）其他企业支付费用　在物流成本中，还应包括向其他企业支付的物流费。例如，商品购进采用送货制时包含在购买价格中的运费，在这种情况下，虽然实际上企业内并未发生物流活动，但却发生了物流费，这笔费用也应该作为物流成本而计算在内。

3、按物流费用的主要用途分类

（1）物流作业费用　它是指直接用于物品实体运动各环节的费用，包括包装费（运输包装费、集合包装与解体包装费等）、运输费（营业性运输费、自备运输费等）、保管费（物品保管、养护费等）、装卸费（营业性装卸费、自备装卸费等）、流通加工费（外包加工费、自行加工费等）。

（2）信息费用　它是指用于物流信息收集、处理、传输的费用，包括线路租用费、入网费、网站维护费、计算机系统硬件和软件支出等。

（3）物流管理费用　它是指用于对物流作业进行组织、管理的费用，包括物流现场管理费用、物流机构管理费用等。

这种分类法可以用来比较不同性质费用所占的百分比例，发现物流成本问题发生在哪个环节。

二、物流成本管理

物流成本管理指的是“对物流相关费用的计划、协调和控制”。实际上对物流成本管理的工作要建立在物流成本计算的基础之上，然后进行物流成本的计划与预算的编制，再对其计划与预算的运行进行测定，并用计划或预算目标去考核，即绩效评定，从而实现改进物流作业活动，控制物流成本，提高物流活动的经济效益的目的。

（一）物流成本管理的作用

物流成本管理无论对于企业还是整个国家而言都具有重要的意义。

1、物流成本管理对企业的作用

（1）提高企业物流效率的基础　企业物流活动的效率及物流总体管理水平如何，关键取决于物流服务水平与物流成本支出是否匹配合理。而要对这种匹配关系进行有效的分析，首先应清楚地了解物流成本的支出情况，并对物流成本进行及时、准确的核算，以便发现差距所在。物流服务水平与物流成本支出不匹配的那些物流活动应成为企业提升物流效率的重点环节。对于物流服务的总体水平与物流成本总支出不匹配的企业，应该引起重视，下大力气抓好物流管理工作。

物流成本预算作为物流成本管理的重要手段，也应作为企业改进物流绩效的重要依据。企业可利用每项物流活动的预算标准，来达到对物流绩效的事前控制，从而促使物流作业和管理人员致力于提高物流活动的效率。

（2）有助于企业降低成本，提高价格竞争力　物流成本是企业产品总成本的重要组成部分，加强物流成本管理可以使物流作业和管理人员关心物流成本的支出情况，致力于降低物流成本，从而降低产品的总成本，为企业产品降低价格、提升产品竞争力、争取更大的市场份额奠定基础。从中国仓储协会2000年3月对我国家电、电子、日化、食品等行业具有代表性的450家大中型企业的调查可以看出，物流成本占产品销售成本的比例较高，比例在12%以上的占总数的48.5%。可见，物流成本挖掘潜力的空间还很大，由物流成本下降所带来的利润是巨额的。

2、*物流成本管理对国家的作用*

物流成本对于任何国家或地区而言，在GDP中都占有相当大的份额。社会物流成本占GDP的比例的大小反映了一个国家的物流效率。美国社会物流成本占GDP的比重从1982年的14.5%下降到了2003年的8.5%，这对推动美国经济的发展起到了重要作用。中美两国物流成本占GDP比重的对比见表7-1所示。

表7-1　中美两国物流成本占GDP比重的对比

国家	物流成本总额/10亿美元					物流成本占GDP比重（%）					10年成本的节约额/10亿美元（1994～2003）
	1994	2000	2001	2002	2003	1994	2000	2001	2002	2003	
中国	124.8	229.6	245.1	265.6	301.8	22.1	21.2	21.1	21.5	21.4	2.056
美国	712	1 003	957	910	936	10.1	10.2	9.5	8.7	8.5	14.976

资料来源：中国物流学术前沿报告（2005～2006）

从表中可以看到，美国从2001年开始物流成本占GDP比重下降到了10%以下，从1994年到2003年这十年间，美国这一指标下降了1.6个百分点，从而为社会节约物流成本近 150 亿美元。而我国这一指标近十年来总体上呈下降趋势，从1994年的22.1%下降到了2003年的21.4%，这一指标只下降了0.7个百分点，仅为社会节约物流成本20.56亿美元，其节约额仅为美国的13.7%。由此可见，我国物流成本水平远远高于美国的水平，我国物流总体运行效率也远远低于美国。因此，强化物流成本管理对于提升我国的整体经济实力具有十分重要的作用。

（二）影响企业物流成本的因素

影响企业物流成本的因素有很多，其中最主要的有三个：竞争性因素、产品因素和空间因素。

1、*竞争性因素*

市场环境变幻莫测，充满了激烈的竞争，企业处于这样一个复杂的市场环境中，企业之间的竞争也并非单方面的，它不仅包括产品价格的竞争，还包括顾客服务的竞争；而高效的物流系统是提高顾客服务的重要途径。如果企业能够及时、可靠地提供产品和服务，则可以有效地提高顾客服务水平，这都依赖于物流系统的合理化，而企业的顾客服务水平又直接决定了物流成本的多少，因此物流成本在很大程度上是由于日趋激烈的竞争而不断发生变化的。企业必须对竞争作出反应，而每一个反应都是以物流成本的提高为代价的。影响顾客服务的主要方面体现在：

（1）订货周期　企业物流系统的高效必然可以缩短企业的订货周期，降低顾客的库存，从而降低顾客的库存成本，提高企业的顾客服务水平，增加企业的竞争力。

（2）库存水平　企业的库存成本提高，可以减少缺货成本，即缺货成本与存货成本成反比。库存水平过低，会导致缺货成本增加，但库存水平过高，虽然会降低缺货成本，但是存货成本会显著增加，因此，合理的库存应保持在使总成本最小的水平上。

（3）运输　企业采用更快捷的运输方式，虽然会增加运输成本，却可以保证运输质量，缩短运输时间，提高企业的竞争力。但这要建立在对顾客服务水平和自身成本的权衡上。

2、产品因素

产品的特性不同也会影响物流的成本，其主要体现在：

（1）产品价值　随着产品价值的增加，每一领域的成本都会增加。运费在一定程度上反映货物移动的风险，一般来说，产品价值越大，对其所需使用的运输工具要求就越高，仓储和库存成本也随产品价值的增加而增加。高价值意味着存货中的高成本，高价值的产品其过时的可能性更大，在储存时所需的物理设施也更复杂和精密。高价值的产品往往对包装也有较高的要求。

（2）产品密度　产品密度越大，每车装的货物越多，运输成本就越低，同样，仓库中一定空间内存放的货物也越多，这样，库存成本也就越低。

（3）易损性　易损性对物流成本的影响是显而易见的，易损性的产品对运输和库存都提出了更高的要求。

（4）特殊搬运　某些产品对搬运提出了特殊的要求，如利用特殊尺寸的搬运工具，或在搬运过程中需要加热或制冷等，这些都会增加物流成本。

3、空间因素

空间因素是指物流系统中工厂或仓库相对于市场或供货点的位置关系。若工厂距离市场太远，则必然要增加运输费用。

（三）降低物流成本的途径

降低物流成本是企业的“第三利润源泉”，也是企业可以从中挖掘利润的一片新的绿地。物流成本在企业中占有很大的比重，但一直未受到足够的重视，传统的企业总是将目光关注于制造成本的降低和销售利润的提高，关注于如何提高产品质量，却很少考虑如何以最小的成本将产品准时、准确地送到顾客手中，或准时、准确地获得原材料和半成品。随着顾客对交货的要求越来越高，物流成本也随着顾客服务水平而水涨船高，物流逐渐吸引了企业家的注意力，他们逐渐发现了这块未开发的处女地。于是，物流成本的降低被认为是企业获得利润的重要途径。从长远的角度来看，降低企业的物流成本可通过以下几个途径。

提示板 7-2：降低物流成本的途径

物流合理化、物流质量、物流速度、物流人才。

1、物流合理化

物流合理化就是使一切物流活动和物流设施趋于合理，以尽可能低的成本获得尽可能好的物流服务。物流的各个活动的成本往往此消彼长，若不综合考虑的话，必然会造成物流费用的极大浪费。对于一个企业而言，物流合理化，是降低物流成本的关键因素，它直接关系到企业的经济效益，也是物流管理追求的总目标。物流的合理化要根据实际物流流程来设计、规划，不能单纯地强调某环节的合理、有效，节省成本，而是要通盘考虑。因此，设计一个合理的物流服务方案，绝非开几次会就能解决，而需要广博的知识及广泛的调查，这里包括运输方式、运输路线的选择，还有仓库的选择、货物的堆码技术等各个领域的知识。

2、物流质量

加强物流质量管理，也是降低物流成本的有效途径，这是因为只有不断提高物流质量，才能不断减少和消灭各种差错事故，降低各种不必要的费用支出，降低物流过程的消耗，从而保持良好的信誉，吸引更多的客户，形成规模化的集约经营，提高物流效率，从根本上降低物流成本。

3、物流速度

加快物流速度，可以减少资金占用，缩短物流周期，降低储存费用，从而节省物流成本。海尔公司提出的“零运营资本”，就是靠加快采购物流、生产物流、销售物流的速度，来缩短整个物流周期，加大资金的利用率，从而达到零运营资本。美国生产企业的物流周期为平均每年 16～18 次，而我国还不到 2 次，也就是说，生产同样的东西，我们需要的资金是对方的 8～9 倍。由此可见，在我国，通过提高物流效率来降低物流成本的空间非常巨大，这里蕴涵着一个亟待开采的“大金矿”。

4、物流人才

归根结底，21 世纪的竞争是人才的竞争。使物流合理化，提高物流服务质量及加快物流速度，这些都需要专业人员去做，他们的技能，工作方法、态度，都将间接影响企业物流成本的大小。我们要想发展物流，实现现代化物流，就必须重视物流人才的培养与培训，同时还要制订出培养人才、留住人才、使用人才的人才管理办法，给他们创造一个良好的工作环境。

（四）物流成本合理化管理

物流成本合理化管理主要包含以下内容。

1、物流成本预测和计划

物流成本预测是对成本指标、计划指标事先进行测算平衡，寻求降低物流成本的有关技术经济措施，以指导成本计划的制订；而物流成本计划是成本控制的主要依据。

2、物流成本计算

在计划开始执行后，对物流各环节产生的物流耗费进行归纳，并以适当方法进行计算。物流成本计算是为物流管理服务的。在日常物流管理中，一般来说，物流成本计算的目的是为了提示物流成本的大小，提高企业领导者和员工对物流重要性的认识，发现物流活动中存在的问题，并对物流活动进行计划、控制和业绩评价，指出由其他部门引起的不合理的物流活动。总之，物流成本计算是物流成本管理的基础。

3、物流成本控制

对日常的物流成本支出，采取各种方法进行严格的控制和管理，使物流成本减少到最低限度，以达到预期的物流成本目标。

4、物流成本分析

对物流成本计算的结果进行分析，检查和考核物流成本计划的完成情况，找出影响物流成本升降的主客观因素，总结经验，发现问题，提出有效措施，达到不断降低物流成本的目的。

5、物流成本信息反馈

收集、整理与物流成本有关的数据和资料，并提供给决策部门，使其掌握情况，加强对物流成本的控制，保证物流成本目标的实现。

6、物流成本决策

根据物流成本信息反馈的结果，决定采取能以最少耗费获得最大效果的最优方案，以指导今后的工作，更好地进入物流成本管理的下一个循环过程。

第三节　物流质量管理

物流是发展和维持全面质量管理的主要组成部分，物流的一个重要目标是质量的持续改善。当质量不合格时，像物流这样的典型服务就会被否定，就必须重新做一遍。物流本身必须履行一定的质量标准。物流质量管理是指以全面质量管理的思想，运用科学的管理方法和手段，对物流过程的质量及其影响因素进行计划、控制，使物流质量不断得以改善和提高。物流的质量管理是物流管理的重要组成部分。

一、物流质量的定义

物流质量的概念既包含物流对象质量，又包含物流手段、物流方法的质量，还包含物流工作质量，因而是一种全面的质量观。物流质量内涵丰富，其主要内容大致包括：

1、商品的质量保证及改善

物流的对象是具有一定质量的实体，即有合乎要求的等级、尺寸、规格、性质、外观。这些质量是在生产过程中形成的，物流过程在于转移和保护这些质量，最后实现对用户的质量保证。因此，对用户的质量保证既依赖于生产，又依赖于流通。

现代物流过程不单是消极地保护和转移物流对象，还可以采用流通加工等手段改善和提高商品的质量，由此，物流过程在一定意义上说也是商品质量的“形成过程”。

2、物流服务质量

物流业有极强的服务性质，可以说，整个物流的质量目标就是其服务质量。服务质量因不同用户而要求各异，要掌握和了解用户的要求，包括：商品狭义质量的保持程度；流通加工对商品质量的提高程度；批量及数量的满足程度；配送额度、间隔期及交货期的保证程度；配送、运输方式的满足程度；成本水平及物流费用的满足程度；相关服务（如信息提供、索赔及纠纷处理）的满足程度。

3、物流工作质量

工作质量指的是物流各环节、各工种、各岗位的具体工作质量。工作质量和物流服务质量是两个有关联但又不大相同的概念，物流服务质量水平取决于各个工作质量的总和。所以，工作质量是物流服务质量的保证和基础。重点抓好工作质量，物流服务质量也就有了一定程度的保证。

4、物流工程质量

物流质量不但取决于工作质量，而且还取决于工程质量。在物流过程中，将对产品质量发生影响的各因素（人的因素、体制的因素、设备因素、工艺方法因素、计量与测试因素、环境因素等）统称为“工程”。很明显，提高工程质量是进行物流质量管理的基础工作。能提高工程质量，就能做到“预防为主”的质量管理。

因此，物流质量管理与一般商品质量管理的主要区别在于：它一方面要满足生产者的要求，使其产品能及时、准确地转移给用户；另一方面要满足用户的要求，即按用户要求将其所需的商品送交，并使两者在经济效益上求得一致。

物流质量衡量体系如图 7-7 所示。

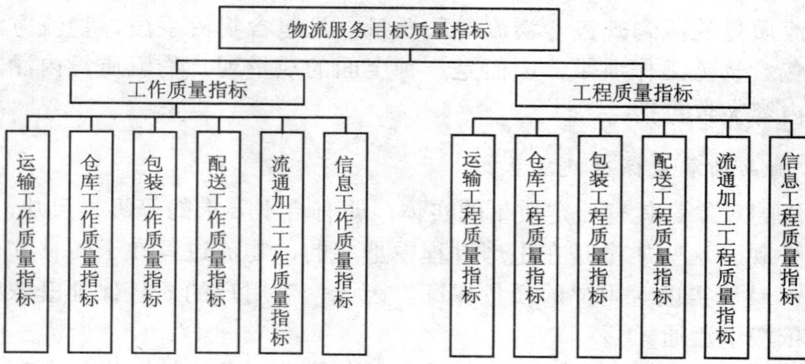

图 7-7　物流质量衡量体系图

二、物流质量管理的特点

物流质量管理可以归纳为以下三个特点：

1、管理的对象全面

物流质量管理不仅管理物流对象本身，而且还管理工作质量和工程质量，最终对成本及交货期起到管理作用，具有很强的全面性。

2、管理的范围全面

物流质量管理对流通对象的包装、装卸、搬运、储存、运输、配送、流通加工等若干过程进行全过程的质量管理，同时又是对产品在社会再生产全过程中进行全面质量管理的重要一环。在这一全过程中，必须一环不漏地进行全过程管理才能保证最终的物流质量，达到目标质量。

3、全员参加管理

要保证物流质量，就涉及到有关环节的所有部门和所有人员，决不是依靠哪一个部门和少数人能搞好的，必须依靠各个环节中各部门和广大职工的共同努力。物流管理的全员性，正是物流的综合性、物流质量问题的重要性和复杂性所决定的，它反映了质量管理的客观要求。

由于物流质量管理存在“三全”的特点，因此，全面质量管理的一些原则和方法（如“PDCA 循环”），同样适用于物流质量管理。但应注意，物流是一个系统，在系统中各个环节之间的联系和配合是非常重要的。物流质量管理必须强调“预防为主”，明确“事前管理”的重要性，即在上一道物流过程就要为下一道物流过程着想，估计下一道物流过程可能出现的问题，预先防止。

物流质量管理必须满足两方面的要求，一方面是满足生产者的要求，因为物流的结果，必须是保证生产者的产品能保质保量地转移给用户；另一方面是满足用户的要求，即按用户要求将其所需的商品送交给用户。这两方面的要求基本上是一致的，但有时也有矛盾，比如，过分强调满足生产者的要求，使商品以非常高的质量保证程度送交用户，有时会出现用户难以承担的过高的成本。物流质量管理的目的，就是在“向用户提供满足要求的质量的服务”和“以最经济的手段来提供”两者之间找到一条优化的途径，同时满足这两个要求。为此，必须全面了解生产者、消费者、流通者等各方面所提出的要求，从中分析出真正合理的、各方面都能接受的要求，作为管理的具体目标。从这个意义上来讲，物流质量管理可以定义为：“用经济的办法，向用户提供满足其要求的物流质量的手段体系。”

三、物流质量的衡量

如何衡量物流质量是物流管理的重点。物流质量的保证首先建立在准确有效的质量衡量上。大致说来，物流质量主要从以下三个方面来衡量：

1、物流时间

时间的价值在现代社会的竞争中越来越凸显出来，谁能保证时间的准确性，谁就能获得客户。由于物流的重要目标是保证商品送交的及时性，因此时间成为衡量物流质量的重要因素。然而，在货物运输中，我国现行运输管理体制在一定程度上制约了不同运输方式之间的高效衔接，减缓了物流速度。对铁路运输而言，我国虽进行了六次大规模提速，部分铁路干线货运时速已达 120 km/h，但与发达国家相比还十分落后，技术时速较低，而且散装、集装箱运输技术尚未普及，装卸效率低，铁路货车中转停留时间约 5 h。公路运输营运货车平均车日行程仅 200 km 左右，车辆工作效率约 60%。城市内运输由于道路面积增长与车辆增长不适应，因而车辆运输速度不断下降。在一些大城市，平均车速已下降到 15 km/h，严重影响了城市物流效率。据有关资料介绍，工业生产中物流所占用时间几乎为整个生产过程时间的 90%。由此可见，物流质量的提高还依赖于物流大环境的改善。

2、物流成本

物流成本的降低不仅是企业获得利润的源泉，也是节约社会资源的有效途径。在国民经济各部门中，因各部门产品对运输的依赖程度不同，运输费用在生产费用中所占比重也不同。根据 1992 年国家投入产出表，运输、邮电费用在农业生产总费用中占 3.29%，在工业生产总费用中占 7.15%，在建筑业总费用中占 8.63%，在商业饮食业总费用中占 14.98%，在其他服务部门总费用中占 7.8%。如果从物流业总体费用考虑，有关资料显示，物流费用占商品总成本的比重，从账面上反映已超过 40%。

3、物流效率

物流效率对于企业来说，指的是物流系统能否在一定的服务水平下满足客户的要求，也是指物流系统的整体构建水平。对于社会来说，衡量物流效率是一件复杂的事情。因为社会经济活动中的物流过程非常复杂，物流活动内容和形式不同，必须采用不同的方法去分析物流效率。我们用物流相关行业的成本费用总和与 GDP 的比值来评价物流总体效率。据有关资料介绍，1986 年美国物流费用支出为 4 430 亿美元，约占当年国民生产总值 39 800 亿美元的 11.1%。在 1979 年到 1986 年间，美国物流费用支出占当年国民生产总值的比重变化呈现下降趋势。1981 年为最高，达到 14.7%，到 1986 年下降到 11.1%。这说明物流效率提高了。

由此可见，物流质量主要由物流时间、物流费用和物流效率来衡量。我国物流业由于受多方面因素的影响，物流质量总体水平比较低，物流效率有待进一步改善。

四、物流质量指标体系

由于物流质量是衡量物流系统的重要方面，所以发展物流质量的指标体系对于控制和管理物流系统来说至关重要。物流质量指标体系的建立必须以最终目的为中心，它是围绕最终目标发展出来的一定的衡量物流质量的指标。

一般说来，物流服务目标质量指标，包括物流工作质量指标和物流系统质量指标两个系列。以这两个指标为纲，在各工作环节和各系统中又可以制订一系列“分目标”的质量指标，从而形成一个质量指标体系。整个质量指标体系犹如一个树状结构，既有横向的扩展，又有纵向的挖掘。横向的主干是为了将物流系统的各个方面的工作都包括进去，以免遗漏；纵向的分支是为了将每个工作的质量衡量指标具体化，便于操作。没有横向的扩展就不能体现其广度，没有纵向的挖掘就不能体现其深度。

1、服务水平指标

以上讨论过，满足顾客的要求需要一定的成本，并且随着顾客服务达到一定的水平时，若再想提高服务水平，企业往往要付出更大的代价，所以企业出于利润最大化的考虑，往往只满足一定的订单，由此便产生了服务水平指标。可以想见，服务水平越高，企业满足订单的次数与总服务次数之比就越高。

2、满足程度指标

服务水平指标衡量的是企业满足订单的次数的频率，但由于每次订货数量的不同，所以仅以此来衡量是不完全的，于是就产生了满足程度指标，即企业能够满足的订货数量与总的订单的订货数量之比。

3、交货水平指标

我们知道，时间的准确性对于物流来说，是衡量其质量的重要方面，因此建立交货水平指标也很重要。它是指按期交货次数与总交货次数的比率。

4、交货期质量指标

它衡量的是满足交货的时间因素的程度，即实际交货期与规定交货期相差的日数（天）或时数（时）。

5、商品完好率指标

保持商品的完好对于客户来说是很重要的，即交货时完好商品量或缺损商品量与总交货商品量的比率（%）。宝洁公司在进入我国市场初期，其货物都是通过铁路运输的，由于我国缺乏专业的物流公司，因而其商品完好率很低。也可以用“货损货差赔偿费率”来衡量商品的破损给公司带来的损失，对于一个专业的物流公司来说，由于自身的服务水平有限导致商品的破损，要付出一定的赔偿金额，这部分金额占同期业务收入总额的比率（%）即是“货损货差赔偿费率”。

6、物流吨费用指标

物流吨费用指标即单位物流量的费用（元/t），这一指标比同行业的平均水平低，说明运送相同吨位货物费用较低，则此公司拥有更高的物流效率，其物流质量较高。

第四节 物流标准化

物流涉及不同国家、地区和不同行业的很多企业，如果每个企业都用自己的基准进行物流活动，则必然导致各个企业之间无法沟通，物流很难实现国际化。这好比两个人，一个人只会讲汉语，另一个人只会讲英语，则两者必然无法沟通，因此必须制订一定的标准。物流也是同样，要实现国际化和通用化，必然要建立一个国际标准。

一、物流标准化概述

（一）物流标准化的含义

标准化是对产品、工作、工程、服务等活动制订、发布和实施统一标准的过程。它是使系统保持统一性和一致性，对系统进行管理，提高系统运行效益的有效手段。

物流标准化就是以物流系统为对象，围绕包装、装卸、搬运、运输、储存、流通加工、配送、信息处理等各物流活动制订、发布和实施有关技术和工作方面的标准，并按照技术标准与工作标准的配合性要求，统一整个物流系统标准的过程。

物流标准化包括以下三个方面的含义。

（1）从物流系统的整体出发，制订其各子系统的设施、设备、专用工具等的技术标准，以及业务工作标准。

（2）研究各子系统技术标准和业务工作标准的配合性，按配合性要求，统一整个物流系统的标准。

（3）研究物流系统与相关其他系统的配合性，谋求物流大系统的标准统一。

以上三个方面是分别从不同的物流层次上考虑将物流实现标准化。要实现物流系统与其他相关系统的沟通和交流，在物流系统和其他系统之间建立通用的标准，首先要在物流系统内部建立物流系统自身的标准，而整个物流系统的标准的建立又必然包括物流各个子系统的标准。因此，物流要实现最终的标准化必然要实现以上三个方面的标准化。

随着信息技术和电子商务、电子数据、供应链的快速发展，国际物流业已经进入快速发展阶段，物流系统的标准化和规范化已经成为先进国家提高物流运作效率和效益，提高竞争力的必备手段。它不仅是实现物流各环节衔接的一致性，降低物流成本的有效途径，而且还是进行科学化物流管理的重要手段。

（二）物流标准化的主要特点

1. 标准种类繁多、内容复杂

物流系统的标准化与一般标准化系统相比面更广，它包括机电、建筑、工具、工作方法等许多种类，这使标准的统一及配合难度更大。

2. 属于二次系统，或称后标准系统

由于物流的概念引入我国较晚，而组成物流大系统的各个分系统在未归入到物流这个大系统之前，早已经分别实现了各系统的标准化，并且比较完善、规范。因此，目前在建立物流大系统的标准时，我们必须以各系统原有的标准为依据。在个别情况下，尽管可将有关旧标准体系推翻，按物流大系统所提出的要求重新建立新的标准化体系，但通常还是在各分系统原标准化

基础上建立物流标准化系统。这就必然要求从适应及协调的角度对各分系统原标准进行二次标准化，而不可能全部推倒重建。

3、体现科学性、民主性和经济性

科学性就是要求在物流标准化过程中，充分运用现代科技成果，与物流的现代化相适应，能将现代科技成果应用到物流大系统中去。因此，这种科学性不但要反映本身的科学技术水平，还表现在协调与适应的能力方面，使综合的科技水平最优。

民主性是指在制订标准时，应采用协商的方法，广泛听取各方面的意见，使标准更具权威性，更易于贯彻执行。

经济性是标准化的根本目的之一，也是标准化是否具有长久生命力的决定因素。物流过程不像生产过程那样能引起产品大幅度增值，所以，物流费用多开支一分，就要影响到一分效益。但是物流过程又必须大量投入和消耗，如不注重标准的经济性，片面强调反映现代科技水平，片面顺从行业习惯及现状，就会引起物流成本增加，这自然会使物流标准失去生命力。

4、国际性

随着国际贸易和国际交往的日益增多，国际物流也会迅速增加，而物流标准的不统一将成为我国发展国际物流的主要障碍。因此，各个国家都很重视本国物流与国际物流的衔接，力求使本国物流标准与国际物流标准体系一致。否则，不但会加大国际物流的技术难度，更重要的是在本来就很高的运费及关税上增加了因标准不统一而造成的效益损失，使本国产品在国际市场上缺乏竞争力。

（三）物流标准化的形式

物流标准化可以通过以下形式来实现：

1、简化

简化是指在一定范围内缩减物流标准化对象的类型数目，使之在一定时间内满足一般需要。如果对产品生产的多样化趋势不加限制地任其发展，就会出现多余、无用和低功能产品品种，造成社会资源和生产力的极大浪费。

2、统一化

统一化是指把同类事物的若干表现形式归并为一种或限定在一个范围内。统一化的目的是消除混乱。物流标准化要求对各种编码、符号、代号、标志、名称、单位、包装运输中机具的品种规格系列和使用特性等实现统一。

3、系列化

系列化是指按照用途和结构把同类型产品归并在一起，使产品品种典型化；同时也把同类型的产品的主要参数、尺寸，按优先数理论合理分级，以协调同类产品和配套产品及包装之间的关系。系列化是使某一类产品的系统结构、功能标准形成最佳形式。系列化是改善物流、促进物流技术发展最为明智而有效的方法。例如，按 ISO 标准制造的集装箱系列，可广泛适用于各类货物，大大提高了运输能力，还为计算船舶载运量、港口码头吞吐量和公路与桥梁的载荷能力等提供了依据。

4、通用化

通用化是指在互相独立的系统中，选择与确定具有功能互换性或尺寸互换性的子系统或功能单元的标准化形式。互换性是通用化的前提。通用程度越高，对市场的适应性就越强。

5、组合化

组合化是按照标准化原则，设计制造若干组通用性较强的单元，再根据需要进行合并的标准化形式。对于物品编码系统和相应的计算机程序同样可通过组合化使之更加合理。

二、物流标准化的内容

按标准化工作应用的范围，物流标准可分为技术标准、工作标准和作业标准。

（一）物流技术标准

技术标准是指对标准化领域中需要协调统一的技术事项所制订的标准。在物流系统中，其主要是指物流基础标准和物流活动中采购、运输、装卸、仓储、包装、配送、流通加工等方面的技术标准。

1、物流基础标准

物流基础标准是制订物流标准必须遵循的技术基础与方法指南，是全国统一的标准。它主要包括以下具体标准。

（1）专业计量单位标准　除国际或国家公布的基本计量单位外，物流系统还有许多专业的计量问题，必须在国际及国家标准的基础上，确定本身专门的标准，如集装箱的计量单位——标准箱等。同时，由于物流的国际性很突出，专业计量标准还需考虑国际计量方式的不一致性，还要考虑国际习惯用法，不能完全以国家统一计量标准为唯一依据。

（2）物流基础模数尺寸标准　物流基础模数尺寸是指标准化的共同单位尺寸，或系统中各标准尺寸的最小公约尺寸。在基础模数尺寸确定之后，各个具体的尺寸标准，都要以基础模数尺寸为依据，选取其整数倍数为规定的尺寸标准。由于基础模数尺寸的确定，只需在倍数系列中进行其他标准尺寸的选择，这就大大减少了确定尺寸的复杂性。物流基础模数尺寸的确定不但要考虑国内物流系统，而且要考虑到与国际物流系统的衔接，因此具有一定的难度和复杂性。

（3）物流建筑基础模数尺寸　它主要是物流系统中各种建筑物如库房、中转站等所使用的基础模数，它是以物流基础模数尺寸为依据确定的，也可选择共同的模数尺寸。该尺寸是设计建筑物长、宽、高等尺寸，门窗尺寸，建筑物柱间距，跨度及进深等尺寸的依据。

（4）集装模数尺寸　集装模数尺寸是在物流基础模数尺寸基础上，推导出的各种集装设备的基础尺寸，以此尺寸作为设计集装设备三项尺寸的依据。在物流系统中，由于集装是起贯穿作用的，集装尺寸必须与各环节物流设施、设备、机具相配合，因此，整个物流系统设计时往往以集装尺寸为核心，然后，在满足其他要求前提下决定各设计尺寸。因此，集装模数尺寸影响和决定着与其有关各环节的标准化。

（5）物流专业术语标准　物流专业术语标准包括物流专业名词的统一化、专业名词的统一编码以及定义的统一解释。为了使大系统有效配合和统一，尤其在建立系统的信息网络之后，要求信息传递更加准确，这首先便要求专用语言及所代表的含义实现标准化，如果同一个指令，不同环节有不同的理解，这不仅会造成工作的混乱，而且容易出现大的损失。

（6）物流核算及统计的标准化　它包括统计核算文件格式标准化、统计方法及程序标准化、商贸文件及业务流程标准化等。它可以实现信息的录入和采集，将管理工作规范化和标准化，也是应用计算机和通信网络进行数据交换和传递的基础，是建立系统信息网、对系统进行统一管理的重要前提条件，也是对系统进行宏观控制与微观监测的必备前提。

（7）标志、图示和识别标准　物流中的物品、工具、机具都是不断运动的，因此，识别和区分便十分重要，对于物流中的物流对象，需要有既易于识别又易于区分的标识，有时还需要自动识别，这就可以用复杂的条码来代替用肉眼识别的标识。

2. 各个分系统的技术标准

各个分系统的技术标准主要有：

（1）运输车船标准　它主要是指物流系统中运输车辆、船舶等设备的技术标准。

（2）作业车辆标准　它主要是指物流设施内部使用的各种作业车辆的尺寸、运行方式、作业范围、搬运重量、作业速度等方面的技术标准。

（3）传输机具标准　包括水平、垂直输送的各种机械与气动起重机，传送机，提升机的尺寸，传输能力等技术标准。

（4）仓库技术标准　包括仓库尺寸、建筑面积、有效面积、通道比例、单位储存能力、总吞吐能力、温湿度等技术标准。

（5）站台技术标准　包括站台高度、作业能力等技术标准。

（6）包装、托盘、集装箱标准　包括尺寸标准、包装强度标准、荷重以及材料材质标准。

（7）货架、储罐标准　包括货架净空间、载重能力、储罐容积尺寸标准等。

（二）物流工作标准

物流工作标准是指对物流工作内容、方法、流程和质量要求所制订的标准。它主要包括：各岗位的职责及权限范围、完成各项任务的流程和方法，以及与相关岗位的协调、信息传递方式、工作人员的绩效考核办法；物流设施、建筑的检查验收规范；吊钩、索具的使用及放置规定；货车和配送车辆运行时刻表、运行速度限制以及异常情况处理等。

（三）物流作业标准

物流作业标准是指在物流作业过程中，物流设施运行标准、作业程序、作业要求等标准。它是实现作业规范化、效率化和保证作业质量的基础。

三、物流标准化的基点

1．集装是物流标准化的基点

物流是一个非常复杂的系统，涉及的面又很广泛，过去，构成物流这个大系统的许多组成部分也并非完全没有搞标准化，但是，这往往只形成局部标准化或与物流某一局部有关的横向系统的标准化。从物流系统来看，这些互相缺乏联系的局部的标准化之间却缺乏配合性，不能形成纵向的标准化体系。所以，要形成整个物流体系的标准化，必须在这些局部中寻找一个共同的基点，这个基点能贯穿物流全过程，形成物流标准化工作的核心，这个基点的标准化成了衡量物流全系统的基准，为各个局部的标准化提供准绳。

为了确定这个基点，人们将进入物流领域的产品（货物）分成了三类，即零杂货物、散装货物与集装货物。这三类的标准化难易程度是不同的。

零杂货物及散装货物在物流的“结点”上，如在换载、装卸时，都必然发生组合数量及包装形式的变化，因此，要想在这些“结点”上实现操作及处理的标准化，是相当困难的。

集装货物在物流过程的始终都是以一个集装体为基本单位，其包装形态在装卸、输送及保管的各个阶段都基本上不会发生变化，也就是说，集装货物在结点上容易实现标准化的处理。至于零杂货物，将来一部分可向集装靠拢，向标准包装尺寸靠拢；另一部分还会保持其多样化的形态而难以实现标准化。

所以，不论是国际物流还是国内物流，都可以肯定：集装系统是使物流全过程贯通而形成的体系，是物流各环节上使用的设备，是装置及机械之间整体性及配合性的核心，所以，集装系统是使物流过程连贯而建立标准化体系的基点。

2、物流全系统标准化取决于和集装的配合性

具体来讲，以集装系统为物流标准化的基点，这个基点的作用之一，就是以此为标准来解决全面的标准化。因此，必须实现集装与物流其他各个环节之间的配合性。这其中包括：

（1）集装与生产企业最后工序（也是物流活动的初始环节）——包装的配合性。包装尺寸和集装尺寸的关系应当是：集装是包装尺寸的倍数系列，而包装是集装尺寸的分割系列。

（2）集装与装卸机具、装卸场所、装卸小工具（如吊索、跳板等）的配合性。

（3）集装与仓库站台、货架、搬运机械、保管设施乃至仓库建筑（净高度、门高、门宽、通路宽度等）的配合性。

（4）集装与保管条件、工具、操作方式的配合性。

（5）集装与运输设备、设施的配合性，如与运输设备的载重、有效空间尺寸间的配合性。在以集装为基本物流单位的物流系统中，经常有许多基本集装单位进一步组合成大集装单位或输送保管单位的情况。例如，将集装托盘货载放入大型集装箱或国际集装箱，就组成了以大型集装箱或国际集装箱为整体的更大的集装单位；将集装托盘货载或小型集装箱放入货车车厢，就组成了一个大的运输单位等。如果形成了倍数系列的尺寸关系，就能提高装运的密度和形成坚实的货垛。

（6）集装与末端物流的配合性　随着整个经济活动越来越以消费者（再生产者）的需要为转移，消费者的地位越来越强大，质量管理、生产管理、成本管理等经济管理活动都确立了“用户第一”的基本观念，这种观念在物流活动中的反映，就是末端物流越来越受到重视。末端物流是送达给消费者的物流，因此是以消费者的旨趣为转移的。一般说来，占消费者中大多数的零星消费者的要求，是逆规格化方向而行的，消费者追求多样化，这就使多样化的末端物流与简单化的主体物流（集装系统）的配合性出现困难，集装物流转变为末端物流，要对简单性的集装进行多样化的分割，以解决集装的简单化与末端物流多样化要求的矛盾。衔接消费者的“分割系列”与衔接生产者的“倍数系列”有时是矛盾的，标准化要解决的就是要选择最优。

(7)集装与国际物流的配合性　从国际经济交往来讲，我国已经加入WTO，以国际标准为主体、与国际标准接轨是我们集装标准化应该做的事情，其中最重要的是和国际海运集装箱接轨。这个接轨可以使国际海运集装箱通过我国的铁路和公路运输直达内地，从而充分发挥集装箱联运“门到门”的优势。

四、物流的尺寸标准

1. 物流集装基础模数尺寸

物流集装基础模数尺寸与建筑模数尺寸的作用相近，考虑的基点是简单化，因为基础模数尺寸一旦确定，设备的制造、设施的建设、物流系统中各环节的配合协调、物流系统与其他系统的配合就变得非常简单。目前世界各国比较通行的基础模数尺寸为600mm×400mm。

由于物流标准化系统较之其他标准系统建立较晚，所以，确定基础模数尺寸主要考虑了目前对物流系统影响最大而又最难改变的因素——输送设备。采取“逆推法”，由输送设备的尺寸来推算出最佳的基础模数。此外，在确定基础模数尺寸时也要兼顾现在已通行的包装模数和已使用的集装设备，并从行为科学的角度研究人及社会的影响。从其与人的关系看，基础模数尺寸是既要适合人体操作又易于互换的尺寸。

2. 物流模数

物流模数（Logistics Modulus）是物流设施与设备的尺寸基准。物流模数即集装基础模数尺寸。物流标准化的基点是建立在集装的基础之上，所以，在基础模数尺寸之上，还要确定集装的基础模数尺寸（最小的集装尺寸）。

ISO对物流标准化的重要模数尺寸作了如下确定：① 物流集装基础模数尺寸，600mm×400mm；② 物流模数（集装基础模数尺寸）可以拓展为1 200mm×1 000mm，也允许是1 200mm×800mm；③ 物流基础模数尺寸与集装基础模数尺寸的配合关系，如图7-8所示。

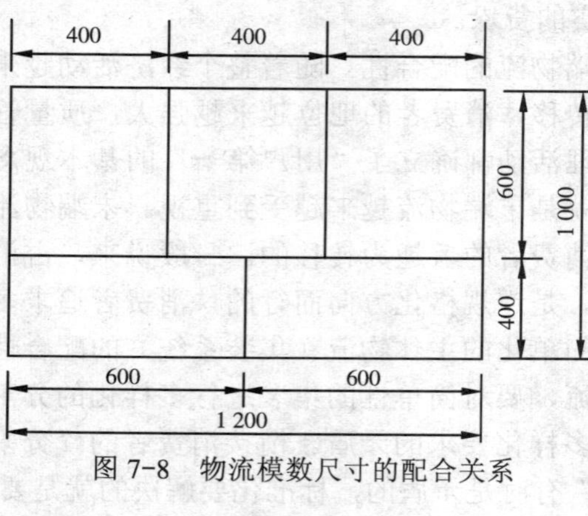

图7-8 物流模数尺寸的配合关系

第五节 物流绩效评价

市场竞争日趋激烈，物流能力成为企业之间竞争的新焦点。随着各企业的物流系统逐步完善，盈利与非盈利之间的差别也越来越小，所以对于物流绩效评价变得异常重要。有效的物流绩效评价，能使企业更好地监督和控制自身资源。很多物流企业内部也因此而产生了专门评价物流绩效的职位。物流绩效评价在物流系统已十分完善的美国受到很多公司总裁的极大关注。

一、绩效评价

1. 绩效评价的含义

绩效评价是对业绩和效率的一种事后的评估与度量以及事前的控制与指导，从而判断是否完成了预定的任务、完成的水平、取得的效益和所付出的代价。依托现代信息技术，信息传递和反馈及时、准确，绩效评价是一个不断进行控制和修正工作的动态过程。

绩效评价对于企业的资源监控与分配具有重要意义，首先在工业生产领域取得了成功，其原理和方法同样适用于物流领域。

绩效评价有以下几项作用：

（1）可以提出和追踪任务目标的达到程度，并对其作出不同层次的量度，从而能够事先对活动进行控制。

（2）根据绩效评价，判断计划和任务的可行性与准确性。

（3）根据绩效评价进一步对工作进行改善从而对工作提出新的管理与控制目标。

（4）根据绩效评价，决定奖励、升迁和惩罚。

（5）根据绩效评价，判断本身的竞争能力，以确认今后的市场战略。

2. 业绩度量

一般的绩效评价，对于业绩的度量可以作以下的细分。

（1）与产品工艺技术有关的业绩度量　例如，对工艺制造方法的度量、对工艺流程的度量、对设备和设施配置的度量。这种度量一般根据工艺的有效性、失效的情况、最优的作业时间和节奏、损毁及维修的情况、能力不足与富余的情况来判定。

（2）成本、收入、利润有关财务方面的业绩度量　例如，成本控制方法与控制水平，成本的变化情况，资金的运作情况，利润水平及利润趋势等。

（3）资源有关的业绩度量　例如，燃料、能源的利用效率，回收再生及循环利用的情况；原料、材料利用率、回收率以及供应可靠性、缺货、节约代用等方面情况；资源对于环境的影响和环境费用支出的情况等。

二、物流的绩效评价

（一）物流绩效评价的特殊性

在工业生产领域，绩效评价已被广泛应用并取得了成效，尤其对于工业企业的管理，绩效评价成了管理上不可缺少的一种手段。

对于工业生产而言，有时候绩效评价比较简单、有效。其主要原因是，工艺流程的恒定性使得各种绩效评价都比较容易进行数量化，甚至可以通过计算机智能系统的运用，自动作出评价，这样一来，就大大支持了管理决策。同时，越是专业化、规范化完善的领域，这种绩效评价的作用就越为显著。

物流领域的绩效评价没有像工业领域广泛的应用，其主要原因是由于物流活动的特殊性。这个特殊性主要表现在物流活动的复杂性。物流活动是商业活动和其他活动的派生物，又具有远程性和服务性，因此，其结构不但复杂，而且不稳定，系统很难具有恒定性。在物流领域中业务比较稳定的仓库管理领域，尽管公认是绩效评价比较易于贯彻的领域，但是，仓库管理的对象物品，也经常发生变化，流量的稳定性远比工业生产的差，因此，物流过程绩效评价很难像工业生产绩效评价那样达到事先控制的目的，这些特殊原因使物流领域不可能完全搬用工业绩效评价的方法。

（二）绩效评价的目的

物流绩效评价的目的在于，通过物流绩效评价系统，对物流作业进行监督、控制和指挥，以达到物流资源（人力、设施、装备、外包业务、资金）的有效、合理配置，并且向客户提供达到或者超过协议服务水平的有效服务。

（三）物流绩效评价方法

物流绩效评价可以分成单项的、基础的、基本业务绩效评价和总体物流活动的绩效评价两类。

这两类评价方法有很大的不同，前者可以通过财务数据、计算数据、测定数据取得评价结果，比较容易量化；后者较多采取投入产出方法、价值工程方法、方案比较方法和其他模糊分析的方法，取得比较的结果。

1. 基本业务绩效评价

管理者应当对于整个物流活动作出分析，划分出若干最基本的、能够单独作出业绩评定的业务，这是基本业务绩效评价的前提条件。基本业务也是相对的，对于一个大的物流过程而言，某一个环节或者某一个工作组织所承担的业务，可以看成是基本业务。如果进一步划分，这些业务的每一个过程或者同一个过程不同完成人所承担的每一项具体业务，也可以看成是基本业务。基本业务的层次如何确认，应当根据管理的要求、实现这个管理的人力和技术手段而定。不同的管理理念可能有不同的方法，有时候可以“大而化之”，有时候需要实施“精益管理”。如果和重点管理方式结合，对于基本业务也需要进行选择，其中一部分作为重点管理对象，也可能有很大一部分进行一般管理，甚至放弃经常管理。

基本业务往往通过以下指标进行绩效的判定：① 时间指标，如货单处理时间、入库时间、出库时间、信息查询时间、答复及回文时间、等待时间、装卸时间、在途时间、结算时间、配送时间、资金周转时间、库存周转时间、返款时间以及差错处理时间等。② 工作水平指标，如差错率、损毁率、缺货率、准确率、资源利用率等。③ 成本指标，如单位成本、人力成本、资源成本、各种费用支出、成本增减、成本占用比例、实际损失及机会损失等。④ 资源指标，如原料消耗、燃料消耗、能源消耗（在物流领域主要是油耗）、材料消耗、人力消耗、设备占用、工具消耗等。

2. 总体物流活动的绩效评价

经营管理者对于总体物流活动的关心之处在于客户能够接受所提供的物流服务，并且为此付出货币以购买这种物流服务。这是物流服务企业的生存之道。物流活动的总体评价，实际上是物流企业生存能力的评价，进一步说是物流企业发展能力的评价。因此，物流企业应当是站在接受物流服务的客户的位置上，对总体物流活动作出评价。

（1）内部评价　对总体物流活动，物流企业必须作出自己的内部评价，以做到心中有数。内部评价是本身的一种基础性的评价，根据内部评价才可以确认对客户的服务水平、服务能力和满足客户的服务要求的最大限度，做到既不失去客户，又不因为过分满足客户的要求而损害企业的利益。内部评价是建立在基本业务绩效评价的基础之上的，以此为基础，把物流系统作为一个“黑箱”，进行投入产出分析，从而可以确认系统总体的能力、水平和有效性。

（2）外部评价　对物流总体的外部评价，应当具有客观性，采用的主要方法有两个：一个是顾客评价，可以采用调查问卷、专家系统、顾客座谈会等方式进行这种评价；另一个是可以采取选择模拟的或者实际的“标杆”进行对照、对比性的评价。采用计算机模拟技术，用虚拟现实的方法，可以有效地对物流系统的总体作出准确的绩效评价。

三、增加物流绩效的方法

对于不同的企业类型，有不同的增加物流绩效的方法。对于第一、二方物流来说，增加物流绩效主要靠最大限度地减少运输费用。其所用的方法有两个：

（1）合理组织运输方案，使总运输里程最小。

（2）提高技术水平，以提高运输效率，降低运输成本。

对于第三方物流公司来说，由于其所承担的是多家企业的物流业务，其物流规模扩大后，规模效益成为其获得收益的主要来源。规模的扩大，可以使公司的人力、物力和财力等资源得到充分的利用，还可以采用专用的设备和设施，利用高科技来提高工作效率。另外，系统协调是第三方物流的第二个利润源泉。系统协调是指第三方在自己的客户群之间互相协调，如打破各个客户之间的界限，实现统一协调运输，这样不仅可以充分利用车辆，还可以实现客户之间的统一配送，这样将比原来的各公司自己配送更便宜。在实施这些协调时，还可以进行统一批量化作业，如统一报关、订货、质检、报审等，这些都为公司争取了更大的效益。专业化是第三方物流的另一个利润源泉。由于第三方物流具有规模效益，所以它可以利用更加专业化的手段和工作人员来对物流进行管理，如运输、仓储、搬运、包装和信息处理等都可以实现专业化的管理方法，专业化必然带来科学化，从而可以大大提高物流效益。

【物流案例精选】

奥康集团成功经验：物流运作三个"零"

奥康集团创建于1988年，是一家从3万元起家，发展至拥有6亿多元资产，年销售额达到10.7亿元的民营企业。奥康集团是浙江省重点骨干企业、中国百强民营企业，该公司产品获得首批国家免检产品称号，并连续三届蝉联中国真皮鞋王称号。奥康集团拥有三大针对不同目标市场的品牌：奥康、康龙和美丽佳人。据统计，奥康集团17年来生产量足以使每个浙江人都拥有一双奥康鞋。

面对我国皮鞋业供大于求的不争事实，奥康集团通过对公司物流系统不断地改革与完善，终使奥康集团跨过了众多企业难以解决的物流瓶颈问题，使企业始终处于良性循环的发展轨道。总结其成功经验有三：

1、物流管理零库存

1998年以前，奥康集团采用的是"以产定销"的营销模式。在该模式下尽管其"主动权"较大，但由于信息的片面性、不完整性最终导致了与市场需求脱离，库存加大，利润降低。

1999年，奥康集团开始实施生产、营销两分离，全面导入订单制，逐渐形成了"以销定产"的订单制、以客户为中心的物流运作模式。这种模式能及时反映市场需求，减少库存，增加利润。

但由于2004年以前，奥康集团在深圳、重庆等地外加工生产的鞋子必须通过托运部统一托运到温州总部，经质检合格后方可分销到全国各个省级公司，再由省级公司向各个专店和销售网点进行销售。没有通过质检的鞋子需要重新打回生产厂家，修改合格以后再托运到温州总部。这样一来，既浪费人力、物力，又浪费了大量的时间，加上鞋子是季节性较强的产品，错过上市最佳时机，很可能导致这一季的鞋子积压。

经过不断探索与实践，2004 年以后，奥康集团开始运用将别人的工厂变成自己仓库的方法，解决这一问题。具体操作方法是：奥康集团在温州总部以外生产加工的鞋子无需托运回温州总部，只需温州总部派出质检人员前往生产厂家进行质量检验，质量合格后生产厂家就可直接从当地向奥康集团各省级公司进行发货，再由省级公司向各营销点进行分销。这样，既节省大量人力、物力、财力，又节省了大量时间，使生产出的鞋子能够紧跟市场流行趋势。同时，还可以大量减少库存，甚至保持零库存。

2、物流运营零成本

奥康集团提出的物流运营零成本并非是要物流运营不花一分钱，而只是通过一种有效的运营方式，极大限度地降低成本，提高产品利润。

对于皮鞋行业而言，许多产品是季节性的。企业要想在市场竞争中获胜，就需要比时间、比速度、比质量。对一些畅销品种，如果能抢先对手一星期上货、一个月出货，就意味着抢先占领了市场，否则就会形成库存积压。积压下来无法销售掉的鞋子将会进行降价处理，如此一来，利润减少，物流成本加大。实在处理不掉的鞋子，将统一打回总部，二次运输成本随之产生，物流成本也就在无形之中增加了。据了解，奥康集团将一年分为 8 个季，鞋子基本上做到越季上市。一般情况下，在秋季尚未到来的半个月前，秋鞋必须摆上柜台。这在一定程度上考验着奥康集团的开发设计能力，必须准确地把握产品的时尚潮流信息。为此，奥康集团在广州、米兰等地设立信息中心，将国际最前沿的流行信息在第一时间反馈到温州总部，总部通过对信息的收集和有效的处理，对市场的需求作出准确的反应，从而不断调整自己的物流工作，进而降低了库存，提高了效益，市场的竞争能力不断增强，企业效益连年递增。

同时，奥康集团的广告策略是广告与产品同时上市或广告略迟于产品上市。这样既可以使产品在上市之初进行预热，又可以收集到产品上市后的相关信息，有利于对返单的鞋子进行产品宣传及进一步的开发设计，以达到提高销量和降低物流运营成本的目的。

3、物流配送零距离

为了达到以最短的时间、路程对产品进行配送的目的，奥康集团采用了用友 U8 系统，并于 2005 年在整个集团公司开始试用 ERP 系统。建立了全国营销的分销系统，将各分公司、办事处与总部联网，总部与分公司、分公司与终端网点的信息沟通、反馈及处理全部在电脑上操作完成，使之形成了一个快速的信息反应链，达到了信息快速共享的目的。

现在，无论到奥康集团全国任何一个分公司、办事处的任何一台电脑上，都可以了解到公司产品的库存总数、当天销量、累计销量、某一类型产品的数量及尺码。这样，总部对一些畅销品种就能马上作出反应，打好时间战，产品的南货北调可以迅速完成，促进了总部的决策活动与对集团全国物流的整体把握，使全国物流风险降低，提高了整体的经济效益。

据了解，奥康现在除了在台湾、香港、澳门三地没有设立营销机构外，在全国 31 个省市、自治区都拥有自己的营销网络，106 个营销机构，2 000 多家连锁专卖店，1 000 多家店中店，并在意大利的米兰成立了境外分公司，在西班牙的马德里设立办事处。强大的终端网络，促使奥康集团的物流"能流"、"速流"。现在的奥康产品在三天之内就可以通过专卖店及商场专柜等终端出现在消费者面前，实现了营销工作的第一步"买得到"。如今，同样一款夏季凉鞋，出现在吉林和海南两地市场上的时间差绝不会超过一天，只有这种完善的营销网络才能做到物畅其流。

成功的物流运作使奥康集团的市场占有率得到了进一步提高，目前，据全国商业信息中心统计，奥康皮鞋市场占有率位居全国第二位。

【复习思考题】

一、思考题

1. 传统企业组织结构中存在哪些问题？

2. 几种典型的物流组织结构，即顾问式、直线式、直线顾问式、矩阵式和事业部制第三方物流组织结构各有什么特点？

3. 物流成本合理化管理主要包含哪些内容？

4. 如何衡量物流质量？为什么说衡量物流质量是物流管理的重点？

5. 为什么要进行物流绩效评价？如何评价？

6. 何为物流基础模数尺寸？何为物流模数？

7. 物流质量管理的特点中所说的"三全"指的是哪"三全"？

8. 为什么说对于第三方物流公司而言，增加物流绩效的主要途径是实现规模效益？

二、填空题

1. 降低企业的物流成本可通过以下几个途径：________，________，________和________。

2. 物流质量内涵丰富，其主要内容大致包括：________，________，________和________。

3. 物流质量管理可以归纳为________全面、________全面、________管理三个特点。

4. 制订物流标准化要通过________化、________化、________化、________化和

________化的形式。

5．影响企业物流成本的因素有很多，最主要的有三个：____________、______________和___________。

三、选择题（单选或多选）

1．从长远的角度来看，降低企业的物流成本可通过以下几个途径：（　　）。

A．物流合理化　　B．物流质量　　C．物流速度　　D．物流人才

2．物流质量主要从（　　）几方面衡量。

A．物流时间　　B．物流成本　　C．物流效率　　D．物流设备

3．在（　　）物流组织结构下，物流“项目”经理在一定的时间、成本、数量和质量约束下，负责整个物流“项目”的实施（水平方向），传统部门（垂直方向）对物流“项目”起着支持的作用。

A．顾问式　　B．直线式　　C．直线顾问式　　D．矩阵式

4．下列物流模数尺寸（　　）是目前ISO秘书处及欧洲各国基本认定的。

A．600mm×400mm　　B．1 200mm×1 000mm

C．1 200mm×800mm　　D．1 100mm×800mm

5．下列物流模数尺寸（　　）为物流基础模数尺寸。

A．600mm×400mm　　B．1 200mm×1 000mm

C．1 200mm×800mm　　D．1 100mm×800mm

6．物流质量管理的特点主要指（　　）。

A．管理对象全面　　B．管理范围全面

C．全员参加管理　　D．管理现代化

7．物流标准化的形式有（　　）以及组合化。

A．简化　　B．统一化　　C．系列化　　D．通用化

8．对于第三方物流公司而言，增加物流绩效的途径是（　　）。

A．减员增效　　B．实现规模效益

C．采用专用的设备和设施　　D．利用高科技

第八章　物流市场与第三方物流

【知识目标】

掌握物流企业作业与市场营销之间的关系、第三方物流的基本概念和内容；了解在物流管理中如何把握好客户服务，以及第三方物流企业进行物流活动的优势。

【能力目标】

能解释物流企业作业和市场营销之间的关系，懂得其基本内涵；能用有关理论指导企业从事生产经营；知道第三方物流的行业组成特点，并能够对周围的企业进行正确归类；能进行简单的物流推销；会正确使用第三方物流管理软件，能结合具体实际加以应用。

【教学重点】

本章的学习重点是通过改变客户服务理念以及与市场营销之间的关系，提高服务意识，进而提高对第三方物流的正确认识，为进一步理解实行物流系统的供应链管理奠定基础。

第一节　物流与市场营销

一、物流活动与市场营销

1、*物流活动与市场营销的关系*

（1）市场营销对物流的影响

1）对顾客服务的影响。市场营销管理中顾客服务的水平与物流活动有着密切的联系。通常，市场营销目标是迅速、有效地满足顾客需求，促进产品附加价值的实现。

2）对促销策略的影响。企业在日常经营活动中，为了在特定时期提高销售额，或扩大市场份额，常常采取各种各样的促销手段，这些销售策略在一定时期和范围内的确能提高企业收益。但是，应当注重的是，在计算企业收益时不能忽视销售策略对物流成本的影响。

3）对市场预测的影响。企业为了实现服务的可信赖性，必须对市场作出正确预测。实际的要求是否与预测值相吻合，直接关系到物流活动的合理性。

4）对市场营销渠道的影响。随着物流技术的发展和流通效率的提高，很多产品分销渠道组成成员间发生了冲突，也就是说，如果继续利用传统的流通渠道确立物流系统，并支付相应费用，就会使物流活动失去经济性和效率。因此，营销渠道的变革直接影响物流活动的合理化。

（2）物流对市场营销的影响

市场营销是由“创造需求”和“需求满足”组成的，过去的市场营销理论，是以创造需求为主要对象，需求满足是后续处理的补助性活动。因为物流活动也可以作为补助性的后续处理活动来认识，所以，物流也是市场营销战略的重要内容之一。日本庆应义大学的充辉氏在“战略性市场营销理论”中的观点认为：市场营销达到调整需求功能手段的完成，所依靠的另一个极其重要的因素是物流。物流活动的重要性在于它强调了市场营销活动的另一半，在市场管理方面发挥了很大的作用。

提示板 8-1：对市场营销的理解

1. 主张要识别顾客的具体需求
2. 把可利用资源集中起来去满足顾客的需求
3. 以期对那些需求作出反应

（3）怎样实现物流和营销的完美结合

1）物流管理以顾客为中心。由于顾客在服务、价值等方面的期望越来越高，物流管理和作业必须以顾客为导向，重新定义和设计物流顾客化服务的内容，包括产品的包装、组装及服务，如顾客要求的无商标仓储，根据顾客要求粘贴商标、装袋或装盘。企业可通过改善物流管理，提高服务质量，降低价格，稳定老顾客，吸引新顾客，提高企业的竞争力和市场营销效果。

2）必须树立市场后勤观念。正如市场营销经历过生产观念、产品观念、推销观念、市场营销观念、社会市场营销观念以及绿色市场营销观念等营销哲学的转变一样，物流管理的观念也应该不断发展。现代市场营销理论更加强调和倡导物流管理的“市场后勤观念”。市场后勤观念不是以企业现有的产品为出发点，而是以市场需求为起点思考问题。

（4）以市场营销为导向规划物流环节

在进行物资采购决策时，要以市场营销的眼光来进行市场调研。企业必须向市场推出新的产品或扩大延伸原产品的系列，以抵消该产品的销量下降引发的利润减少。企业内部的物流和配送也应以市场营销的眼光去研究、设计，选择合理、经济的配送路线。周密的物流配送网络设计，可使基层单位降低车间库存，减少仓储费用。

从某种意义上说销售就是物流，物流就是销售，两者是相互影响、相互制约的关系，从此来看物流也不仅仅是后勤的概念，而是一个企业的战略能否实施的关键因素。高效的物流服务是确保竞争有利性和差别性的重要手段。只有充分认识到营销和物流不可分割的关系，寻求到协调发展以相互促进的途径，才能使企业在竞争中不断推出特色服务。

提示板 8-2：树立营销的三个基本思想

1. 顾客需求比产品或服务更重要
2. 产品或服务只有在已定位并可获得时才对顾客有意义
3. 数量相对于利润来说是次要的

2、以顾客为核心的市场营销

首先要理解物流活动的能力是如何对市场营销作贡献的，在市场经济的引导下，商家把满足顾客的需求看作是隐藏在所有活动背后的动机，企业活动就是以市场营销为导向，而物流能力开发成为了企业的核心能力，所以物流需求应随时间而进行调整，以适应不断变化的营销需求。物流活动能力一旦适合市场营销就意味着获得成功，因为它对建立营销思想都会产生影响。可以从以下两方面理解：

（1）顾客需求比产品和服务更重要　要充分强调驱动市场机会动力的重点，其关键是在市场开发中将顾客满意的产品和服务相结合。企业满足客户需求的能力取决于为客户创造和增加的价值。企业的所有业务过程都应该最大程度地满足客户需求，优秀的物流过程是促进与提高物流配送服务质量的保证，是客户服务中最具价值的方面。

（2）顾客随时都能够获得他们所需要的产品　从顾客的角度而言，要使市场营销取得成功，所提供的产品和服务必须是可得的。显然，便利的顾客购买时间和地点等的经济效用可以使为顾客提供的产品和服务增值。物流作业经常与客户发生直接联系，影响客户对于产品以及相关服务的感受。

随着大量外资物流公司的涌入，其先进的服务理念、服务手段和服务效率必将给我国物流业带来强大的冲击。为此，我国物流业在普遍重视营销前、营销中服务的同时，还必须要高度重视和实施营销后服务，形成服务的良性循环。因为吸引客户不是物流服务的目标，培育客户忠诚度才是物流服务的终极目标。

3、规划好营销后服务系统

（1）建立客户资料库　客户资料是物流公司营销活动的起点，其基本思想就是做到对客户充分了解，不定期地进行意见反馈，征求意见，从而针对每一个客户提供个性化服务。要准确规划设计统一的客户信息管理中心，并实行资源共享。

（2）尽量提供全方位营销后服务　增强客户对公司的依赖性，使客户难以离开，主要内容包括：

1）为客户提供月度统计分析表，供客户参考，内容包括：本月发货量，派车、到车及时率，单证流转准确率，有无货损货差等。

2）为客户提供季度、年度报表，内容包括：各地发货量走势、淡旺季时间、区域发货量对比、发货准确率、及时率、事故率等。

3）结合客户的物流工作目标，确定该项目的发展目标。

4）处理客户投诉，提供补救性服务以及其他增值服务。

（3）有针对性地提供服务　在确定提供哪些服务项目之前，必须先识别客户最重视的各项服务及其相对重要性，进行优先排序，对重点和优良客户量身定做服务项目，避免在某些低层次服务项目上投入过度，而影响客户满意度。

二、客户服务

1、实现客户服务结构化

SERVICE 的扩展定义：S，向每个人微笑；E，让自己成为本领域的专家；R，态度亲切友善；V，每个顾客都是特殊的；I，争取回头客；C，创造温馨的环境；E，用眼神传达关心。

2、高效客户服务结构化五大流程

（1）理解客户，理解自己　除非你完全理解你所提供的商品/服务的特性，完全明白你的客户需要从你那里得到什么，完全清楚从一开始他们就怎样看你，否则，你根本无法管理高效客户服务的运作。

（2）建立高效客户服务标准　只有确定清晰、简洁、可观测和现实可行的服务标准，客户服务的质量才是可靠的。高效服务包括互为一体的两个方面：一是程序面，涉及到服务的递送系统，涵盖了工作该如何做的所有程序，提供了满足客户需求的各种机制和途径。二是个人面，客户服务中人性的一面，涉及到人与人之间的接触和交往，涵盖了服务时每一次人员接触中所表现出来的态度、行为和语言技巧。在客户服务的管理过程中，如果要对通向成功的各种因素加以陈述的话，那就是细节、细节、细节。

（3）组建制胜的客户服务团队，使这些标准得以贯彻　完成这项工作的步骤是：① 设计高效客户服务岗位，将质量融入客户服务岗位设计中去；② 高效客户服务团队的岗位描述；③ 根据高效客户服务选拔应聘者；④ 进行高效客户服务技能培训；⑤ 实施高效客户服务领导技能。高效客户服务的领导应该是个优秀的沟通者、成功的决策者，应该为服务团队提供恰当的回报。对客户服务的管理者而言，重要的不是你在场时发生了什么，而是你不在场时发生了什么。

（4）检查、监督、反馈与改善　评定客户服务团队的服务质量主要有三个评价系统：① 服务审核系统，服务审核其实就是根据前面列出来的服务标准，对其执行状况进行审核。这要遵循两个原则，即不要做警察，也不要秋后算总账。我们可以通过审核表来衡量自己在客户服务方面做得有多好，而不是有多糟。② 客户反馈系统，大多数的客户不喜欢提出抱怨，更不用说提出建议，绝大多数客户不愿花费时间和精力来提供积极的反馈。因为他们不相信反馈有作用，还有他们不容易接近你。所以打通客户与本组织之间的信息通路至关重要。③ 员工反馈系统，对客户服务质量有利的员工反馈系统应强调客户服务行为、信息共享、思想交流。

（5）增值服务，提供积极的解决问题之道　首先为客户服务问题的解决创造一种支持性的气氛（给出建议），然后利用客户服务团队，来确定客户到底遇到了什么问题，需要什么样的帮助，并使你的顾客服务团队成为改善服务的源泉，将客户服务中遇到的问题和客户的抱怨当成与客户改善关系的契机，最后真正为客户提供增值服务。

第二节　物流客户服务与物流企业

一、物流企业的客户服务

提示板 8-3：物流客户服务的定义

物流客户服务是指一种发生在购买者、销售者和第三方之间的过程。这种过程导致把价值附加到交换的产品和服务中去。这种附加到交易中的价值，短期内可以看作是一种单一的交易行为，长期内则是一种契约关系。

所谓物流客户服务是指一种发生在购买者、销售者和第三方之间的过程。这种过程导致把价值附加到交换的产品和服务中去。这种附加到交易中的价值，短期内可以看作是一种单一的交易行为，长期内则是一种契约关系。因此，用过程的观点看，客户服务是一个以成本最优化的方法，附加价值的过程。

客户服务是物流与市场营销的重要连接面。如果物流系统不能恰当地运作，使客户不能按时收到公司承诺的货物，公司将可能丢失客户；尽管生产企业能在合适的成本下生产合格的产品，市场营销部门能把产品出售给客户，但若物流不能按承诺运送产品，客户最终还是不会满意的。客户服务是市场营销与物流的交界面。因此，物流的客户服务在此起到了一个在一定的客户服务水平下使所有物流活动的总成本最小的作用。

为客户增加价值并取得长期的成功，取决于下列因素：首先，公司必须采取措施使客户满意，每一次都必须理解和满足客户的所有需求。其次，如果公司想通过服务来区别于竞争对手，那么物流表现、物流过程必然会成为执行战略方针的重要推动力，它是每天及每一份订单送达客户过程中使客户满意的中心。

1．取得竞争优势必须做好的几项工作

（1）理解客户需求。

（2）识别与确定优先的增值因素。

（3）建立实际的客户服务目标。

（4）衡量和沟通客户服务的表现。

（5）衡量客户满意度。

对客户满意度进行追踪调查和评估，是持续改善服务的关键。物流公司衡量客户满意度的方法很多，归纳起来，无外乎是外部评估与内部检查相结合。

一方面外部评估的其中一个有效渠道就是处理客户投诉。但并非所有不满的客户都有投诉，而对服务感到满意的客户几乎都不会有任何表示，因此有必要进行定期或不定期调查，才能全面衡量客户的满意度。调查样本的选取要保证客户的覆盖面，既要包括各个层次的现有客户，又要包括流失的客户。对于流失的客户，要分析停止服务的原因。为此，可在服务后立刻对客户进行调查。这样，可以立刻发现问题所在，及时补救。另一方面内部评估主要从两方面入手：一是根据所建立的服务标准对服务过程进行检查，实行质量否决权制度，促进员工提高服务水准。二是进行隐蔽性调查，如聘请社会服务监督员，或让员工佯装成客户，提出各种不同的问题和抱怨，看员工如何处理，亲身体验作为客户所受到的待遇，或进行比较性物流服务，了解竞争者的服务策略，以便采取相应的对策。

这些工作可能出现的障碍有：

第一个障碍是许多供应商不能完全理解客户的服务需求。他们不先直接询问客户，而在很大程度上依赖于销售人员的判断。调查表明有2/3的供应商不愿意通过与客户直接沟通来了解他们的服务需求，而能直接与客户联系的供应商，大约只有1/3的客户期望值与他们自己的感觉是一致的。

第二个障碍是以前未与客户沟通的直接后果，即客户和供应商经常就什么是组成增值的因素问题不能达成一致。没有对客户业务进行深层次的了解，供应商缺乏用来鉴明、开发、营销和提供客户增值服务的内涵。例如，对于计算机工作站这类不经常购买的商品，客户可能更强调技术支撑、售后服务

和客户服务等，这是最重要的判断尺度。对于一些经常性的采购，其他方面的服务品质会更受重视。

第三个障碍是未能确定精确的服务目标。大多数公司在很大程度上以公司内部导向和竞争对手导向的目标为依据确定他们的客户服务标准，有 1/3 的公司简单地把往年成绩提高一定百分比或与往年水平持平，或与竞争对手水平持平来确定他们的物流服务目标。

最后一个障碍是由于客户与供应商对于实际的服务表现的感知差别造成的。在服务的重要性方面，包括订单周转速度、单位配货率、发货准确性、订单的完整性等。有很多供应商错误地相信他们的服务一直都能满足客户的需要。造成这一障碍的一个原因是供应商评估同一件事情并不总是相同的。例如，一计算机制造商曾经对他的订单完整率引以自豪，每个部门都自夸在90%以上，但当公司的客户来测评时，一般在 50%左右，由于大部分客户购买的是由七八个部分组成的完整系统，任何一部分的运送，会有 5%～10%的不良可能，对于这种可能，客户得到一份完整订单的概率就仅有 50%了，对于计算机系统而言，丢失任何一部分都可能导致整个系统瘫痪。

客户服务的供应链环境已经导致了更严密的量度标准的产生，现在供应商越来越认识到表现量度需要从客户角度来反映。

2、从客户角度对客户服务的评价

（1）订单及时率。

（2）订单完整率。

（3）订单完整无缺的货物比率。

（4）订单完成的准确率。

如果卖方以传统的度量方法衡量和考虑客户服务，则买方可能不会满意。而且，如果在交货过程中发生问题，卖方可能还不知道。再者，买方以传统的方法也可能不了解问题的全部。目前注重交货时间的量度，不仅提供了评价的数据来源，而且对将发生的问题提出了早期警告。准时交货的量度在当前更为重要，因为在产品物流中，买方经常会与仓库或商店约好送货时间，当前公司采用的零库存计划对供应商交货时间的要求更高。

通过物流活动可以向客户提供及时而准确的产品递送服务，并为企业组织的成功作出贡献。然而，关键的问题是谁是客户？对物流活动来说，顾客就是其递送服务的对象，对象的范围包括零售业、批发业和制造业，以及接收货物的码头和站点。接受服务的客户始终是形成物流需求的核心和动力。

3、对客户服务的理解

（1）把客户服务看作是一种活动，意味着对顾客服务要有控制能力。把客户服务看作绩效水平，是指明顾客服务是可以精确衡量的。把客户服务看作是管理理念则是强化了市场营销以顾客为核心的重要性。

提示板 8-4：对客户服务的理解

1. 一种活动
2. 绩效水平
3. 管理理念

（2）从广义上来讲，客户服务的定义应从以上三方面加以具体化，即客户服务是一种过程，它以费用低廉的方法给供应链提供了重大的增值利益。

很显然，客户服务的出色完成会给所有供应链的成员增值，因此，企业最终可能面临的问题是如何确定关键顾客，而不是高水准的基本服务，超出基本服务的额外服务通常被称作增值服务。如果要给增值服务下定义的话，它是指对具体的顾客进行独特的服务，即个性化的服务，是超出基本服务的延伸服务。

4、各种不同形式的客户服务内容

（1）改革开具账单的程序，满足客户对此的要求。

（2）提供财务与信贷支持。

（3）保证在规定的时间送达货物。

（4）适宜的销售货物的代表。

（5）在销售中提供有关材料。

（6）安装产品。

（7）保持足够的修理备件和存货。

因此，物流表现的优秀程度，可以使企业在竞争中脱颖而出，物流业通过优质的客户服务使服务对象的满意程度提高，从而可有效地增强企业的核心竞争力。可见，物流是获得竞争优势的关键，而客户服务是保持竞争优势的重要环节。

二、客户服务的四个重要要素

客户服务涉及公司的许多部门，从物流角度来看，客户服务有四个重要要素：时间、可靠性、沟通和方便。下面我们就探讨这些要素对物流服务的买卖双方的影响。

提示板 8-5：客户服务的四个重要要素

时间、可靠性、沟通和方便。

（一）时间

从卖方的角度，时间因素通常以订单周期表示，而从买方的角度则是备货时间或补货时间。具体影响时间的因素有以下几个变量：

1、订单传送

订单传送包括订单从客户到卖方传递所花费的时间，少则用电话几秒钟，多则用信函需几天。卖方若能提高订单传送速度就可减少备货时间，但可能会增加订单传送成本。

2、订单处理

卖方需要时间来处理客户的订单，使订单准备就绪和发运。这一功能一般包括调查客户的信誉，把信息传递到销售部作记录，传送订单到存货区，准备发送的单证。这里的许多功能可以用电子数据处理同时进行。一般来说，卖方的作业成本节约比实施现代技术的资本投资要大，这是因为当今计算机的硬件与软件的成本大大降低了。

3、订单准备

订单准备时间包括订单的挑选和包装发运，不同种类的货物搬运系统以不同方式影响着订单的准备工作，货物搬运系统可以从简单的人力操作到复杂的自动化操作。他们的订单准备时间相差很大，物流公司要根据成本和效益选择不同的系统。

4、订单发送

订单发送时间是从卖方把指定货物装上运输工具开始计算至买方卸下货物为止的时间。当卖方雇用运输公司时，计算和控制订单发送时间是比较困难的。要减少订单发送时间，买方必须雇用一个能提供快速运输的运输公司，或利用快速的运输方式，但这时运输成本会上升。

（二）可靠性

对有些客户来说可靠性比备货时间更重要，如果备货时间一定，客户可以使存货最小化，也就是说，若客户百分百保证备货时间是 10 天，则可把存货水平在 10 天中调整到相应的平均需求水平，并不需要用安全存货来防止由于备货时间而引起的波动所造成的缺货或少货。

1、周期时间

因为备货时间的可靠性直接影响客户存货水平和缺货成本，提供可靠的备货时间可以减少客户面临的这种不确定性。卖方若能提供可靠的备货时间，可使买方尽量减少存货和缺货成本，以及订单处理时间。

2、安全交货

安全交货是所有物流系统的最终目的。如果货物到达时受损或丢失，客户就不能按期望进行使用，从而增加了客户方面的成本负担。如果所收到的货物是受损的货物，就会破坏客户的销售或生产计划，就会产生缺货成本，导致利润或生产的损失。因此，不安全的交货会使买方发生较高的存货成本或生产损失。这种状况对致力于实施一定程度的零库存计划以尽量减少存货的公司是不能接受的。

3、订单的正确性

可靠性包括订单的正确性。正在焦急等待紧急货物的客户，可能发现卖方发错了货，没有收到想要的货物的客户，可能面对潜在的销售或生产损失。不正确的订单会使客户不得不重新订货，或客户由于气愤而向另一个供应商订货。

（三）沟通

对订货供应活动极其重要的两个活动是客户订购信息与订单供应和实际存货的沟通。在订货信息阶段，用EDI能减少订单信息传递到仓库接受时的错误，卖方应简化产品标识，以减少订单挑拣人员的错误。EDI不仅能减少订单供应中的错误，也能增加存货的周转率，EDI与条码的结合，可以改进卖方服务水平和减少成本。事实上，EDI与条码有助于卖方改进大部分的物流功能。与客户沟通和交流对物流服务水平的设计来说是基本的要求，交流渠道必须永远畅通。没有与客户的接触，物流经理就不能提供有效和经济的服务。然而，沟通是一个双向的过程，卖方必须能够传达客户重要的物流服务信息。

（四）方便

方便是物流服务必须灵活的另一说法。从物流作业的角度看，对所有客户全部只有一个或少数几个标准服务水平最为理想，但这是以客户服务需求均一为假设前提的。事实上，这种假设并不实际，例如，某一客户可能要求卖方托盘化并以铁路进行运输，而另一客户则要求非托盘的水陆运输，第三个客户可能要求特殊的交货时间。物流服务与客户对包装、运输方式和承运人交货时间的要求等有关。

方便或灵活性能认识客户的不同要求。卖方一般能根据客户的大小、生产线等因素来划分客户。这种划分使物流经理认识到客户的不同要求，并努力以最经济的方式来满足这些要求。

三、客户的需求与期望

（一）理解客户需求

对质量要求的不断提高，意味着客户需求在不断变化，供应商必须预测到这种改变，并对此作出迅速反应，不断地改进企业的业务目标。随着需求的改变，物流过程必须适应这种改变以保证客户满意。例如，客户对于配送的各个环节的要求可能包括适时和可靠的送货、良好的沟通、准时送货、高频率送货、订单状态的信息、高效的反馈过程、紧急情况的即时处理、货物的完好率、礼貌地进行索赔、精确和适时的结账、对咨询的答复等。

1．提供服务就是为客户增加价值

供应商必须了解客户的需求，这样，当把客户的需求转化成公司业务标准时就简单多了。

2、了解客户的需求与期望

为了更好地了解客户的需求与期望，供应商与物流企业应该多与客户沟通，与客户一起探讨服务的方法和形式。

3、评估商业惯例

在创造价值和使客户满意的物流过程中，评估商业惯例也是很重要的。

（二）了解客户的需求与期望

1、直接向客户了解服务要求

这是一种用来确定客户所想的和所要求的服务的正确途径。直接收集客户信息包括面谈、集中小组会谈、摸底调查等。面谈最为直接，因为他们与客户直接接触。集中小组会谈一般被用来发现采用某种购买方式的原因。摸底调查可使供应商更好地了解客户的业务和探索专门服务会增值的原因。会谈和摸底调查的对象通常是来自不同公司的许多客户，如果客户来自不同业务的交叉部门，那么集中小组会谈尤其重要。

2、客户的陈述

许多客户向供应商非常明确地讲述他们的最低需求，一旦这些最低需求被理解，与客户进一步沟通就有了基础。与客户的进一步讨论应建立在满足客户最低需求的基础上，并且帮助供应商理解客户对别的增值服务的期望。除了客户陈述外，以往的业务报告也是客户反馈信息的重要来源。

3、考察“噪声水平”

“噪声水平”即客户的不满与抱怨。噪声水平可以被用作直接与客户接触的补充，它提供了客户特殊的反馈信息。许多公司鼓励客户对雇员不满的调查，以及用失去客户的最后会谈来鉴定噪声水平。通过调查客户的不满和抱怨，可以改进物流公司的服务水平。

4、同业同行的比较

比较竞争者的水准是补充直接与客户接触的另一条途径。它提供了含有竞争对手当前行动的反馈信息，但它不能全面帮助确定客户的需求和期望值。该方法的不足之处是可能会出现看问题片面的情况。因此，从竞争对手的服务目标出发可能会导致方向错误。

5. 与客户共同探索需求和期望的重要性

一旦明确客户的最低需求和期望，他们可以与客户讨论哪一个行为标准是重要的。该信息将帮助区分客户需求和增值服务，如果提供增值服务，而基本的需求却不被满足，则达不到客户满意。因为在客户情愿支付的价位上要满足所有的客户需求是不可能的。因此理解哪一种服务是最低要求，哪一种服务能超出期望值是很重要的。提供增值服务而无原则地花费金钱的做法是不适当的，并且客户愿意购买的仅是他们认为有价值的服务，供应商应该同客户讨论他们情愿为此付出的代价。

（三）评价当前的服务和服务能力

一旦了解到客户的想法，供应商必须找出他们当前的服务和服务能力与实际要求之间的差距，包括采取什么步骤来满足专门的服务，达到服务目标。这有助于决定哪种服务是每个厂商都能预期得到的。如果 EDI 是一项增值的客户服务，并且仅有一个供应商提供，则该公司就拥有一项竞争优势。

（四）解释当前做法与客户要求之间的差距

一旦供应商明白客户的需要正好与其提供的相反，两者之间的差距就可以分析出来。许多公司都以客户需求与他们提供的服务之间的差距最小为服务宗旨，通过调查之后，就会发现自己曲解了客户需求。例如，对消费品公司业务员进行调查，当被问及需求与期望时，一个消费品公司的客户表示，及时送货及无货损送货是评价配送服务的两个最重要的标准，当公司检查其提供的服务与客户所需之间的对比情况时，一方经常会在及时送货方面找到差距，但在无货损送货方面却找不到差距。

（五）满足客户特定需要的针对性服务

为了让尽可能多的客户满意，公司应该按需求期望的相似性对客户进行分类。许多公司按产业、产品类型、销售量和利润来细分客户群，但现在通行的标准是需求的相近性。例如，一些客户希望收到的产品以稻草包装，而另一些却喜欢以薄纸夹衬。通过调查这些自然而分的客户群，供应商可以更好地提供有针对性的服务。

（六）在客户要求的基础上创造服务

实施客户导向的配送战略，还有一步就是在客户要求和期望的基础上创造服务。为了满足客户需求，并超出他们的期望值，供应商不仅必须满足客户的需要，而且应提供增值服务。当竞争者开始把客户满意作为竞争优势时，供应商应着眼于客户对价值的要求，把致力于满足客户最低的要求作为客户满意的开端，当供应商超出客户最低要求时才会让客户满意，达到增值的目的，使企业拥有竞争优势。

四、服务导向

服务导向是指企业及员工把顾客的利益放在首位，通过优质的服务来满足顾客的需要，发展企业与顾客之间的合作关系。服务导向的概念原来只用于营销管理领域，但近年来的实践证明，它同样可适用于物流业。

顾客价值是衡量一个企业对于其顾客的贡献大小的指标，这一指标是根据企业提供的全部物品、服务以及无形影响来衡量的。第三方物流服务的顾客价值强调整条供应链的效率和成本权衡，要求第三方物流供应商提供一站式的流程管理和高附加值服务，并且提供 IT 解决方案以及简单的价格结算方案。而第三方物流供应商拥有的则是物流经验、服务能力、新的物流服务软件包，以及伙伴和战略联盟关系。

以顾客服务为导向，强调顾客价值，这对于第三方物流企业来说，尤为关键的是理解顾客的文化和环境，建立有效的客户关系。在关注客户关系中，第三方物流供应商的主要精力应该集中在主要业绩因素和主要关系因素两个方面。主要业绩因素是从物流服务的质量角度对第三方物流供应商提出的要求，而主要关系因素则衡量了第三方物流供应商和客户之间的关系，如表 8-1 所示。

表 8-1 如何建立有效客户关系

主要业绩因素	主要关系因素
质量	快速反应、服务导向
机动性	知识队伍的建设、行业经验、供应链管理
功能和战略能力	所获得的主要管理人员
流程和系统的可靠性	对服务内容和价格谈判能力
服务连续性	提供整体解决方案
价值与价格	高附加值服务
运输方式和时间的可靠性	单一的联系方式/快速反应
有效率/及时的信息系统	迅速及时的信息反馈

第三节 第三方物流

一、第三方物流的兴起

目前，第三方物流在全球范围内发展迅速，方兴未艾，它是经济发展和社会需求的产物。当企业自己对于物流管理不具有核心竞争优势时，特别是当自营物流面临种种问题时，自然会对自己的这一部分活动采取“对外委托”方式，即将一部分或全部物流活动委托给外部专业物流企业来完成，这类专门从事外包物流业务的企业被称为第三方物流企业。

第三方物流根据合同条款规定的要求，提供多功能甚至全方位的物流服务。一般来说，第三方物流公司能提供物流方案设计、仓库管理、运输管理、订单处理、产品回收、搬运装卸、物流信息系统、产品安装、运送、报关、运输谈判等近30种物流服务。与传统的以运输合同为基础的运输公司相比，第三方物流企业在服务功能、客户关系、涉及范围、竞争优势、核心能力以及买方价值等方面，发生了巨大变化。对于有些行业来说，第三方物流供应商是代替制造商，直接与客户建立联系的门户。在逐渐激烈的竞争环境下，力量比较强大的买方往往要求第三方物流供应商不仅提供包括运输、仓储等基本的物流服务，还希望能够获得信息整合、客户服务等附加服务，并且实现成本和效率在整条供应链上的平衡。这就要求第三方物流供应商从整条供应链的观点来寻求自身的发展，用供应链的思想提升自己的服务水平，以最小的成本为客户服务，并且强调提供高附加值的服务。

1、企业对于第三方物流的需求

第三方物流的兴起首先是源于企业对于物流外包的需求，企业的物流外包有两大原因。

提示板 8-6：物流外包的原因

企业的物流外包有两大原因：一是降低运作成本，二是增强自己的核心竞争能力。

（1）为了降低运作成本，企业从事物流活动需要投入大量的资金和构建物流设施及购买物流设备，这对于缺乏资金的企业，特别是中小企业来说是一种沉重负担。各个企业都这样做，将会出现大量的重复建设，浪费宝贵的资源。企业单靠自己的力量降低物流费用存在很大的困难，而且大量的物流投资带有事实上的风险。企业的物流手段有限，无法承担诸如集装箱运输、铁路运输及国际间运输等活动。因此，从社会再生产的角度看，多数企业对物流的外部化有着高度需求。

（2）为了增强自己的核心竞争能力，企业要把资源集中在企业的核心竞争能力上，才能获取最大的效益。那些不属于核心竞争能力的功能应被移向外部，可以用虚拟化管理的方式获得可以利用的资源，达到最大的投资回报。大多数的制造企业和分销企业在物流方面没有大的优势，所以这一方面不是其核心竞争能力。尽管从 20 世纪 70～90 年代，企业在提高物流效率方面已经取得了巨大的进展，但要想实现新的改善，企业不得不寻求其他途径，包括物流外包这样的形式。

2、第三方物流是社会分工细化和管理理念发展的产物

第三方物流是社会分工向细化发展的结果。在社会生产进一步分工和市场竞争加剧的形势下，当各企业纷纷将企业的资金、人力、物力集中到核心业务上，以期增强核心竞争力时，这种社会环境也催生了社会化分工协作带来的另一个现象，那就是专业化分工重组的结果导致许多非核心业务分离出来，形成了许多具有专业职能的新行业，其中包括物流业。将物流业务委托给第三方专业物流公司去做，不仅可降低物流成本，也可以完善物流活动的服务功能，提高客户满意度。

第三方物流提供商可通过提供个性化的物流服务，来实现顾客的价值。第三方物流需求方的业务流程通常各不相同，物流、信息流也是随价值流动而流动的，价格、技术、质量能使第三方物流提供商具有竞争力，但不足以把其产品或服务与竞争者相区别。为了吸引顾客，就必须要实现服务导向，通过提供个性化的服务，增加产品的附加值，因而这要求第三方物流服务商按照顾客的流程来制订服务方案，提高顾客价值的实现。

第三方物流的产生也是新型管理理念发展的结果。从 20 世纪 70 年代以来，信息技术特别是计算机技术和网络技术的快速发展推动着管理技术和思想的更新，产生了供应链、虚拟企业等一系列强调外部协调和合作的新型管理理念，既增加了物流活动的复杂性，又对物流活动提出了快速反应、有效客户管理、零库存等更高要求。作为第三方物流，它是适应市场竞争的产物，是整个管理的集成化、系统化过程中乃至企业联盟中的重要部分。第三方物流参与一个公司的供应链的程度以及它们所起的作用可以表现在各个层次上。例如，在实施供应链最基本的功能层次上，一个第三方物流公司可以通过为其他企业确定和安排一批货物的高效运输路径，来使后者在产品开发上获得良好的条件。

物流作为联系客户和消费者的重要环节，其质量和水平直接影响到企业与客户的关系和企业的市场地位，社会迫切需要有专门的企业提供高水平的专业化物流服务。第三方物流就是在这种条件下产生的，并因其适应现代市场经济环境而得到迅速推广，如今在发达国家已成为物流模式的主流。发达国家的物流业发展证明，独立的第三方物流要占社会物流的 50%，物流产业才能形成。所以，第三方物流的发展程度反映和体现着一个国家物流业发展的整体水平。

3、第三方物流是物流领域竞争激化的产物

随着经济自由化和贸易全球化的发展，物流领域的政策不断放宽，如在市场准入方面放松管制，允许单个企业同时涉足海陆空运输代理领域，取消对物流领域供需调整的行政干预等，同时也导致了物流企业自身竞争的激化，物流企业不断拓展服务内涵和外延，从而导致第三方物流的出现。物流对企业在市场上能否取胜的决定性作用变得越来越明显。从本质上看，企业在市场上的表现主要是由产品质量、价格以及产品供给三个因素决定的，其中任何一个因素对企业的竞争能力都起着重要影响，而这三个因素都分别直接受到物流的影响。世界经济在纵向对工业、供应商、顾客、贸易和物流公司进行着重新分工，介入生产和销售环节的物流公司的出现，将是物流业发展的必然趋势。

二、第三方物流的概念

1、什么是第三方物流

第一方物流（First Party Logistics）是指卖方、生产者或供应者组织的物流活动。这些组织的核心业务是生产和供应商品，为自身生产和销售业务的需要，而进行物流网络及设施设备的投资、经营和管理。

第二方物流（Second Party Logistics）是指买方、销售方或流通企业组织的物流活动。这些组织的核心业务是采购并销售商品，为了销售业务需要而投资建设物流网络及设施设备，并进行具体的物流业务运作组织和管理。

第三方物流（Third Party Logistics，TPL 或 3PL）是指由商品的供方和需方之外的第三方提供物流服务。第三方物流不参与商品供、需方之间的直接买卖交易，而只是承担从生产到销售过程中的物流业务，包括商品的包装、储存、运输、配送等一系列服务活动。

提示板 8-7：第三方物流

第三方物流（Third Party Logistics，TPL 或 3PL）是指由商品的供方和需方之外的第三方提供物流服务。第三方物流不参与商品供、需方之间的直接买卖交易，而只是承担从生产到销售过程中的物流业务，包括商品的包装、储存、运输、配送等一系列服务活动。

第三方物流是物流专业化的一种重要形式。作为专业化、社会化的第三方物流的承担者就是物流服务企业。一般所指的第三方物流还应是独立的公司，同第一方物流和第二方物流相比，具有明显的资源优势、规模优势和范围优势。

从资产的角度考察，第三方物流分为资产型和非资产型两类，前者需要具备提供物流服务所需的物流基础设施和设备，后者需要具备对物流资产进行规划、集成、运作、管理和控制的能力。

2、第三方物流的相关概念

在物流实践中，人们根据第三方物流的不同特点，对其还有不同的称谓。这些称谓从不同侧面反映了第三方物流的实质，也基本能表达与第三方物流相同的概念。

由于第三方物流的服务方式一般是与企业签订一定期限的物流服务合同，所以第三方物流又被称为“合同物流”或“契约物流”（Contract Logistics）。

为了区别于企业自身提供的物流作业，第三方物流又被称为“外协物流”、“外包物流”或“外部物流”（Outsourcing Logistics）。

第三方物流一般是比较专业化的物流企业，能够承担客户全部的物流服务，所以第三方物流又被称为“全方位物流服务公司”（Full-Service Distribution Company，FS-DC）或整合服务提供商（Integrated Service Providers）。

第三方物流企业对物流各环节如仓储、运输等的严格管理，再加上拥有一大批具有专业知识的物流人才，使得它们可以有效地运转整个物流系统。当客户不再拥有自己的车队和仓库、库存，而是全部依赖于第三方物流为其或其客户提供部分或全部的物流服务时，客户和第三方物流便形成了相互依赖的利害关系，因此，第三方物流又被称为“物流联盟”（Logistics Alliance）或“物流伙伴”。

三、第三方物流的特征

按照 Coyle 等（1996）的观点，第三方物流企业具有以下特征：整合超过一个物流功能的活动，通常代替客户执行两项以上物流功能的服务；第三方物流通常不会代替客户作存货管理，仓储不等于存货管理；为客户提供服务所使用的物流设施通常是由第三方物流企业所控制，即使这些资产不属于第三方物流企业本身；具备全面的物流服务能力；附加价值的提供。

一般认为，第三方物流具有以下一些特征。

提示板 8-8：第三方物流的特征

1. 第三方物流是合同导向的一系列服务
2. 第三方物流与客户之间是战略合作伙伴关系
3. 第三方物流是个性化的物流服务
4. 第三方物流是以现代信息技术为基础的物流服务

1. 第三方物流是合同导向的一系列服务

第三方物流有别于传统的外包，外包只限于一项或一系列分散的物流功能，如运输公司提供运输服务，仓储公司提供仓储服务。第三方物流则根据合同条款规定的要求，而不是临时需求，提供多功能甚至全方位的物流服务。美国阿姆斯特朗物流咨询公司（Armstrong & Associate，A&A）统计，第三方物流的服务项目包括：① 运输计划与管理，即进向运输控制、出向运输控制、航向/网络优化、与货物承运商谈判并签订承运合同、航运船队管理、运费支付、运输方式转换、货运经纪、货物承运、海关保管；② 仓储保管，即货物集拼/分拨、交叉入库、产品装配/组装、产品安装/维修、分拣、附件备件、程序统计、订单履行、产品返还、库存管理、网络设计；③ 信息技术，即设计和工程的模式化、运输计划与管理、需求/供应预测、企业资源计划、软件集成和 EDI 及信息流动、电子商务；④ 财务管理，即库存财务、卖方管理财务、国际贸易财务与信用证、应收财务。第三方物流服务项目的多样化既是社会对物流服务需求的结果，也是现代科技能够提供技术支持的结果。

现代第三方物流是完全根据双方共同指定的承包合同条款的要求来提供规定的物流服务，而不是客户的临时需求。承包合同规定了服务内容、服务时间、服务价格等，规定了承包和被承包双方的责任和义务。现代第三方物流提供的服务，也不严格限于物流方面，可以根据客户需要，包含一些商流、信息流方面的服务，但物流还是其核心能力。

根据管理界的调查研究，被调查的欧美企业几乎都与第三方物流企业签订专门的合同，而且合同都包括惩罚措施，43%的西欧企业和 25%的美国企业还制订了一系列的激励条约。合同签订的有效期限一般为 1～3 年。

2. 第三方物流与客户之间是战略合作伙伴关系

第三方物流是由于企业致力于发展核心竞争能力、避免非核心业务分散精力和资源而寻求战略合作伙伴关系而产生的。第三方物流企业扮演了这种战略合作伙伴的角色。因此，现代第三方物流不像公共物流服务，客户是不固定的、临时的，甚至是一次性的，而是通过签订较长时期的物流服务合同建立的稳定联盟。依靠现代电子信息技术的支撑，现代第三方物流企业与客户企业之间充分共享信息，这就要求双方信任、合作双赢，以达到比单独从事物流活动取得的效果更好。而且，从物流服务提供者的收费原则来看，他们之间是共担风险、共享收益的关系。再者，现代第三方物流与客户企业之间所发生的关系并非一两次的市场交易，而是在交易维持一定时期之后，可以相互更换交易对象；在行为上，各自既非采用追求自身利益最大化的行为，也不完全采取追求共同利益最大化的行为，而是在物流方面通过契约形成优势互补、风险共担、要素双向或多向流动的中间组织。因此，现代第三方物流企业与客户企业之间是战略合作伙伴关系。

3、第三方物流是个性化的物流服务

现代第三方物流企业一般是站在货主的立场上，以货主企业的物流合理化为目标来设计物流系统的运营。因此，第三方物流必须熟悉货主企业以及与其生产经营活动相适应的物流活动的发展规律。现代第三方物流企业服务的对象一般都比较少，服务时间较长，异于公共物流服务。例如，食品业著名的第三方物流服务商夏辉集团，主要面向全球麦当劳食品连锁集团提供物流服务。因为各行各业与各企业物流服务需求方的业务流程各不相同，要求第三方物流服务应按照客户业务流程来定制，从而体现出物流服务的个性化特征。即使服务于多家企业的大型第三方物流服务商，其服务的营业范围也是有限的，因为第三方物流服务市场需求是复杂的，任何一家第三方物流服务商都难以做到对所有行业的物流。

4、第三方物流是以现代信息技术为基础的物流服务

现代第三方物流的一个最大特点是依托信息化网络技术，对国内外物流资源进行优化组合，以最少的投入取得最佳的经济效益。现代信息技术的发展是现代第三方物流出现和发展的必要条件。现代信息技术实现了数据处理的实时化和数据传递的高速化，提高了仓库管理、装卸运输、采购订货、配送发运、订单处理等物流作业的自动化水平，使进货、储存、流通加工、包装、运输实现一体化，客户可以方便地利用信息技术与物流企业进行交流和沟通，使企业间合作和协调有可能在短时间内迅速完成。同时，人们利用信息技术还能准确地计算出混杂在其他业务中的物流活动的成本，并能有效管理物流渠道中的商流，从而促使客户在比较利益的基础上把原来由内部完成的物流作业交给第三方物流企业运作。

目前，用于支撑第三方物流的信息技术主要有：实现信息快速交换的 EDI 技术、实现资金快速支付的 EFT 技术、实现信息快速输入的条码技术和电子标签技术，以及实现网上交易的电子商务技术等。

四、第三方物流的优势

1、有利于企业集中做好主业

任何企业的资源都是有限的，不可能在所有业务上都面面俱到，因此企业必须充分利用现有资源，集中于核心业务，将不擅长或条件不足的业务弱化或外包。把企业的非核心业务外包给第三方物流公司，可以帮助企业精于主业，并对主业进行重点研究，从而利于发展基本技术和开发新产品，进而提高企业

竞争力。有的企业甚至只有产品研发和市场两个功能，通过外包的形式获得物流和制造资源，如耐克公司。物流外包使得生产经营企业可以专注于提高自身核心能力，又有利于带动包括第三方物流在内的物流行业整体发展。

2、有利于企业减少库存

企业不能承担多种原料和产品库存的无限增长，尤其是高价值的配件要及时送往装配点才能保证库存最小。在保证生产经营正常进行的前提下实现零库存是所有企业的理想目标。而由于自身配送能力和物流管理水平有限，为了及时对顾客订货作出反应，防止缺货和做到快速交货，企业往往需要采取高库存的策略，在总部和各分部维持大量的存货。通常，企业防止缺货的期望越大，所需的安全库存越多，平均库存量也越多。在市场需求高度变化的情况下，安全库存量会占到企业平均库存的一半以上。第三方物流企业借助精心策划的物流计划和适时运送手段及强大的信息系统，既可实现以信息换库存，即通过上下游各个环节信息的及时、快速、准确交换，实现精益生产和JIT交货，减少无效库存数量，缩短库存时间，又能加快存货流动速度，从而最大限度地盘活库存，减少库存，改善企业的现金流量，实现成本优势。

3、有利于企业减少投资和加速资本周转

企业自营物流，往往要进行物流设施设备的投资，如投资建设仓库、购买车辆、构建信息系统等，这样的投资往往是巨大的。对于资金缺乏的企业尤其是中小企业是个沉重的负担。采用第三方物流，企业可以减少在此领域的巨额投资，使得固定成本转化为可变成本——企业仅需向第三方物流企业支付服务费用，不需要自己内部维持物流基础设施来满足物流需求。这样，企业不仅可以减少在物流设施上的投资，而且对仓库、车辆、物流信息系统等的投资也可以转嫁到第三方物流企业，从而加快资金周转。

4、有利于企业降低物流成本

第三方物流企业是提供物流服务的专业机构，拥有高素质的专业物流管理人员和技术人员，能充分利用专业化物流设施、设备和先进的物流信息系统，发挥专业化物流运作的管理经验，提高各环节能力的利用率，最大程度地取得整体最优的效果，从而为客户降低物流成本。

5、有利于提高物流效率

第三方物流企业在物流业务方面，具有专业化的优势，能为客户提供高水平的运作技能。这种技能包括将客户业务与整个物流系统综合起来进行分析、设计的能力，采用专门设备、专门工具进行运输、储存的能力，先进的装卸能力，先进的自动识别能力、自动分拣技术等。这些专业化的技术能力将大大提高物流管理效率，这是一般的非第三方物流企业所难以达到的。同时，第三方物流企业面向整个物流市场，能够比较及时、全面地了解掌握物流市场的信息。它们一般都建立了基于 Internet 的计算机信息网络系统。因此信息收集快，处理速度快，给物流作业以及用户查询提供了方便条件，大大提高了工作效率和用户服务水平。

五、第三方物流与第四方物流

美国的安盛咨询公司首先提出了第四方物流的概念：第四方物流（Fourth Party Logistics，FPL 或 4PL）是一个供应链的集成商，它对公司内部和具有互补性的服务供应商所拥有的不同资源、能力和技术进行整合管理，提供一整套供应链解决方案。从概念上来看，第四方物流是有领导力量的物流提供商，它可以通过整个供应链的影响力，提供综合的供应链解决方案，也为其顾客带来了更大的价值。显然，第四方物流是在解决企业物流的基础上，整合社会资源，解决物流信息充分共享、社会物流资源充分利用问题。从宏观角度来看，第四方物流发展满足整个社会物流系统的要求，最大程度整合社会资源，减少货物物流时间，节约资源，提高物流效率。要实现整合社会物流资源，第四方物流企业必须满足三个条件：① 第四方物流必须不是物流的利益方；② 第四方物流必须能实现信息共享；③ 第四方物流必须有足够能力整合所有物流资源。

关于第四方物流的定义还有其他一些说法：

定义一：集成商们利用分包商来控制和管理客户公司的点到点式供应链运作。

定义二：综合供应链解决方案的整合和作业的组织者，负责传统的第三方物流之外的职责，即第四方物流负责传统的第三方安排之外的功能整合。

定义三：一个集中管理自身资源、能力和技术并提供互补服务的供应链综合解决方案的供应者。

第四方物流是在第三方物流不能满足客户的高需求的情况下诞生的，它是物流运作管理模式的新发展，与第三方物流存在很大的不同。相比较而言，第三方物流侧重于实际的物流运作以及面对客户需求的一系列信息化服务，它通过将供应链上每个环节的信息进行比较和整合，力求达到跟踪满足客户需求的目的。而第四方物流则侧重于从宏观上对供应链进行优化管理，其优势在于管理理念的创新和变革管理能力，它的目标在于将一定区域内甚至全球范围内的物流资源根据客户的需要进行优化配置，以形成最优方案。

目前，国内外物流界对第四方物流的认识并不统一，对其概念、作用及发展方向等还存在诸多争议。很多第三方物流公司认为，没有理由在客户与第三方物流服务商之间插入第四方物流这个实体，因为这样未必能够优化供应链，反而可能增加不必要的成本。有的客户对第四方物流也持保留意见，如美国戴姆斯-克莱斯勒公司认为，公司现在与第三方物流关系非常融洽，在短期内并无实施第四方物流的必要性，但公司也不会完全排斥第四方物流。对缺乏实际操作经验的第四方物流能否优质高效地对供应链进行统筹尚存疑问。

有学者认为，第四方物流本质上是第三方物流的特例，是指物流服务提供者作为一个供应链的集成商，对公司内部和具有互补性的服务提供者所拥有的不同资源、能力和技术进行整合、管理，提供一整套供应链解决方案。美国摩根·斯坦利公司认为，第四方物流就是将供应链中附加值较低的服务通过合同外包出去后剩余的物流服务部分，同时在第四方物流中引入了“物流业务的管理咨询”服务。

六、第三方物流相关理论

1、劳动分工理论

亚当·斯密在《国富论》中详细阐述了劳动分工对提高生产效率的好处：劳动分工使每个劳动者的熟练程度提高，节省工作转换时间，发明许多机械，简化和减少了劳动的复杂性。依照亚当·斯密提出的绝对利益学说，对于某一种商品，若一个经济主体在劳动生产率上占有绝对优势，或其生产所耗费的劳动成本绝对低于另一经济主体，而各个经济主体都从事自己占有绝对优势商品的生产，继而进行交换，那双方都可以通过交换得到绝对的利益，从而整个世界也可以获得分工的好处。物流外包可以看作是劳动分工的延伸，是社会范围内合作与分工的产物。由于物流作业的复杂性、多变性，企业在进行物流运作时日益感到力不从心。企业把部分或全部物流外包给外部的第三方物流企业，使物流需求企业与第三方物流企业两者都集中于占有绝对优势的业务，双方因而都享受到了绝对利益，并且简化了管理的复杂性，还有助于提高各自的专业化生产率。所以，第三方物流作为社会劳动分工的产物，有存在的必然性。

2、比较优势理论

大卫·李嘉图在其比较利益学说中，这样解释贸易的基础：若两个贸易参与国生产力水平不相等，甲国在生产任何产品时的成本均低于乙国，劳动生产率均高于乙国，处于绝对优势。而乙国则相反，其劳动生产率在任何产品上均低于甲国，处于绝对劣势。这时两个国家的贸易基础依然存在。因为两国劳动生产率之间的差距并不是在任何产品上都一样，这样处于绝对优势的国家不必生产全部产品，而应该集中生产本国国内具有最大优势的产品。处于绝对劣势的国家也不必停止生产所有的产品，而只应该停止生产在本国国内处于最大劣势的产品。通过自由交换，参与交换的各个国家都可以节约社会劳动，增加产品的消费，世界也因为自由交换而增加产量，提高劳动生产率。同样的道理亦可用于解释第三方物流的产生：其他企业与第三方物流服务商相比，可能都有一定的物流运作和一般的管理业务活动，但是第三方物流服务商在物流运作方面优势更为明显，通过交换或外包物流活动，使得企业和第三方物流企业都可以节约劳动，从而提高效率并且获利。

3、交易成本理论

按照新制度经济学派的观点，企业的规模是由交易成本来决定的。当一项交易的市场交易费用小于企业将此活动内部化到公司进行而花费的公司管理费用，也即组织成本时，企业将会采用市场交易形式，从而将此项交易活动交给市场来做，而不是亲力亲为。从根本上说，第三方物流的发展是适应了产业结构性调整，实现企业资源优化配置，从而减少一些其他从属业务支出，保持企业合适规模的需要。在传统“小而全”观念的影响下，企业的规模严重地超过了其应该具有的边界，出现管理任务越复杂、越多元化，管理效率越可能变得低下的弊端。在物流管理领域，企业自己运营全部原料、产品的运输、仓储、库存、配送管理，乍看起来似乎比从市场上购买物流服务便宜，但考虑到固定成本的投入，即购车、建仓库、购买电脑网络设备和软件，劳动力的工资和培训，以及所有相关的管理成本，这些企业花费的成本与市场交易成本比起来，则显示出了外部委托物流的优势。正因为如此，企业开始将目光投向市场，寻求外部物流服务，界定本企业适中的规模，从而产生了对第三方物流的市场需求。

4、核心能力理论

核心能力是企业长期竞争优势的源泉，企业核心能力主要有以下特点：

（1）价值性　核心能力能提高企业的效率，能够帮助企业在创造价值和降低成本方面比竞争比对手做得更好，由此给最终用户带来新增价值或提供根本性的好处。

（2）异质性　企业核心能力是企业在长期的成长过程中，逐渐培养和积累起来的，具有较强的路径依赖性。不同的企业，成长环境不同，发展历程不同，其核心能力也不同。因此，核心能力是把一个企业与其他同类企业区别开来的东西，核心能力的这种异质性决定了企业之间的绩效差异。

（3）难仿制性　核心能力是企业在长期的生产经营活动中形成的，深深地印上了企业特殊经历的烙印，其他企业很难模仿。企业的核心能力是企业的一种综合素质，渗透于企业的各个层面，它不仅由技术因素决定，而且与企业的组织结构系统相适应。核心能力的载体往往体现为人力资源，同时又超越员工个人的能力而存在。所以，任何一个企业都不能靠简单模仿其他企业而建立起自己的核心能力。即使能很快掌握竞争对手的某项技术，但复制不了竞争对手的企业文化。

（4）不可交易性　核心能力是积累起来的，与特定的企业相伴而生，对组织结构及其能力水平具有很强的依赖性，无法独立于企业外部而像其他生产要素一样通过市场交易进行买卖。

核心能力理论表明，企业拥有的核心能力是有限的，即只有一项或少数几项，企业的每一项能力不可能都是核心能力。任何一个企业都必然要依赖其他企业所拥有的核心能力来弥补自己的非核心能力，以获得和保持竞争优势。

对于非物流企业来说，物流能力往往不构成其核心能力，而属于非核心能力。对于物流企业而言，其核心能力必定与物流能力有关。这样，物流企业与非物流企业相比，在物流方面就有了比较优势。为形成更大的合力，聚合彼此的核心能力，就促使双方建立物流战略伙伴关系，从非物流企业把物流业务分化出来，外包给物流企业，专注于自己的核心业务，突出自身主营业务；物流企业按照非物流企业的要求为其定制物流服务，在物流相关领域发展自己的核心业务。两者的经营活动分别集中于各自的核心业务，有助于各自核心能力的积累、巩固和发展，进而有利于各自保持长期竞争优势。

七、国外第三方物流的发展概况

第三方物流已有 20 多年的历史，在发达国家已经成为一种重要的物流模式。据统计，在美国，第三方物流在整个物流规模总量中的比例为 57%，在日本为 80%，欧盟为 76%。国外第三方物流的蓬勃发展有一些相似之处：第三方物流设施的现代化程度高，第三方物流业社会化、组织化程度高，对社会存量资源整合得较好等。各国在第三方物流业的发展方面，也形成了各自的特点。

（1）美国第三方物流发展概况　美国在经济发展中不强调政府的管制作用，而要求企业按照市场化运作模式发展。第三方物流业的兴起就是市场化运作的核心体现。执行第三方物流的企业利用本公司或其他公司的物流资源，提供的物流服务除仓储和运输配送外，还有物料管理、JIT、运费协商、国际多式联运等。它们的经营职能包括作业、管理、工程技术等。物流活动的领域有供应、制造、销售、回收等。这几方面的要素互相组合，构成各种第三方物流产品。

目前，美国使用第三方物流企业的比例约为 57%，而且其需求仍在不断增长。整个美国第三方物流的收入以年均 15%～20%的比例递增。美国第三方物流的迅速发展，主要得益于完善的制度。政府对物流产业采取不干预的态度，主要由工商企业用户与物流服务者签订合作合同。用户将货物集运、库存管理、条码标签、分拣挑选、订单执行等业务，包括售后退货、修理更换、货物回收销毁、网络订单执行以及电脑装配等销售渠道完全交付给物流合作方，为物流产业的发展提供了巨大的空间。

美国第三方物流企业数量多、规模大。2004 年，美国东北大学和埃森哲咨询公司以美国 19 家 3PL 企业的 CEO 为对象，对 3PL 产业发展现状做了调查。这 20 家企业包括：APL Logistics、Cardinal Logistics、Caterpillar Logistics Services、Exel Logistics、NYK Logistics、Ryder、UPS Supply Chain Solutions 等。结果显示，2003 年，美国 3PL 企业收入在 9 亿美元以上的企业有 9 家，这 19 家企业平均收入为 9 亿美元。

（2）欧洲第三方物流发展概况 推动欧洲第三方物流发展的根本原因是减少成本，改善服务。欧洲劳动力成本较高，工会会费数额较大和税负较重，还有法规和经营限制。欧洲的物流经营成本达到美国的两倍。在欧洲开设分支机构的公司选择第三方物流管理和经营物流设施，不仅能降低分销成本，而且能提供专业化的服务。物流需求的膨胀导致欧洲物流服务供应商的剧增，第三方物流为欧洲带来了范围广泛的创新服务。

在物流服务市场上，欧洲的第三方物流公司分为不同的层次，面向不同的目标市场，提供不同层次的服务，但基本可分为四类。

第一类，服务范围广泛的大型物流企业。最高一层的大型物流企业为制造商提供了范围广泛的服务，包括制作不同语言的标签和包装，帮助这些制造商在欧洲不同市场进行销售。在这一层次里，有一些领先和经营良好的欧洲物流公司，也有总部设在美国的物流公司，如 UPS 环球物流。

第二类，从事传统物流的欧洲公司。这类 3PL 公司经营规模很小，是国际物流营运商中欧洲特有的物流实体。这些企业拥有自己的资产，经营货车货运、仓储、报关等。这些公司的技术不高，并且资源有限，大多数业务起源于处理欧洲各国海关之间复杂的业务（目前这些业务已经消失）。这些公司最终会合并或离开这个行业。

第三类，新兴的第三方物流公司。除大型跨国物流公司和较小的物流企业，一种完全新兴的欧洲 3PL 比其他的货运服务商发展更快。例如，欧罗凯集团、德国汉堡主要的集装箱经营者，除在欧洲拥有仓储和配送能力以外，还为零售商和制造商提供复杂的物流服务，最普遍的一种增值服务是加速接运分送，增加库存周转次数。被加速发运的货物用于紧急订货，同时较低成本的货物到达时正好可以与那些紧急订货的发出衔接。这样可为零售商增加大约10%的存货投资回报。

第四类，大型国有机构的第三方物流。欧洲另一个快速增长的第三方物流企业层次是大型的国有机构，如国家铁路公司和港务局。

（3）日本第三方物流发展概况　日本政府非常重视物流产业的发展，拟定了《仓库业法》，在《商法》、《民法》中也有关于仓库的消防法及一系列的法规法令。1997年，日本政府提出了“综合物流对策”，目标是在亚洲建立先进的物流体系。2002年，日本政府又出台了一个五年计划，通过利用数字化目标来推动物流业的发展。所谓数字化目标，即用具体的数字来衡量物流的全过程。例如，从产品进入港口到报关再到买方手中，期限为两天。

日本政府的主导作用，主要体现在以下几个方面：一是规划优先。由于日本国土面积小，国内资源和市场有限，商品进出口量大，政府采取“流通据点集中化”战略，在大中城市郊区、港口、主要公路枢纽规划建设物流配送中心。同时提倡发展“城市内最佳配送系统”，围绕某个标准轴心，将城市内无规则的货运加以汇总，实现混载配送，提高配送效率。二是政府加大资金投入。在科学规划的基础上，日本政府制定了《综合物流施政大纲》，并提出了综合物流管理的观点，即把生产以及生产以前的过程，物理性的流通过程、售后服务、销毁回收等全过程，设定为一个系统过程，进行综合管理，使日本物流业的现代化程度进一步提高。大纲对主要的物流基础设施提供强大的资金支持，如日本最大的综合物流中心——和平岛货物中心建设投资572亿日元，其中70%由中央财政出资，20%由东京地方财政出资，10%由企业投资。三是出台相关政策，鼓励现代物流产业发展。在完善道路设施，改善城市内河运输条件，缓解城市道路阻塞，发展货物联运等方面，日本政府出台了很多放松政府管制、建立政府部门协调促进机构、提供政府援助等可行的鼓励措施。

八、我国第三方物流发展概况

1．我国第三方物流在发展过程中呈现的特点

（1）从第三方物流企业形成途径来看，传统的储运企业转型而来的第三方物流企业占主导地位。目前，按形成途径划分，我国主要有4类第三方物流企业，它们在国内第三方物流市场中各自拥有一定的份额，并且具有各自的特点。

第一类就是从传统储运企业转型而来的物流企业，如中远物流。它们在国内整个第三方物流市场份额中占据了半壁江山。这类企业的优点是拥有全国性的网络和许多运输、仓储资产，与中央和地方政府关系良好。劣势是冗

员较多，效率低下。

第二类是新兴的民营物流企业。它们由于机制灵活、效率较高、管理成本低等特点，发展迅速，是我国物流业中最具朝气的第三方物流企业，如广州的宝供物流集团。但有限的固定资产和缺乏有力的财务支持限制了民营物流企业的市场扩张速度。

第三类是外资物流企业。它们一方面为原有客户—— 跨国公司进入我国市场提供延伸服务，另一方面用它们先进的经营理念、技术手段和优质的服务吸引我国企业，逐渐向我国物流市场渗透，如马士基物流公司、黄天百物流公司等。

第四类是新创办的国有或国有控股的新型物流企业，它们是现代企业改革的产物，管理机制比较完善，发展较快。

总体上看，传统的企业尚处在转变之中，新兴的企业尚在起步，外资企业只得到了有限的发展。真正拥有可以信任的品牌、庞大的物流网络、先进的管理体制、高素质的人才队伍、丰富运作经验的物流龙头企业尚未出现。

（2）从地区分布上看，我国第三方物流业的发展很不均衡，企业数量以及服务收入绝大部分是集中和来自东部地区。据调查，珠江三角洲地区集中了 24%的第三方物流企业，获得了 30%的服务收入；以沪宁杭为中心的长江三角洲地区集中了 28%的第三方物流企业，获得了 35%的服务收入；京津唐环渤海地区集中了 27%的第三方物流企业，获得了 32%的服务收入。

2. 我国第三方物流发展中的问题

提示板 8-9：我国第三方物流发展中的问题

1. 物流外包乏力
2. 物流企业规模偏小
3. 物流服务功能基础单一
4. 物流服务效率低下

（1）物流外包乏力　目前，大部分工商企业仍热衷于自营物流，对于物流外包反应冷淡。中国仓储协会 2005 年的调查数据显示：生产企业原材料物流的执行主体主要是供货方，占 56%，第三方占 19%；生产制造企业成品销售物流中，16%的执行主体是公司，31%是第三方，53%结合采用两种形式；商业企业物流执行主体 5%为供货方，公司自营占 78%，第三方为 17%。

据调查，约有 2/3 的世界五百强企业都将物流业务交给了第三方物流企业。可见，工商企业的物流社会化程度不高。采用自理方式的企业中，67%的生产企业和 43%的商业企业对自理物流感到满意。这表明自理企业中有相当一部分短期内不会将物流外包。这也使第三方物流需求不足且发展缓慢。

（2）物流企业规模偏小　从我国目前的情况来看，物流企业规模普遍偏小是不争的事实。据调查，2001 年我国物流企业平均拥有员工为 259 人（而美国这一数字为 432 人，其中 500 人以上的物流企业占 36%），从事公路运输企业平均运营车辆为 1.43 辆，超过百辆的只有极少数。从市场集中度看，目前还没有一家物流企业独自拥有超过 2%的市场份额。根据规模经济理论，在一定限度内，随着企业规模的扩大，其单位经营成本呈下降趋势。据对美国不同规模物流企业的运营成本统计表明：年销售额在小于 200 亿美元、200 亿至 500 亿美元、500 亿至 1 250 亿美元、1 250 亿美元以上的物流企业，其物流成本占销售额的比重分别为 10.45%、8.3%、7.36%、3.4%。可见，企业规模越小，运营成本越高，进而影响企业的经营效益及长远发展。

（3）物流服务功能基础单一　从服务范围和功能看，我国第三方物流公司大多为客户提供单项服务，且均停留在仓储、运输等基础性服务上，像宝供、中海这样功能完善的第三方物流企业目前为数不多，规模也不是很大。中外运、中国储运总公司这样大型的运输、仓储企业虽已向第三方物流企业转化，但他们的传统运输、仓储业务仍占主要部分，第三方物流的功能还不完善。中国仓储协会的调查也表明，生产企业和商业企业的外包物流主要集中在市内配送、单纯仓储和干线运输。其中生产企业的外包物流中，单纯仓储占 21%，干线运输占 36%，市内配送占 28%，包装仅占 4%；商业企业的外包物流中，单纯仓储占 37%，干线运输占 21%，市内配送占 43%，包装占 14%。而且，生产企业使用第三方物流企业的数量通常有 2～10 家，商业企业使用第三方物流企业的数量一般在 10 家以上，可见生产企业和商业企业的外包物流以“分包”为主，即将不同功能的业务分别委托给不同的企业，企业物流被严重分割，难以达到规模经济性的要求。

（4）物流服务效率低下　物流服务效率低下主要表现在信息传递不及时、不准确，作业速度慢，作业差错率较高。这直接影响了物流配送的及时与准确，难以充分体现第三方物流的核心价值、服务价值。

3、制约我国第三方物流发展的因素

（1）需求不足

没有市场需求，第三方物流企业就像是无源之水，无本之木，失去了持久发展的基础，更谈不上服务水平的提高。第三方物流在发达国家得到发展的直接原因就在于市场的需要。全球经济一体化、分工专业化使得许多企业意识到自营物流成本过高而纷纷选择专业物流企业，通过专业物流企业的规模经营和标准化作业降低自身成本，改善产品质量或服务质量。正是有了这种要求才带动了第三方物流业的极大发展，而我国目前第三方物流市场需求严重不足，主要有以下原因。

1）物流观念落后。观念是影响物流外包的首要因素。受“大而全”、“小而全”的经营观念影响，拥有自己的运输车队、仓库以及配送中心等物流能力成为许多工商企业引以为豪的标志。利用市场来配置资源的概念在许多人心目中没有地位，他们多半认为拥有独立的物流设备、物流资产就是企业做大做强的资本。此外，许多企业经营者认为，本企业与物流企业之间存在着此消彼长的利益冲突。他们认为，若外购物流，物流企业要赚取利润，肯定会增加企业的物流成本。因此许多企业采取自营的方式代替外包物流。即便是某项物流功能自营有困难需要外购，企业通常也是单独购买该项物流功能，与物流企业间的关系也是临时性需求的松散关系。而事实上第三方物流企业的利润来自于物流总成本的节约，并非来自生产经营企业利润的转移。通过物流外包降低成本，可以实现生产经营企业与物流服务企业的双赢。

2）企业对第三方物流企业缺乏信心。高效的第三方物流企业可以降低生产运营成本，帮助企业提升价值链，优化企业业务流程；而低劣的第三方物流不仅不能降低成本，还可能对企业的经营造成障碍。由于我国第三方物流发展时间不长，水平不高，企业在考虑物流外包时很难找到一家合适的物流供应商，在风险和收益两相权衡下，一些企业更倾向于自建物流体系。企业的这种忧虑正是第三方物流企业发展客户中遇到的首要问题，大部分的第三方物流企业在争取客户时需要花费很大的精力向企业证明自己的资质能力，并且需要提供足以让企业信服的材料来说明可以为企业提供优质高效的服务。消除企业对第三方物流企业能力的疑虑是企业进行物流外包的重要一步，这取决于第三方物流企业自身的能力、市场形象以及企业对第三方物流企业的认识等多方面的因素。

3）自营物流退出障碍制约。根据产业组织理论，企业在退出某一行业时，会受到许多因素的阻碍，这些因素被称为退出障碍。沉没成本就是其中之一。所谓沉没成本，就是企业在退出某一行业时，其投资形成的固定资产不能被转卖或只能以低价转卖，造成的不可收回的资本损失。在计划经济体制下，各工商企业都是自营物流的，具体表现为生产和零售企业纷纷建库、买车、修路，从而形成了较大的物流设施存量。根据中国仓储协会2005年的调查，生产企业中64%的企业拥有汽车车队，83%的企业拥有仓库，73%的企业拥有机械化装卸设备，14%的企业拥有铁路专用线；商业企业中73%的企业拥有汽车车队，77%的企业拥有仓库，35%的企业拥有机械化装卸设备，9%的企业拥有铁路专用线。由于各企业都从自身角度出发经营物流活动，从全社会物流资源优化配置的角度看，生产零售企业建设的物流设施存在着总量过剩、结构失调等问题，有的甚至具有极强的专用性，如企业专用铁路线。当生产零售企业打算退出物流领域而采取物流外包时，这些物流设施很难转卖或只能以低价转让，给企业带来巨大的沉没成本，形成较高的退出障碍。此外，企业退出物流领域时，需要解雇物流相关部门的员工，而国有企业解雇职工时，需要支付退职金、解雇工资等，这笔费用也构成了企业退出物流领域的障碍。

4）担心商业机密外泄。商业机密是企业制胜的法宝，也是企业的核心竞争力。如果将物流业务外包，部分运营情况将不可避免地向第三方物流企业公开，这对企业来说是个非常困难的决定。在日益激烈的市场竞争情况下，企业的核心竞争力是其生存与发展的重要保障，但与第三方物流企业的合作势必造成其核心运营要素的泄露。最令人担心的是，在某一行业专业化程度高、占有较高市场份额的第三方物流商会拥有该行业诸多企业的客户，而它们正是企业的竞争对手，企业担心其运营情况可能会通过第三方物流企业而泄露给竞争对手。

（2）供给不足

1）传统经营观念影响。目前我国从事物流服务的第三方物流企业，其前身大多是仓储运输企业，不少企业的经营思想还停留在传统物流的概念上，各个行业的储运企业相互独立与分割，物流设施重复建设，设备简单，完成业务的功能单一，效率低下，完成不了规模的网络运营模式。而先进的第三方物流要求企业进行物流系统设计，整合一个以上的物流功能。另外，第三方物流业务面极宽，涉及的领域众多，包括公路、铁路、航空、船舶、物流中心、信息中心系统以及仓库、车站、机场、港口、海关等各个行业，不能很好地协调这些部门之间的关系，会对物流业务的开展产生极为不利的影响，势必造成业务成本的提高，反应速度下降，违背了第三方物流强调的“提供最有利于客户的服务”原则，使些原本想选择第三方物流为其服务的企业放弃了这一选择。

2）信息技术落后。第三方物流意味着和多个不同的货主企业建立合作关系，要处理来自多个企业的不同种类和数量商品的传递。由于传统的大量生产方式向多品种、小批量的生产方式转变以及电子商务的发展，对第三方物流服务的要求往往也是多品种、小批量的。这种多品种、小批量的物流要求的处理不仅十分繁杂而且往往是不经济的。信息技术的应用为快捷地处理多样化繁杂的业务提供了良好的技术支持。另外，将物流职能外包出去的企业可以通过信息网络实现和第三方物流企业的信息共享，获取物流的仓储、订货以及实时的运输信息。第三方物流企业利用基于互联网的信息平台，汇集了众多仓储、运输合作伙伴，根据企业的需要选择每一个环节最合适的合作伙伴，并能及时响应顾客要求。我国物流业信息化和网络化程度很低，信息技术的应用状况不容乐观。由于我国企业整体来说信息化起步较晚，信息化程度较低，对企业信息化的认识尚存在诸多分歧，因而我国物流企业也普遍存在对信息的获取、处理、运用能力不强的问题。例如，大部分运输企业尚未应用计算机管理系统、自动识别和条码技术、GPS 全球定位系统等先进的信息技术。在第三方物流企业的应用更是尚处于学习和起步阶段。信息技术的制约导致第三方物流企业所提供的物流服务在及时性、准确性、可靠性以及多样性等方面都处在较低水平。简言之，信息技术落后造成物流服务低端市场竞争激烈，而高端市场却少人问津的局面。

3）人才制约。发展第三方物流，关键是具备一支优秀的物流管理队伍。发达国家的物流企业之所以发展较快，一条重要的原因是，这些国家十分重视人才的教育，各大学都开设有物流管理专业，并在全社会开展了物流配送职业教育。不少国家的物流从业人员必须接受职业教育获得从业资格后，才能从事物流方面的工作。反观我国情况，虽然物流从业人员也已初具规模，但大多数是从管理专业、工程专业、交通运输专业等转行过来，真正懂得物流科学的高层次管理人才少之又少，原因就是物流的教育落后，在我国高等院校中开设物流专业和课程的历史较短，绝大部分不超过 10 年。市场竞争，归根到底是人才的竞争。缺乏人才，企业也就缺少了创新的能力和发展的动力，只能依靠传统的方式管理现代物流，导致物流企业低效运行，缺乏活力和竞争力。

第三方物流是操作性较强的管理活动，同时又是高新技术支持下的策略，要求从业人员必须是管理类和技术类相结合的复合人才，既要掌握物流优化管理的理论与方法，同时又应具备计算机和网络、自动化技术方面的知识。但是目前我国的物流企业工作人员的业务素质较低，难以达到第三方物流概念要求的提供综合物流业务的要求。我国物流企业普遍管理效率低下，基本上还是经验管理和粗放管理，不能满足第三方物流对于物流企业有较好管理能力和协调能力的要求。

（3）制约我国第三方物流发展的外界环境

1）物流基础设施薄弱。长期以来，受“重生产，轻流通”思想的影响，国家财政对物资流通行业的基础建设投资力度明显不足，我国物资流通基本建设投资占 GDP 的比重为 2.67%，低于英、美、日等发达国家，甚至低于印度、巴西等发展中国家。基础设施投入不足造成了我国交通网密度低下，无法顾及交通网络“结点”的交叉配合，使交通网络的系统化程度降低，严重影响了物流企业的正常经营，导致其运输效率低下，加大了企业运营成本；同时，物流基础设施建设布局也不合理，54%分布在东部，30%分布在中部，16%分布在西部，从而造成交通网布局不均（集中于沿海地区），导致了物流业发展区域的不均衡。其次，物流与信息技术结合的趋势日渐加强，暴露出我国电子商务基础设施也明显不足，网络硬件设施发展不足，网络速度较低，不利于企业间信息交流与共享。

2）部门分割、行政分割的制约。在运输管理体制上，我国实行的是按照不同运输方式划分的分部门管理体制；同时，从中央到地方也有相应的管理部门和层次。这就不利于形成社会化的物流系统和跨区域、跨行业的物流网络。例如，为了向顾客提供一个整合全国范围的物流服务解决方案，物流服务商必须取得按省份和按运输方式的多个营运许可证。物流业强调的多式联运与现行的条块分割的管理模式产生极大冲突。企业只能利用单一的运输方式来开展物流服务。著名物流企业宝供物流集团运营总监肖楚雄对此感受颇深："我们这个行业或者产业缺少一个统一的领导机构，不知对口单位在哪里。"

3）信用体系欠缺的影响。物流服务是一系列委托与被委托、代理与被代理的关系，是完全以信用体系为基础的。物流服务的无形化特点，各种复杂的费率协调机制，服务的标准与衔接，物权的转移与控制，结算的主体常常涉及多方面的物流服务参与主体，尤其是在第三方物流服务或有更多层次的外包服务需求时，没有一个完善的信用体系作基础，单凭第三方交单结算甚至由第三方代为收款是无法想象的。但信用大面积缺失却是我国当前经济运行中的严重问题，有人甚至用"信用崩溃"来形容失信状况。借款不还、互相拖欠、经济诈骗、制假售假等现象，在经济生活中俯拾皆是。企业间逾期应收账款发生额在发达市场经济国家约占销售额的0.25%～0.5%，而我国则高达5%以上，且呈逐年增长势头。在缺乏普遍商业信用的情况下，货主对物流服务的需求必然采取审慎的态度，其结果就是自营物流，进而导致物流服务的市场需求不足。

4）现行税收体制的影响。物流企业的经营成本支出主要集中在购买交通工具和构建固定资产，而现行的"生产型"增值税税收政策不允许企业抵扣固定资产的进项税额，这种税收政策加大了物流行业的税负，制约了物流企业固定资产的更新动力，导致物流效率低下。另外，企业所得税政策规定，企业贷款利息超过同期银行贷款利息部分不能进行所得税抵扣，在一般情况下，物流企业融资利息比银行利息高得多，因此相当一部分利息费用不能税前列支，加大了物流企业的经营成本。

【物流案例精选】

通用汽车公司的第三方物流服务

美国通用汽车公司在美国的14个州中，大约有400个供应商负责把各自的产品送到30个装配工厂进行组装，由于货车满载率很低，使得库存和配送成本急剧上升。为了降低成本，改进内部物流管理，提高信息处理能力，通用汽车公司委托Penske专业物流公司为它提供第三方物流服务。

调查了解半成品的配送路线之后，Penske 公司建议通用汽车公司在 Cleveland 使用一家有战略意义的配送中心，配送中心负责接收、处理、组配半成品，由 Penske 派员工管理，同时 Penske 也提供 60 辆货车和 72 辆拖车。除此之外，还通过 EDI 系统帮助通用汽车公司调度供应商的运输车辆以便实现 JIT 送货，为此，Penske 设计了一套最优送货路线，以增加供应商的送货频率，减少库存水平；改进外部物流活动，运用全球卫星定位技术，使供应商随时了解行驶中的送货车辆的方位。与此同时，Penske 通过在配送中心组配半成品后，对装配工厂实施共同配送的方式，既降低了货车空载率，也减少了通用汽车公司的运输车辆，只保留了一些对 Penske 所提供的车队有必要补充作用的车辆，这样也减少了通用汽车公司的运输单据处理费用。

另外，美国通用汽车公司选择目前国际上最大的第三方物流公司 Ryder 负责其土星和凯迪拉克两个事业部的全部物流业务，选择 Allied Holdings 负责北美陆上车辆运输任务，选择 APL 公司、WWL 公司负责产品的洲际运输。

世界知名物流配送企业——联邦快递

一、联邦快递的全球运送服务

电子商务的兴起，为快递业者提供了良好的机遇。电子商务体系中，很多企业间可通过网络的连接，快速传递必要信息，但对一些企业来讲，运送实体的东西是一个难解决的问题。举例来讲，对于产品周期短、跌价风险高的计算机硬件产品来讲，在接到顾客的订单后，取得物料、组装、配送，以降低库存风险及掌握市场先机，是非常重要的课题，因此对那些通过大量网络直销的戴尔电脑来讲，如果借助联邦快递的及时配送服务来提升整体的运筹效率，可为规避经营风险做出贡献。有一些小企业，由于经费、人力的不足，往往不能建立自己的配送体系，这时就可以借助联邦快递。

要成为企业运送货物的管家，联邦快递需要与客户建立良好的互动与信息流通模式，使得企业能掌握自己的货物配送流程与状态。在联邦快递，所有顾客可借助其网址 www.fedex.com 同步追踪货物状况，还可以免费下载实用软件，进入联邦快递协助建立的亚太经济合作组织关税资料库。它的线上交易软件 Business Link 可协助客户整合线上交易的所有环节，从订货到收款、开发票、库存管理一直到将货物交到收货人手中。这个软件能使无店铺零售企业以较低成本比较迅速地在网络上进行销售。另外，联邦快递特别强调，要与顾客相配合，针对顾客的特定需求，如公司大小、生产线地点、业务办公室地点、客户群科技化程度、公司未来目标等，一起制订配送方案。

联邦快递还有一些高附加值的服务，主要有以下三个方面。

提供整合式维修运送服务，如将已坏的电脑或电子产品，送修或送还所有者。

扮演客户的零件或备件银行，扮演业者的零售商的角色，提供诸如接受订单与客户服务处理、仓储服务等功能。

协助顾客简化并合并行销业务，帮助顾客协调数个地点之间的产品组件运送流程。在过去，这些作业是由顾客自己设法将零件由制造商送到终端顾客手中，现在的快递业者可完全代劳。综上所述，联邦快递的服务特点在于，协助顾客节省了仓储费用，而且在交由联邦快递运送后，顾客仍然能准确掌握货物的行踪，可利用联邦快递的系统来管理货物订单。

二、联邦快递的客户服务信息系统

联邦快递的客户服务信息系统主要有两个：一是一系列的自动运送软件，如 Power Ship、FedEx Ship 和 FedEx interNetShip；二是客户服务线上作业系统（Customer Operations Service Master On-line System, COSMOS）。

（1）自动运送软件　为了协助顾客上网，联邦快递向顾客提供了自动运送软件，有三个版本：DOS 版的 Power Ship、视窗版的 FedEx Ship 和网络版的 FedEx interNetShip。利用这套系统，客户可以方便地安排取货日程，追踪和确认运送路线，列印条码，建立并维护寄送清单，追踪寄送记录。而联邦快递则通过这套系统了解顾客打算寄送的货物，预先得到的信息有助于运送流程的整合，货舱机位、航班的调派等。

（2）COSMOS　这个系统可追溯到 20 世纪 60 年代，当时航空业所用的电脑定位系统倍受瞩目，联邦快递受到启发，从 IBM、Avis 租车公司和美国航空等处组织了专家，成立了自动化研发小组，建起了 COSMOS。在 1980 年，系统增加了主动跟踪、状态信息显示等重要功能。1997 年又推出了网络业务系统 VirtualOrder。

联邦快递通过这些信息系统的运作，建立起全球的电子化服务网络，目前有 2/3 的货物量是通过 Power Ship、FedEx Ship 和 FedEx interNetShip 进行，主要利用它们的订单处理、包裹追踪、信息储存和账单寄送等功能。

三、员工理念在客户关系中扮演的角色

我们都知道，良好的客户关系绝对不是单靠技术就能实现的，员工的主观能动性的重要性怎么强调也不过分。在对员工进行管理以提供顾客满意度方面，具体方案有三个方面：

（1）建立呼叫中心，倾听顾客的声音　联邦快递台湾分公司有 700 名员工，其中 80 人在呼叫中心工作，主要任务除了接听成千上万的电话外，还要主动打出电话与客户联系，收集客户信息。

呼叫中心中的员工是绝大多数顾客接触联邦快递的第一个媒介，因此他们的服务质量很重要。呼叫中心中的员工要先经过一个月的课堂培训，然后接受两个月的操作训练，学习与顾客打交道的技巧，考核合格后，才能正式接听顾客来电。

另外，联邦快递台湾分公司为了了解顾客需求，有效控制呼叫中心服务质量，每月都会从每个接听电话员工负责的顾客中抽取 5 人，打电话询问他们对服务品质的评价，了解其潜在需求和建议。

（2）提高第一线员工的素质　为了使与顾客密切接触的运务员符合企业形象和服务要求，在招收新员工时，联邦快递会对员工做心理和性格测试。对新进员工的入门培训强调企业文化的灌输，员工要先接受两周的课堂训练，接下是服务站的训练，然后让正式的运务员带半个月，最后才独立作业。

（3）运用奖励制度　联邦快递最主要的管理理念是，只有善待员工，才能让员工热爱工作，不仅要做好自己的工作，还要主动提供服务。例如，联邦快递台湾分公司每年会向员工提供平均 2 500 美元的经费，让员工学习自己感兴趣的新事物，如语言、信息技术、演讲等，只要对工作有益即可。

另外，在联邦快递，当公司利润达到预定指标后，会加发红利，这笔钱甚至可达到年薪的 10%。值得注意的是，为避免各区域主管的本位主义，各区域主管不参加这种分红。各层主管的分红以整个集团是否达到预定计划为根据，以增强他们的全局观念。

【复习思考题】

一、思考题

1．何为客户服务？为什么要将客户服务放在极为重要的位置？

2．在公司具备以高质量的物流服务和顾客满意为基础，取得竞争优势的能力前，应该做好哪几方面工作？

3．什么是第三方物流？如何理解第三方物流的特点？

4．第三方物流服务内容包括哪些？第三方物流具有哪些优势？

5．第三方物流具有哪些基本特征？

6．试述发达国家第三方物流的发展对我国有何启示？

7．物流活动与市场营销的关系是怎样的？

8．如何理解信息技术与第三方物流的服务？

9．第三方物流应如何运作才能保持核心优势？

10．我国在第三方物流发展中存在什么问题及制约因素？我国传统物流业如何才能向第三方物流发展和转型？

11．现阶段我国第三方物流的发展有何特点？试述第三方物流的发展趋势。

12．请用核心能力理论分析第三方物流的产生原因。

二、填空题

1. 第三方物流的兴起首先是源于企业对于________的需求。

2. 第三方物流是指由商品的______和______之外的______提供物流服务。

3. 安盛咨询公司提出，第四方物流是一个供应链的________，它对公司内部和具有互补性的服务供应商所拥有的不同资源、能力和技术进行整合管理，提供一整套________。

4. 企业核心能力的主要特点是______、______、______、______。

5. 在世界范围内第三方物流市场具有______、______和______的特征，因此第三方物流在世界范围能得到越来越广泛的应用。

6. 越来越多的第三方物流公司也将借助信息技术，通过不断改进______，完善______，降低______，进一步增加______内容，抢占物流这个巨大的市场。

7. 现代化物流企业具有______、______、______和______特征。

三、选择题

1.（　）的定义是：物流渠道中的专业化物流中间人，以签订合同的方式，在一定期间内，为其他公司提供的所有或某些方面的物流业务服务。

A. 物流企业　B. 物流服务　C. 客户服务　D. 第三方物流

2.（　）已被许多公司视为节省成本、增加效益和使其产品和服务增强竞争力的关键。

A. 高效的物流管理　B. 第三方物流

C. 物流信息化　D. 客户服务

3. 第三方物流的优势表现为（　）。

A. 降低总费用　B. 企业能从第三方物流服务中获益

C. 能帮助企业削减固定费用　D. 提高物流速度

4. 从客户的角度对客户服务的评价内容主要有（　）以及订单完成的准确率和账单的准确率。

A. 订单及时率　B. 订单完整率

C. 订单完整无缺的货物比率　D. 破损率

5. 第三方物流具有（　）的基本特征。

A. 第三方物流建立在现代电子信息技术基础之上

B. 第三方物流是合同导向的系列物流服务

C. 第三方物流是个性化的物流服务

D. 第三方物流拥有数据管理系统和客户服务功能

6. 物流以满足客户需求为目标，追求在正确的时间（　）送到客户手中。

A．正确的数量　　B．正确的价格　　C．正确的产品　　D．正确的质量

7．以下基本能表达与第三方物流相似的概念有（　　）。

A．合同物流　　B．契约物流　　C．第四方物流　　D．外包物流

E．外协物流

8．第三方物流有利于客户企业（　　）。

A．集中主业　　B．加大库存　　C．增加投资

D．降低物流成本　　E．提高物流效率

9．我国现阶段第三方物流在发展中存在的主要问题有（　　）。

A．物流外包乏力　　B．物流企业规模偏小

C．物流服务功能基础单一　　D．物流服务效率低下

四、案例分析题

A 企业是一个以生产中档小汽车为主的中型有限责任公司，年产中档小汽车 20 万辆。过去，企业的生产物流配送均由 A 企业自己完成，其费用占到企业产值的 30%以上，从事物流运输、配送、仓储和其他物流人员队伍庞大，企业的人式和设备支出占用了大量的流动资金。不仅于此，由于体制的原因，企业内耗大，挤占了企业高层拓展技术发展的大量精力，企业生产长期没有起色。2003 年，企业通过内部改制，大胆将原完全由自己完成的物流业务交给专门从事物流的第三方物流企业。企业通过调查了解到：B 企业具有一定的物流资质，是一个由运输、仓储为主要依托的国有企业，其总物流费用约为 A 企业的 23%左右，且可以消化 A 企业的部分物流人员；C 企业则是一个完全从事第三方物流服务的由一定资深专家和业务人员组成的专业物流服务企业，拥有庞大的社会物流信息网络和合作伙伴以及国际采购资质，可以按生产所需提供点对点、一对一服务，可使 A 企业的总物流费用降到 25%以下；此外，还可以根据企业情况分别选择其他运输、仓储等独立的物流服务。

假如你是 A 企业的决策者，根据以上情况，你将选择哪一家企业作为自己的物流服务商？为什么？

第九章　电子商务与现代物流

【知识目标】

掌握电子商务平台上现代物流管理的基本概念，供应链管理的基本内容、方法和基本功能要素；了解在电子商务平台上，现代物流管理的基本管理方法和思路——供应链管理的方法和整体系统化，区域物流的特点以及对国民经济发展的影响；一般了解电子商务系统的物流管理思路。

【能力目标】

能解释电子商务平台上现代物流管理的基本内涵，建立供应链管理的基本理念；能较熟练地应用电子商务物流管理的各种软件；能对所在地区的物流特点作出正确的判断；能结合供应链管理理论对具体实际加以应用。

【教学重点】

本章的教学重点为电子商务平台上现代物流管理的基本概念，供应链管理的基本内容、方法和基本功能要素，供应链管理所涵盖的领域、研究方法及如何与实际紧密结合。

第一节　电子商务概述

21 世纪是一个以计算机技术和知识经济为核心的信息化时代。随着计算机技术和网络技术的快速发展以及因特网在全球的广泛普及，电子商务（Electronic Commerce，EC）已成为一种新型的企业经营方式。电子商务是人类经济、科技、文化发展的必然产物，是信息化社会的商务模式。电子商务作为计算机技术与现代经济贸易相结合的产物，已经成为人类社会进入知识经济、网络经济以及信息化时代的重要标志。

从宏观上看，电子商务是通过计算机和网络技术建立起来的一种新的经济秩序，它不仅涉及电子技术和商业交易本身，而且涉及金融、税务、教育等社会其他领域。从微观上看，电子商务是指生产企业、商贸企业、金融机构、税务机构、政府机构、消费者等具有商业活动能力的实体，利用计算机和网络技术进行的各种商业贸易活动。

目前我国的电子商务正处在稳步发展的阶段，它既是企业发展的外部环境，也是企业发展的有力工具和手段。

电子商务是在 Internet 开放的网络环境下，基于浏览器/服务器的应用方式，实现客户和企业之间的信息沟通、网上购物、电子支付的一种新型的运作方式。

在电子商务环境下，几乎所有有实力的企业都在因特网上建立了自己的电子商务网站。各个企业都在网站上介绍自己的企业，提供企业各种信息，展示自己的产品和服务，有的还提供电子交易手段，进行网上交易。一般的企业网站都提供了客户服务模式，为用户登录拜访、信息查询、技术支持提供服务。这些网站可以面向广大消费者、广大的现实企业进行业务往来、交易活动以及服务活动等。所有这些企业的电子商务网站就构成了网上的企业世界，它们都是社会上的现实企业在网上世界的虚拟，都是现实企业在网上社会的“替身”，包括其形象和运作状况模式，也包括企业之间的互相交易和业务来往、信息沟通等。

网上社会，除了企业网站之外，还有政府、银行、行业协会、中间机构、机关和学校等的网站，这些网站和企业网站合在一起，构成了一个完整的网上社会。这个网上社会是整个现实社会在网上的虚拟和延伸。

电子商务环境具有如下基本特点。

提示板 9-1：电子商务环境的基本特点

高度发达的信息技术；自由宽松的社会环境；遥远而又很近的客户市场和供应商市场；完备方便的业务处理。

一、高度发达的信息技术

电子商务环境，首先是一个高度发达的信息技术环境。建立在 Internet 和 Intranet 基础上的计算机网络以及基于电话通信、光纤通信、宽带通信等的通信基础设施，为人们提供了一个快速通畅的信息通信环境。人们利用电子邮件等各种网上信息传输方式，可以快速进行信息沟通、文档传输等数据传输、处理和保存，不但大大提高了工作效率，而且也大大降低了运行成本，以前用人工处理所办不到的事情，现在可以很容易地就能够办到。

二、自由宽松的社会环境

电子商务环境也是一个相对自由宽松的社会环境。在网下的现实社会，企业和个人都被分成了各个不同的国家、省市、地区以及各个行业部门、等级层次，这些条条块块和层次的分割及限制，给我们的业务造成了不少的约束。人们办事为了满足这些重重的约束条件需要花费大量的时间、成本和精力。但是在网上社会，可以说是一个无界的环境，地区、行业和层次的约束条件相对来说要少得多。网上各个企业的网站都是平等的，毫无地区、行业和层次的限制，只要不违反法律，企业就可以比较自由地开展各种业务活动。现在各国政府也在网上实行了比较宽松自由的政策。所以网上的业务运作应当比网下的现实社会的业务运作要方便得多，效率也高得多。

三、遥远而又很近的客户市场和供应商市场

电子商务环境，因为是一个无界的环境，所以无论多么遥远的客户或者供应商，无论它是哪一个国家、哪一个地区、哪一个行业、哪一个层次，也无论双方认识不认识、有没有直接关系，都可以通过互联网进行紧密接触。所有这些客户就形成了企业的客户市场，所有这些供应商就形成了供应商市场。所以企业和它的客户市场和供应商市场，都可以毫无障碍地直接接触。从这个意义上说，网上社会环境是一个纯粹基于需求关系的环境，而网下现实环境则是一个基于需求加关系的环境。

四、完备方便的业务处理

电子商务环境，一般依托电子商务网站进行工作，各个企业都建立起自己的电子商务网站，他们共同构成了一个网上社会，这给物流创造了一个良好的交易平台，物流业依托电子商务这个平台实现服务增值，使业务处理更加完备方便，特别是在供应链管理的物流系统中实现物流基本功能的有机结合，提高物流服务水平，将使得持续的物流管理变得非常简单。

电子商务的广泛应用将彻底改变传统的生产和商务活动方式。消费者可以在网上方便地浏览各种商品，轻松地选购；企业之间可以通过网络进行商务谈判、签订合同；财务人员可以利用网络方便准确地进行资金划拨、税款缴付。所有这些，给现代物流业的发展带来了前所未有的技术支持。正是基于这种网络技术的平台，物流业已从传统的运输、仓储、装卸、配送、信息处理等分散型作业，发展成以电子信息为主要沟通平台，以现代运输方式为主要流通工具，借助现代管理思想，利用供应链管理模式，对生产、经营和管理的各项内容进行全面整合的综合型活动，使各个中间环节的不必要消耗减少到最低限度。

不仅如此，电子商务的影响还将远远超越商务活动自身，如对企业生产中从原材料的供给、产成品的转移到最终成品的销售等诸环节进行统一协

调；对社会各种需求物资的流通方式与手段的改进；人们对日益增加的文化需求等由于电子商务的发展而变得更加简单和实际。这些使企业的生产和管理、人们的生活和就业、政府的职能、法律法规以及文化教育等社会的诸多方面产生深刻的变化，从而带来一场新的革命。

第二节 电子商务与物流

随着全球经济发展进入信息经济时代，知识经济呼之欲出。作为21世纪重要经济增长点之一的电子商务，其作用可与200年前的工业革命相比美，它通过全球性的互联网作业，简化贸易流程，改善物流系统，从而大幅度地降低交易成本，增加贸易机会，推动了企业的业务重组和经济结构调整，可极大地提高生产力。电子商务将给各国和世界经济带来巨大的变革并产生深远的影响，从而成为未来推动经济增长的主要力量。电子商务的核心竞争优势在于具有较高的配送速度和信息反馈。电子商务的成功与否直接决定着物流系统的运作效率。这对传统的物流系统提出了更高的要求，物流系统环节必须全面实现信息化，提供高效的物流信息处理和物流作业处理，方便管理人员和客户对货物的全程运输状态与仓储状态的跟踪，只有这样，才能形成一个真正、完整、具有现代物流特征、具备较强竞争力的电子商务企业。这需要一些先进的技术辅助集成应用于物流信息系统之中。这些技术主要包括：条码（Barcode）、电子数据交换（EDI）、全球卫星定位系统（GPS）、地理信息系统（GIS）、射频技术（RF）等。

一、电子商务平台上的物流

在电子商务这个平台上，物流更加有序，它有效地减少了诸多影响物流流通的中间环节，使物流更加顺畅，交易更加安全、可靠，操作更加简便、迅速。由于采用了现代电子技术和网络技术，使企业与企业（B to B）、企业与消费者（B to C）、企业与政府（B to G）之间的沟通更加容易，交易行为更加规范，从而物流更加顺畅，效率更高。

在电子商务条件下，物流拥有非电子商务物流的新特点：① 信息化，其中包括物流信息收集、处理的数字化和代码化；② 物流管理的集成化；③ 物流作业的自动化和物流的智能化；④ 网络化，其中包括物流配送系统通信网络化，物流组织网络化；⑤ 柔性化，形成“以客户为中心”的市场观念，包括弹性制造系统（Flexible Manufacturing System，FMS）、计算机集成制造系统（Computer Integrated Manufacturing System，CIMS）、物料需求计划（Material Requirements Planning，MRP）以及供应链管理的概念和技术等应用于生产领域等。这些都给现代物流赋予了新的内涵。

提示板 9-2：电子商务物流的新特点

物流信息收集、处理的数字化和代码化，物流管理的集成化，物流作业的自动化和物流的智能化、网络化和柔性化。

二、电子商务广泛应用于物流业的基本模式

从一定的观念出发，根据现实需要，构建相应的物流管理系统，形成有目的、有方向的物流网络，采用某种形式的物流解决方案，这称之为物流模式。电子商务条件下的物流模式，可以从其构成思路与实际形式两个不同方面来分类。从微观层次上看，当今物流的解决模式主要有两大不同体系和解决思路。这就是整体化物流系统和围绕配送中心构建的物流系统。这两大物流系统有很强的必要性、可行性和关联性。

1、必要性

人类社会发展到今天，一个国家的物流保障水平具有举足轻重的地位，它是支持国家经济运行的重要平台。当前就世界范围来看，电子商务的物流形式，以及一体化、专业化的第三方物流在世界范围内已形成一种潮流，标志着世界物流模式的发展方向，受到许多跨国公司的热情关注。

从国内物流的发展来看，我国电子商务的发展虽然滞后于世界上许多发达国家，但其发展势头、强大的信息功能和方便的可操作性使得它在物流管理中的地位越来越重要。

2、可行性

就电子商务应用于物流业的基本模式来讲，无论是整体化物流系统还是围绕配送中心构建的物流系统，都是根据各国的现实需要，在实践中构建起来的，具有鲜明的目的性和方向性。物流网络的运行都是建立在实实在在的从原材料到最终产品的供应链上，遵循现代物流的基本流程，所采用的物流解决方案的可信度具有坚实的基础，这是物流业发展的高级和成熟阶段的标志。一个高度发达的物流业和完善的物流管理系统，是社会再生产链条的领导者和协调者，能够为现代社会和人自身的发展提供完善的物流服务，具有很强的可操作性和可行性。

3、关联性

从电子商务应用于物流业的基本模式整体来看，整体化物流系统与围绕配送中心构建的物流系统是密切相关的。整体化物流系统是一种高度综合体，

它以社会物流环境充分发育和完善为基础，整体化物流系统需要专业化物流的管理人员和技术人员，充分利用专业化设备和专业化物流运作的管理经验，才能保证取得整体最优。同时，整体化物流系统发展趋势为围绕配送中心构建的物流系统提供了良好的发展环境和巨大的市场需求。

电子商务应用于物流业的两种基本模式其实是殊途同归，提高总体效益和降低总成本的效果是一致的，区别只是在于建立物流系统时的侧重点不同而已。

第三节 电子商务的物流管理模式——供应链管理

一、电子商务与供应链

面对国内、国际两个市场，物流活动已延伸到世界的每个角落。物流活动规模越来越大，物品以原材料的形式，经运输、加工、生产（在这个环节上可能有多个子环节）变成库存中的产成品，而后又经运输成为各个零售店中的商品（可能也有多个环节），直至到最终消费者手中。物品运动的这一系列环节所经历的各个企业，形成一条链式结构，称为供应链。通常，各个企业都按照自我成本最小、效益最优的原则组织生产。下游企业直接面对消费客户，它们对市场需求作出精心预测，而后根据自己的库存策略作出生产计划和采购计划。这些计划往往十分完善，使得企业内部达到资源配置的最优。但若不及时跟上游企业联系，一旦上游供货企业未及时供货，企业往往措手不及，导致库存下降，生产停滞，顾客流失，效益下降，给企业带来损失和外部风险。同样地，若上游企业不及时了解下游企业的生产情况，只一味按照自己的最优化原则进行生产，则往往作出的生产计划与实际市场需求相脱节，最后导致库存积压，资金周转缓慢，效益下降。这些问题对于处在整个供应链上的企业都存在，单个企业的运作效率可能是较高的，但整个供应链系统的效率往往低下，最终损害供应链中每个企业的利益。

针对这个问题，人们提出了供应链管理理论，其着眼点不仅仅是某一个局部的效益，而是把出发点放在利用系统的观念和方法对物流系统进行整合，以达到整个系统的最优。供应链管理的目标是：以良好的服务降低客户的购买成本，以获取竞争优势和多赢的局面。供应链上的原材料厂商、制造厂商、批发站、零售店结成战略联盟，共生共荣，共御市场风险。整个供应链系统的最优化所带来的效益，按照一定的原则，在各企业间进行分配，使每个企业都能分享供应链管理带来的好处。可以预见：未来市场上的竞争将不再是单个企业间的竞争，而是供应链与供应链之间的竞争。

可以毫不夸张地讲，物流业的发展就是供应链不断完善和发展的过程。供应链是一个复杂的系统，必须有不同于传统的管理方法。它的重要功能是在战略联盟的基础上，更有效地开发、组织和利用资源。

现代企业的竞争归根结底为客户之争。随着企业面临的生存环境的变化，企业之间的竞争日益演变为供应链与供应链之间的竞争。因此，如何调整供应链管理的内容，提高供应链的运作效率，通过供应链为客户创造价值成为当今企业制胜的关键。

随着全球经济的一体化，人们发现在全球竞争环境下任何一个企业都不可能在所有业务上成为最杰出者，必须联合行业中其他上下游企业，建立一条经济利益相连、业务关系紧密的行业供应链实现优势互补，充分利用一切可利用的资源来适应社会化大生产的竞争环境，共同增强市场竞争实力。同时随着各种自动化和信息技术在制造企业中不断应用，制造生产率已被提高到了相当高的程度，制造加工过程本身的技术手段对提高整个产品竞争力的潜力开始变小。为了进一步挖掘降低产品成本和满足客户需要的潜力，人们开始将目光从管理企业内部生产过程转向产品全生命周期中的供应环节和整个供应链系统。

在这样的内外环境之下，供应链管理（Supply Chain Management）成为最新的管理理念之一。但是由于供应链在我国是刚刚引进，只是在一些先进的企业得到了初步的应用，多数的企业还不知道其为何物，不管从理论研究，还是实际运用上，都处于启蒙阶段。

供应链管理把供应链上的各个企业作为一个不可分割的整体来实施网络化管理，将各个结点成员分别承担的职能协调起来，形成一个能快速适应市场并有效地满足顾客需要的功能系统，实现总体上的高效益和低成本。

提示板 9-3：供应链管理的理念

供应链管理是把供应链上的各个企业作为一个不可分割的整体来实施网络化管理，将各个结点成员分别承担的职能协调起来。

从传统运输到物流管理再到供应链管理的发展过程可以看出，我国供应链管理的发展，整个过程所经历的时间并不长，但却经历了由落后的单纯运输管理思想到先进的现代化管理理念的过渡，经历了由计划经济到市场经济的变化和发展过程。

图 9-1 所示的是供应链管理发展图。

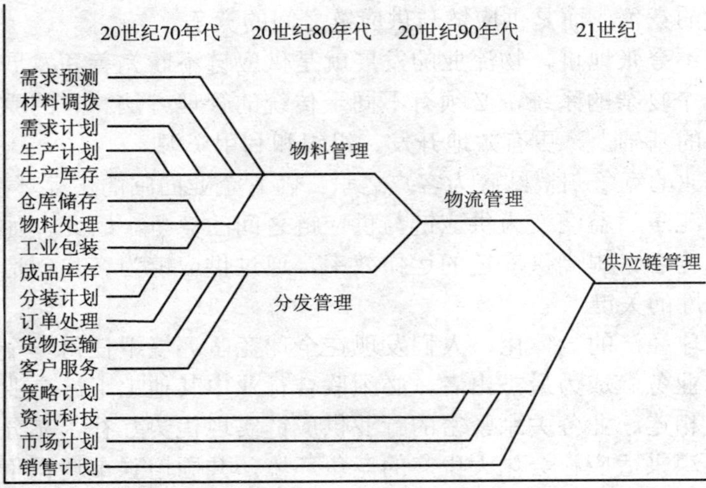

图 9-1 供应链管理发展

二、物流脉（电子商务系统）

“物流脉”是基于 Internet 技术的以提供全方位物流服务为宗旨的物流业整体解决方案。制造企业、商业流通企业或第三方物流公司使用该系统可实时掌握作业执行情况。它能使企业实现物流资源优化配置，将有限的人力、财力集中于核心业务，降低成本，节约费用，将库存压缩到最低限度，给客户提供满意的服务，增强企业的核心竞争力。

（一）系统特点

1、信息化

根据物流管理应用模式，建立完整的、面向客户的运输管理和仓储管理流程，加强物流各环节在信息、业务、管理等方面的信息化管理。

2、网络化

物流资源的分布在地理上是不规则的，相应的作业管理的需求分布也是不规则的，为了解决这种需求的不规则分布，实现数据的实时共享，系统可采用数据集中管理，分散控制的方式。集中管理就是系统所有数据全部安装在中心数据库服务器上，分散控制就是系统各个节点通过 Internet 或专线网络与中心数据库服务器建立实时连接。

3、先进性

根据现代物流管理的理念，采用先进的计算机和通信技术，将商业伙伴和业务进行无缝连接。

4、扩展性

系统涵盖了物流管理的集货、运输、仓储、配送和客户管理等多个环节，实现了物流管理的整体集成，还可根据客户的需求进行个性化定制，满足企业的不同物流应用需求。

5、安全性

电子商务系统一般采用三层的体系结构，系统在权限管理、安全等级、交叉验证、网络安全等各个环节采用先进的安全保障措施，以保证交易安全，物流畅顺。

（二）系统功能

1、优化作业调度和实时监控系统

通过对委托合同、委托单、调度指令、运输单、装货运输、签收单的物流全过程的管理。可随时确定货物的准确位置并通报货主和接货人。

2、提供各种灵活的统计报表

根据不同的条件统计不同时间范围内的各种数据并生成报表，包括委托单明细、客户委托货物明细以及员工工作情况等的统计。

3、综合查询方便快捷

查询物流全过程中所产生的所有单据以及运输货物数据等。

4、完整的客户管理

客户管理系统中包括全方位的信息管理，例如，客户管理、用户管理、产品管理、车辆管理、仓库仓位等。客户管理系统要能掌握每家客户的历史交易以及业务人员的工作情况，避免人员流动造成客户信息资料的残缺。

5、安全的系统管理和数据备份

系统管理、用户设置、机构设置、数据备份恢复、系统初始化和数据安全备份，以保证整个物流过程安全，避免重大差错。

6、严格的权限体系

系统应支持多级管理体系，实现真正的多级管理需求，同时便于客户随时掌握业务情况，实现服务增值。

三、供应链管理

（一）供应链的基本概念

1、供应链的含义

关于供应链的解释有许多不同的定义，其基点都是围绕供应商、制造商和仓库、商店等怎样有效地结合，如何将物流、信息流和商流有机地结合在一起进行讨论。应该说这些定义都有各自的道理，也在一定程度上反映了人们对物流的供应链管理的认识程度，这里较为推崇的关于物流供应链的定义是：供应链是围绕核心企业，通过对信息流、物流、资金流的控制，按照从采购原材料开始，制成中间产品以及最终产品，最后由销售网络把产品送到消费者手中的过程，将供应商、制造商、分销商、零售商直到最终用户连成一个整体的网络结构模式。这个网络结构模式包含了所有加盟的节点企业，从原材料开始，链中的制造加工、组装、分销等过程直到最终用户，不仅仅是物料链、信息链、资金链的简单组合，还是一条增值链，物料在这条供应链上因为加工、包装、运输以及服务等过程中得到升值，从而使有关企业在物流过程中增加收益。

在电子商务环境下，供应链是以 Internet 为基本运行环境、采用组件化技术实现的，面向制造企业和商业流通企业的一体化系统解决方案。它提供包括客户关系管理、供应商关系管理、物流管理、协同计划管理、供应链商务交易平台等功能组件和平台，以及供应链解决方案的咨询服务，以满足企业在其供应商、销售商、物流商和用户之间通过网络开展电子商务和协同计划的需要。

供应链对成本的降低作用主要表现在三个方面：首先，从对支付成本价值的作用上看，供应链解决了市场中消费者主权模式替代生产者主权模式的情况下，消费者对企业的需求由于其可选择面的扩大而造成的“牛鞭效应”；其次，从对方便成本价值的作用上看，供应链管理能有效地减少从原材料供应到销售地点物流流通时间；再次，从对机会成本价值的作用上看，基于供应链管理的电子商务管理给予客户更多的机会。客户效益的增加值等于供应链上各个节点的价值增值。供应链实现了与客户要求的一致性，扩大了产品选择，提升了形象价值和产品价值，创造了个性化价值，开发了客户关系。通过供应链管理，企业实现了客户成本的降低和对客户效益的增加，最终实现了客户价值的最大化。

创造基于供应链管理的客户价值即以客户需求为导向，通过流程管理带动整个供应链中信息流、资金流、物流的良性运动，从而实现客户价值最大化。

2、供应链管理的含义

物流过程受先进的管理模式的影响，而供应链管理则是当代物流管理的大背景。首先，物流是供应链管理的重要组成部分，但物流管理不能等同于供应链管理，供应链管理中还包括制造活动等。物流解决整个管理过程中物的流动问题，是供应链管理的重要方面。其次，物流在供应链管理中起重要作用。在供应链管理中，物流的作用举足轻重，即便是制造活动，物流也不仅仅是生产的辅助部门而只起支持作用。以往商品经由制造、批发、仓储、零售各环节间的多层复杂途径，最终到消费者手里，现代物流业已简化为经配送中心的直接分配而送至各零售点，大大提高了社会的整体生产力和经济效益。

供应链系统物流适应了企业经营理念的全面更新，使其经营效益跨上一个新台阶。供应链条件下物流系统的充分延伸，能不断创造和提供从原料到最终消费者之间的增值服务。

供应链管理的主要内容包括：合理供应、准时生产、高效物流、需求满足、总成本控制、信息管理以及与供应链各环节上成员的战略联盟关系管理等。

现代供应链管理模式全面采用 Browser/Server 的三层组件化体系结构；采用 XML 的数据/系统集成方案，实现 Legacy 系统的无缝集成；采用工作流配置技术，实现供应链业务流程优化和提供用户二次开发能力，使系统功能可扩展。

在市场全球化和外包策略（Outsourcing）被广泛用来提升企业核心竞争能力的今天，许多企业都选择了以供应链作为获取竞争优势所必须采取的战略步骤。利益由成本驱动并产生，供应链成本将成为这些企业之间优势差异的新的突破潜力，由其产生的有效性不仅能导致更好的消费者价值实现，而且将大大消除企业一体化快速反应过程中的资源浪费。

企业供应链的运作必然伴随着各种费用和支出，这就构成了供应链成本。目前，关于供应链成本界定的比较成熟的观点就是供应链中所发生的一切物料成本、劳动成本、运输成本、设备成本等。在市场竞争激烈的今天，企业要生存并不断地发展壮大除了运用传统的成本管理方法控制企业内部成本外，还应与其参与的供应链中的其他企业一起合作努力，削减和降低非必要的供应链成本，当整个供应链的成本降低后，企业必然会从“做大的蛋糕”中获得利润最大化。

供应链成本管理可以说是以成本为手段的供应链管理方法，这是因为：第一，成本能真实地反映供应链活动的实态；第二，成本可以成为评价所有活动的共同尺度。就第一点而言，一旦用成本去衡量供应链活动，供应链活动方法上的差别就会以成本差别的形式明显地表现出来。就第二点而言，用成本这个统一的尺度来评价各种活动，可以把性质不同的活动放到同一场合进行比较，是有效管理供应链的一种新思路。

供应链管理是通过前馈的信息流和反馈的物料流及信息流，将供应商、制造商、分销商、零售商、最终用户连成一个整体的管理模式。

供应链管理是基于价值增值和客户满意的管理思想体现。供应链管理就是对整个供应链中各参与组织与部门的物流、资金流/价值流与信息流/知识流进行计划、协调和控制等，其目的是通过优化提高所有相关的过程的速度和确定性，最大化所有相关过程的净增加值，提高组织的运作效率与效益。通过供应链中价值增值活动，可以使企业清楚客户的真正需求所在，使客户价值需求最大化，价值成本最小化，取消不增加价值的活动过程，即供应链通过降低客户成本和增加客户效益达到客户价值的最大化。

3、供应链管理的基本思想与特征

（1）供应链管理的基本思想主要有以下几个基本内容：① 系统观念，供应链将供应商、制造商、销售商等相关外联体看成是一个有机联系的整体。② 共同目标，对于供应链上的所有参与者而言，利益共享，风险共担，追求的是整体价值最大化。③ 积极主动的管理，主动追求增加价值和提高管理效率。④ 建立新型的企业与企业间的战略伙伴关系，认真选择合作伙伴。⑤ 开发核心竞争力，上下游之间应有一个发挥核心作用的龙头。

（2）供应链管理的特征：① 强调发挥每一个企业的核心竞争力；② 非核心业务采用外包形式；③ 形成企业间的合作性竞争；④ 以顾客满意为服务的管理目标；⑤ 追求物流、信息流、资金流、工作流和组织流的集成；⑥ 借助信息技术实现管理目标；⑦ 重视第三方物流。

（二）供应链管理的优点

供应链管理具有如下优点可使客户价值得以提升。

1、节省资金

由于供应链上的企业可实现规模经济采购和发挥经营优势，可最大限度地减少采购费用，降低库存及成本，减少订货成本。

2、增进客户关系

在供应链上的企业，由于企业间的往来较为和谐，一般都以共同利益最大化作为链接的基础，有利于扩大采购能力、增加新服务和增加满意度。

3、创造财富

供应链有助于发现和认识企业优势，在实现资源共享、优势互补的进程中创造企业利益最大，有利于进行资产重组，实现供应链的增值功能，并不断开发新市场，创造新业务。

提示板 9-4：供应链管理的优点

节省资金、增进客户关系、创造财富。

（三）供应链管理的功能要素

1、客户关系管理

围绕客户需求，全面管理企业销售与客户信息。提供产品定价管理、产品配置管理、产品信息发布、整机配件销售、销售商/客户信息管理以及各类信息统计等功能。

2、供应商关系管理

通过提供全球采购、供应商管理、采购订单管理、供应商评价等可扩展的功能组件，全面管理供应商的订单、库存等与采购有关的各类信息等。

3、物流管理

为企业供应链管理提供车辆调度、运输线路优化、货物在途跟踪以及车主管理等功能组件。

4、协同计划管理

以客户需求为目标，为供应链上的销售商、制造商、供应商、运输商等节点提供协同、并行的作业计划管理，包括制订需求计划、生产计划、采购计划、运输计划、库存计划以及工程设计计划等功能组件。

5、供应链商务交易服务平台

为供应链业务过程的管理提供服务和支持平台，包括电子支付网关（结算网关）、供应链信息安全服务中心（提供CA中心管理、加密算法服务）、信息集成的交换中心（提供基于XML Schema的商务信息交换服务）等各项功能组件，实现供应链企业间各项业务过程的电子化。图9-2所示为电子数据交换模式。

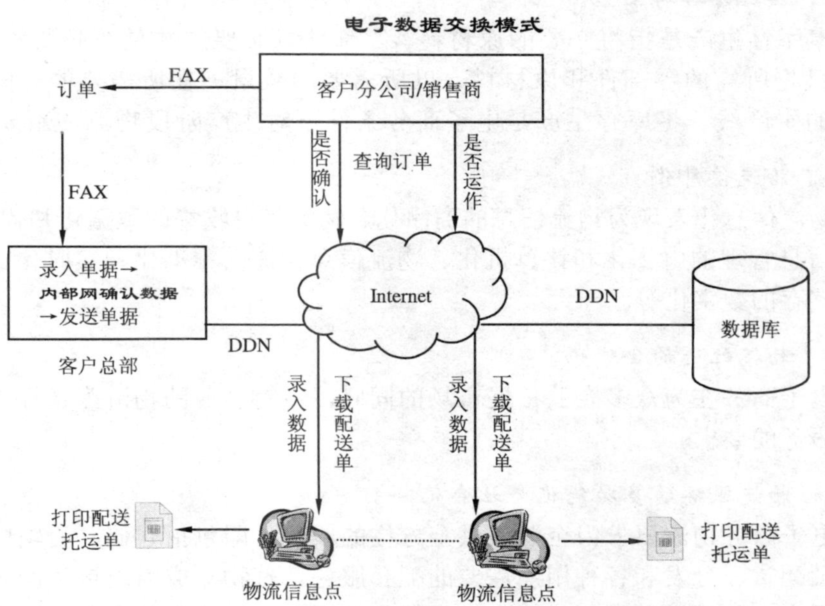

图9-2　电子数据交换模式

四、电子商务与物流的发展

现代物流的发展已经不仅仅是哪一个企业或部门的事情，而是整个社会和全球发展的必然；也不仅仅是应用几个尖端技术就能解决了的，而是要形成整体的有机系统。

电子商务的内容包含两方面：一是电子方式，二是商贸活动。一般来说，电子商务是指利用电子信息网络等电子化手段进行的商务活动，即商务活动的电子化、网络化。广义而言，电子商务还包括政府机构、企事业单位各种内部业务的电子化。电子商务可被看作是一种现代化的商业和行政作业方法，这种方法通过改善产品和服务质量，提高服务传递速度，满足政府组织、厂商和消费者的降低成本的需求，并通过计算机网络加快信息交流以支持决策。电子商务可以包括通过电子方式进行的各项社会活动。随着信息技术的发展，电子商务的内涵和外延也在不断充实和扩展，并不断被赋予新的含义，开拓出更广阔的应用空间。

（一）电子商务物流的特点

1、实行供应链管理

电子商务物流最突出的特征是对企业内部、外部之间的物流运作实行供应链管理。

2、实现零库存生产

零库存生产是指将必要的原材料、零部件以必要的数量在必要的时间，并且只将所需的零部件和原材料、以所需要的数量、在所需要的时间送到特定的生产线。零库存生产是电子商务条件下对生产阶段物流的新要求。

3、物流信息化

物流信息化表现为物流信息的商品化、物流信息收集的数据化和代码化、物流信息管理的电子化和计算机化、物流信息传递的标准化和实时化、物流信息储存的数字化等。

4、物流配送的全球化

电子商务在为众多企业拓展市场的同时，也对企业的物流配送提出了全球化服务的要求。

5、物流服务的多功能化与社会化

电子商务物流要求为企业提供全方位的服务，即包括仓储、运输服务，还包括配货、分发和各种用户需要的配套服务，使物流成为连接生产企业与最终用户的重要链条。同时，在电子商务条件下，物流服务也将更多地依靠专业的物流公司来提供，物流服务的社会化走势将越来越明显。

（二）电子商务平台

1、电子商务平台上的物流服务

在电子商务平台上，物流的诸功能要素，即运输、搬运、储存、保管、包装、装卸、流通以及信息等均可得到进一步的完善，特别是信息服务功能可以将信息作为“虚拟库存”。通过建立需求端数据自动收集系统 ADC（Automated Data Collection），在供应链的不同环节采用 EDI 电子数据交换，建立基于 Internet 的 Intranet，为用户提供 Web 服务器，提供便于数据实时更新和浏览查询的一系列服务，方便一些生产厂商和下游的经销商、物流服务商共用数据库，共享库存信息，达到尽量减少实物库存水平但并不降低供货服务水平的目的。

图 9-3 所示为电子商务时代——B to B 模式。

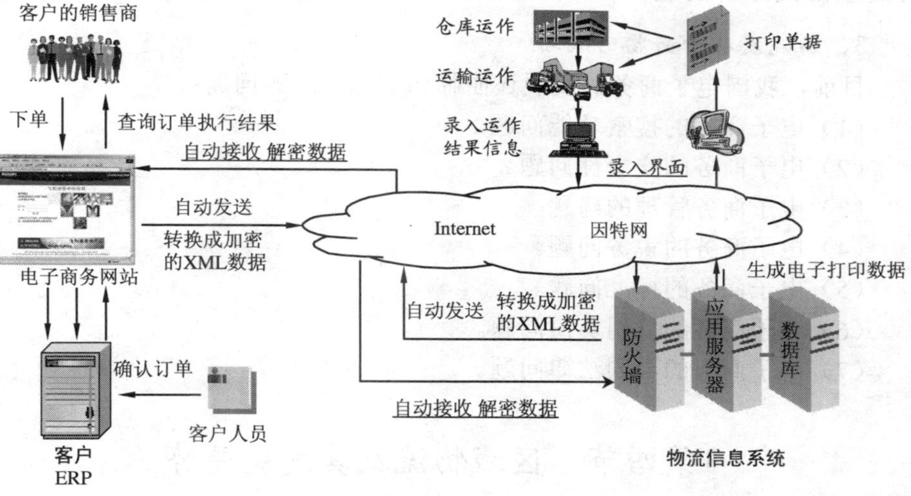

图 9-3　电子商务时代——物流 B to B 模式

此外，还有物流 B to C 模式，如网上书店等。

2、增值性物流服务

电子商务平台上的物流服务通过附加安装服务（服务增值）、附加制造服务（产品增值）、附加销售服务（商品增值）、附加快递服务（时间增值）来提高顾客的认可度。

在电子商务环境下，利用条码（Barcode）、电子数据交换（EDI）、全球卫星定位系统（GPS）、地理信息系统（GIS）、射频技术（RF）等对整个公司分散在全球各处的货物（包括在途货物）进行动态持续的物流管理将会变得非常简单。在具体的物流作业中，还包括运输技术、仓储技术、搬运技术、包装技术、集装单元化技术等技术手段的应用，这些技术的完善和成功实施不是物流部门力所能及的，它需要整个国家基础设施的完善和有效管理的配合。在未来一段时间内，电子商务下的物流，其经营方式将以第三方物流为主导，管理方式采取供应链管理，物流技术全面先进，物流功能多样，物流服务品种繁多。物流将不再像我们想象的那样繁杂、笨重，而会变得快捷、高效、安全、清洁。自然科学技术在不断发展，物流管理技术和运作方式也会随着技术的发展而不断革新。新型的物流系统会不断地降低社会物流成本，在实现物流企业自身经济效益和社会效益的同时，最终也必将会给消费者带来巨大的效益。物流系统的发展在降低社会流通成本的同时，也降低了整个社会商品体系的价格，从而可以拉动消费，启动投资，保证国民经济的持续健康增长。物流系统的发展成果将成为衡量国民经济的重要砝码，成为比较国家经济竞争力的一个重要元素。

3、物流发展所面临的瓶颈

目前，我国电子商务的发展还面临如下几个瓶颈问题：

（1）电子商务的搜索功能问题。

（2）电子商务的安全性问题。

（3）电子商务管理的问题。

（4）电子商务的税务问题。

（5）电子商务的标准问题。

（6）电子商务的费用支出问题。

（7）电子商务的合同法律问题。

*第四节　区域物流及其发展趋势

一、区域物流的定位

物流产业已经进入区域经济发展产业选择的范围之内。在不同的区域经济内，物流产业有着不同的作用与定位，从重要支柱产业、支柱产业、支持产业到一般服务业不等。物流产业的发展需要科学的规划，区域经济在物流产业发展的规划方面，有两种类型，一是仅制订物流平台规划，二是全面制订物流规划。经过几年的发展，物流产业从信息平台向管理平台的推进已成共识，然而在物流节点的选择上，却仍停留在园区的概念上。因此，真正按照区域物流活动以及物流合理化所派生的物流节点的规律来规划和建设物流节点，这是一个现实又紧迫的问题。

长期以来，我国区域经济在产业选择方面，大多偏重于高科技、生产、制造、对外贸易、商业流通类型的产业，进入新世纪以后，情况发生了一些变化，其中一个重要的变化是现代物流已经广泛地纳入到各个区域发展的思路之中。

虽然我国的现代物流的学习和引进早在 20 世纪 80 年代就已经开始，但是，20 世纪最后 20 年，现代物流在我国并没有得到普遍的认同和重视。

北京、上海、天津、广州、成都等重要城市和地区，先后在“十五”、“十一五”规划期间对区域物流进行了规划或者规划性的研究。“十一五”期间，现代物流已经纳入到我国大部分重要经济区域的正式规划之中，成了“十一五”规划的重要组成部分。

区域经济作为带有不同地区特点的经济体系，不同的区域有不同的经济结构，因此，不同的区域，物流在该地区的国民经济中的作用和地位是有差异的，要发展区域经济，需要对物流在本地区的地位和作用作出抉择。

物流在一个区域的地位和作用，取决于四个因素：第一个是该地区的区位；第二个是该地区其他产业的结构状况；第三个是该地区物流产业的传统状况；第四个是该地区外部的物流市场和物流需求状况。这四个因素综合决定了物流产业在该地区可能有以下几种定位方式：重要支柱产业、支柱产业、支持产业、一般服务产业。

提示板 9-5：决定物流在一个区域的地位和作用的因素

1. 该地区的区位
2. 该地区其他产业的结构状况
3. 该地区物流产业的传统状况
4. 该地区外部的物流市场和物流需求状况

1、重要支柱产业

如果该区域是更大区域范围的物流枢纽区域，供应链跨越区域并且处于高端的位置，经济区域内的其他产业，依靠物流向外拓展，从外部取得很大的收益，同时，该区域的物流本来就存在传统的优势和比较高的发展水平。在这种情况下，物流对国民经济的贡献率很高，物流增加值应当在国内生产总值的 10%以上。

2、支柱产业

一般来讲，处于物流枢纽和对外经济活动非常活跃的区域，物流对国民经济的各个产业领域有全面支持的作用。物流的需求和市场不仅仅是来自于区域内部，也有相当的部分来自于区域的外部，这一部分需求和市场可以对本地区的经济总值提供增量，因此对本地区的经济有比较高的贡献率，物流增加值的数量水平，大体应当在 GDP 的 7%或 8%以上。

3、支持产业

在某些经济区域之中，有个别特殊的产业有比较高的发展水平，处于供应链的高端，例如，重要的煤炭生产地区、重要的石油生产地区、制造业集中的地区、某些重要的商贸地区等。少数的独特产业的需求和市场主要来自区域的外部，必须依靠物流的有效支持，才能对整个供应链实现整合和主导，这样所形成的外部需求和市场可以对本地经济区域的经济总量提供增量。这样，虽然总体上物流产业没有变成这个经济区整个国民经济所有产业的支柱和重要的支柱产业，但是却表现为对某些特殊产业的重要支持作用。

全球供应链时代的到来，物流产业很难一般地体现为对整个国民经济有着什么样的作用，而是需要按产业链、供应链进行细分。在区域经济之中，必须根据区域经济的供应链选择，对物流的地位和作用作出抉择。也就是说，同样是支持产业，不同经济区域，支持的对象是不同的，在发展上也需要有不同的安排。例如，支持煤炭供应链的物流系统，应当特别着重于铁路平台；支持制造业的物流系统，应当特别着重于快速、精益物流系统的构造；国际贸易所需要的物流支持系统，国际集装箱平台是不可缺少的等。

4、一般服务产业

在这个经济区域，缺少与外界沟通的大规模的物流活动，物流产业在这个区域中，以服务于其他产业和整个国民经济的运作为存在条件。物流市场和物流需求主要在这个地区的内部，在这种情况下，物流的作用主要在于形成本地区国民经济的一个一般的基础，支持和优化本地区内部的国民经济，是一种基础的、从事基本服务的产业系统。

对于区域物流规划，重要的是，根据区域经济发展的要求而定，不需要有统一的模式，更要防止仅把它作为追逐热点的一种形式去做这项工作。也就是说，不一定所有的区域都需要有物流规划，更不一定都要去制订完整的物流规划。

对于大区域和整个国民经济来讲，要建设和构筑一个能够覆盖全国的、大规模的、理想的物流管理平台，不但存在技术的难度，也存在规模和体制的难度，现在开始研究和思考是现实的，现在就开始构筑和建设显然是不现实的。

不应重走产业园区的道路，要真正按照区域物流活动以及物流合理化所派生的物流节点的规律来规划和建设物流节点，现在我国各个区域的物流规划之中，对于物流节点的规划，出现了简单化的倾向和趋同的问题。这个倾向主要表现在，“节点”都变成了“园区”。首先，“园区”的概念在长期的工业园区建设中，已经深入人心，接受起来很容易；第二，园区远比有复杂结构和技术内涵的物流节点简单，建设和运作起来很容易；第三，管理界和学术界，还没有认识到物流节点，尤其是综合物流节点的重要性，认识不统一，缺乏有效地引导；第四，忽视发达国家的物流节点的建设，而单单对国外物流园区、物流基地作不当的引进和理解，实际上变成一种误导。

首先应当肯定物流园区对我国的现代物流发展是有用的，因为通过物流园区可以把物流资源集中，有利于形成一定规模的物流供给市场，同时，使各个物流企业所有依托的公共资源能够对多家物流企业起到支持作用，很明显，这具有一定程度的合理性。

然而我们也不得不看到，现在广泛仿照工业园区概念所建立的物流园区，有非常严重的局限性。主要的局限性在于，物流园区概念所集结的物流企业，是一种物理性的集结，而我国的学术界提出区域经济领域物流基地、物流中心的节点层次，着眼于不同物流方式的转换、衔接和转驳。着眼于通过物流基地把物流线路有机地进行连接，而形成一种其功能和作用超越一般交通枢纽的新型的“综合枢纽”，从而打造贯通和高效的“实物物流平台”。这个目的是不可能通过物流园区来实现的。

提示板 9-6：物流产业在区域的定位

重要支柱产业、支柱产业、支持产业、一般服务产业。

二、区域物流的特征

一般来说，城市是商品集散和加工的中心，而且物流设施和基础建设齐全，流通人力资本高，消费集中而且需求量大，交通与信息发达，城市与周围地区存在不对称性，在这种非对称结构中城市扮演着“中心地”或“增长极”的作用，以其为核心枢纽将其他地域“极化”成一个商品流通整体，所以在此意义上讲，现代物流所辐射的经济区域属于法国经济学家布德维尔提出的“极化区域”，所以区域经济一体化可促进现代物流的发展。

现代物流对于以城市为中心的区域市场的形成和发展的促进作用表现为：促进以城市为中心的区域经济形成，促进以城市为中心的区域经济结构的合理布局和协调发展，有利于以城市为中心的经济区吸引外资，有利于以城市为中心的网络化的大区域市场体系的建立，有利于解决城市的交通问题，有利于城市的整体规划，有利于减小物流对城市环境的种种不利影响。

从世界范围看，物流对经济发展的巨大贡献，已被许多国家的实践所证实，特别是近年来，物流的系统、集约作用，又展现了它对减轻环境污染，促进可持续发展的重要价值，因此受到了社会的广泛关注。1997 年开始爆发的东南亚金融危机，以新加坡、香港为代表的将物流作为支柱产业的国家和地区表现了很强的抗御危机能力，这使人们对物流在国民经济中的重要地位又有了进一步、深刻的认识和重视。

我国区域物流的弱点，概括起来就是经营分散，产业社会化、组织化程度低；物流布局不合理；物流技术含量不高，现代化程度低等。目前，沿海一些城市开始建立物流中心，在发展中向规模化、社会化过渡，并逐步形成规模。

提示板 9-7：我国区域物流的弱点

经营分散，产业社会化、组织化程度低；物流布局不合理；物流技术含量不高，现代化程度低等。

根据区域经济理论，一个区域只要具备某种有利于经济发展的条件，这个区域与其他区域的差异就会形成一种优势，产生一种引力，有可能把相关企业和生产力要素吸纳过来，在利益原则的驱动下形成产业布局上的相对集中和聚集，从而促进地区经济的发展。

我国是一个大国，国土面积达 960 万 km^2。在这样广阔的国土上资源的分布又很不均衡，多数自然资源分布在东北、西北、西南地区，而人口多集中在自然环境和交通条件较好的沿海地区和中部，历史上就形成了原材料采掘、粗加工等基础工业远离加工工业的产业布局，物流在时间和空间上的跨度极大，“北煤南运”、“南粮北调”等就是其中典型的例子，导致我国物流费用较高，据统计我国物流费用占 GDP 的比重高达 20%左右，而美国和日本只有 10%和 14%，因此，大力发展现代物流业是我国区域经济协调均衡发展的客观需要。

区域经济是一种聚集经济，是人流、商流、资金流、信息流等各种生产要素聚集在一起的规模化生产，以生产的批量化和连续性为特征。但是，聚集不是目的，要素的聚集是为了商品的扩散，如果没有发达的商业贸易作保障，生产的大量产品就会堆积在狭小的空间里，商品的价值和使用价值都难以实现，区域经济的基本运转就会中断。因此，在区域经济的发展进程中，合理的物流系统起着基础性的作用。

物流业之所以能够显著降低交易成本，主要是因为，现代物流业的主体是由诸多节点和线路组成的网络体系。以点状松散存在的要素组成物流网络后，原来点和点、要素和要素之间偶然的、随机的关系随之变成网络成员之间的稳定的、紧密的联系。一个结构稳定、高效运作的物流网络，不仅可以减少组成要素之间的磨损和交易成本，减少用户使用网络资源和要素的成本，还可以放大各要素的功能，提高要素和整个网络的收益。

现代物流的实现方法之一就是通过培育并集中物流企业，使其发挥整体优势和规模效益，促使区域物流业的形成并向专业化、合理化的方向发展。现代物流产业的本质是第三产业，是现代经济分工和专业化高度发展的产物。物流产业的发展将对第三产业的发展起到积极的促进作用。发达国家的实践还表明，现代物流业的发展，推动、促进了当地的经济发展，既解决了当地的就业问题，又增加了税收，促进了其他行业的发展。此外，现代物流业将进一步带来商流、资金流、信息流、技术流的集聚，以及交通运输业、商贸业、金融业、信息业和旅游等多种产业的发展，这些产业都是第三产业发展的新的增长点，是第三产业重要的组成部分。

三、区域物流的发展趋势

根据产业结构发展演进规律，区域产业结构的发展方向是合理化和高度化。产业结构合理化是以第三产业的发展水平来衡量的。产业结构高度化是一次产业向二、三次产业升级演进，由劳动密集型向资本、技术密集型产业演进。

随着我国加入世贸组织，区域物流已全面开放，市场规模增长迅速，继续保持繁荣态势。第三方物流市场的潜力很大，但真正意义上的第三方物流仍处于发展初期。预计未来3～5年内，我国物流市场将形成三足鼎立的格局，竞争形势逐渐明朗。其中，外资或合资物流企业、民营新锐物流企业和转型的大型国有储运公司分别扮演重要角色。一批具有国际竞争能力的跨部门、跨行业、跨地区的大型企业集团将会出现。2008年之前，国内区域物流企业也将不断引进新技术，扩大生产规模，以应对市场需求的新趋势；同时，将面临来自国际大规模物流企业的激烈竞争与冲击。

“十一五”期间，我国现代物流将保持快速发展，2007年社会物流总额将达到73.9万亿元，同比增长23.8%。虽然我国物流经济运行呈快速发展的态势，幅度明显高于同期GDP增幅，但是我国现代物流业仍然处于初级阶段，停留在粗放式经营的层面，质量和效益还不很理想。近年来出现的煤电油运紧张状况和企业资金周转缓慢，与我国物流体系不健全，物流运作效率不高、能力不强有很大关系。

近年来，外资物流企业凭借资金和技术优势，对国内网络较为完善的民营物流企业进行了多次并购，进一步增强了竞争优势，也对国内物流企业带来了冲击。但从长远和全局来看，外资企业将起到催化剂作用，使我国物流业整体呈健康、快速发展。国内众多物流企业如何战略定位、如何提升竞争力才是现实的问题。

我国物流业发展呈现出一些趋势，如大宗商品专业物流继续成为发展重点；适应区域发展战略，区域物流格局进一步发生改变；物流基础设施建设持续进行，物流园区发展面临优化调整；规范物流市场发展，推进物流信用体系建设；物流基础工作建设继续深化，标准化工作进一步加强；人才培养进入多元化阶段，物流学科构建与完善迫在眉睫。

今后，我国物流业专业化发展的特征将更加明显，其中冷链物流、危险品物流以及应急物流等专业性较强的物流系统将从各方面来保障公众生产、生活安全。

四、结语

现代物流是伴随社会化大生产进程产生和发展的，随着科学技术的进步、贸易范围的扩大，其功能也在不断拓展，服务领域不断延伸，因此现代物流的发展呈现出一体化、网络化、智能化、专业化、社会化、国际化等趋势。

现代物流业存在于国民经济体系之中，但又具有区别于其他产业门类的独特产业特性，它是一个复合产业，依附于其他产业，具有明显的外部性，这些产业特性必然使物流业的发展有着个性化的独特趋势。随着产业环境、区域地位、服务对象以及产业自身的发展变化，现代物流正呈现出许多新的发展趋势。具体表现为 4 个方面：① 产业布局，新的物流中心伴随产业转移而兴起；② 产业分工，物流产业由水平分工转向垂直分工；③ 运营模式，物流管理与设施“软”、“硬”分离；④ 产业驱动力，物流的经济效益与社会环境效益趋于一致。

但是，现代物流理念已经意识到物流业是一个独立地位较弱的产业，它不能独立地创造价值，而是依附于其他产业创造附加值，物流服务的提供者和接受者之间由竞争关系转变为合作关系，成为利益共同体，这样物流服务提供者就必须充分考虑服务对象的需求和利益。此外，现代物流始终追求系统的整体效益最大化，而这个系统不仅限于各个功能组成的内部系统，而是涉及由物流连接的整个供应链系统及其所在的社会和自然环境大系统。伴随“绿色物流”理念在全球的推广，高消耗、高污染的传统物流业发展模式将受到限制或付出高昂成本，同时，“服务更好”而不是“价格更低”的物流企业将在市场中获得更加有利的竞争地位和更加合理的回报，物流业的外部成本与外部效益都将逐渐内部化。现代物流理念的进化推动产业发展模式的转变，产业回报与社会、环境效益将在共同的利益基础上推动现代物流业健康、快速、持续发展。

【物流案例精选】

惠普公司如何从全球供应链协同中获益？

惠普公司目前排名财富500强第11位。它同时在178个国家和地区运作，使用15种工作语言，拥有15万名员工、7万个服务伙伴和21万个销售伙伴，平均每天诞生11项专利。

超大的企业规模给惠普带来巨大的挑战，要妥善处理如此错综复杂的关系，并不是件简单的事。惠普是如何实现全球供应链的协同从而提升竞争优势的呢？

1、把200条供应链浓缩为5条

惠普公司于2001年与康柏合并后，成为超大型企业，2005年营业额达到900亿美元。惠普公司旗下主要有三大业务部门，分别是个人系统部、成像和打印部及技术解决方案部。Kazunori Nishida是技术解决方案部的资深顾问，据他介绍，三大部门的营业额去年分别达到267亿美元、252亿美元和333亿美元，技术解决方案部盈收最高，该部门拥有自己的软件、存储等IT服务业务，也拥有自己的全球供应链。

惠普公司把此次合并作为一次重新思考供应链方式和更合理利用资源的机会。“合并康柏的时候，我们有200条供应链在运营，目前缩小为5条。惠普公司尽量把它们集成在一起，提供一个更高效的供应链系统。”供应链对于惠普公司的重要性，在Kazunori Nishida看来是显而易见的。

首先就客户而言，供应链的运行状况直接影响到客户满意度及客户体验。拿采购来说，惠普公司每年要花费 400 亿美元，是最大的一笔开支，物流也达到 100 亿美元。将客户置于价值链的首位，提升客户体验，可以驱动惠普公司整个价值链的战略及其执行。

其次对惠普公司而言，供应链占据了惠普公司总支出中的510亿美元，同时占公司财税收入总额的64%，也就是说，“在惠普公司每 1 美元的收入中，有64美分是被供应链花掉了。供应链最终要对产品价格、产品质量、订货时间和可预测性负责，所以，它对顾客、存货评估和股东价值有绝对直接的影响。”

2006年第一季度，惠普公司继续快速增长，净收入达到220亿美元，与2005年同期相比增长5%。全球供应链是利润增长的原动力，惠普公司的目标就是通过全球供应链不断获得利润增长，这也是股东支持惠普公司的原因。

对惠普公司的利益相关者而言，惠普公司出色的供应链表现，能大幅提升市场的资本化，由此催生的结果，一是通过财税总额和利润的增长完善成本结构，二是增加现金流，最终的结果是提升客户体验，提升客户和股东的满意度。

2、全球供应链协同战略

惠普公司的供应链是全球最大的 IT 供应链，它拥有 32 家制造厂、88 家分支中心、700 家供应商和 119 家物流合作伙伴。Kazunori Nishida 认为，惠普公司的供应链具有雄厚的基础，最核心的是，惠普公司拥有全球 IT 产业最庞大的客户基础，在 178 个国家和地区拥有 10 亿客户。为此，惠普公司提供了全球最庞大的 IT 产品和服务，每年产出超过 650 种产品、25 000 项专利，2005 年的货运量达到 5 000 万台打印机、3 000 万台 PC、3 000 万台服务器等。

惠普公司的全球供应链是有效灵活地连接业务和客户的运作方式，具有成本集约型的特征。惠普公司有 5 大供应链管理模式：第一种是“无接触”或“低接触”的合同制造模式，惠普公司为供应商提出设计目标，然后供应商根据设计要求自行采购、制造和完成生产；第二种是纵向整合高速供应链模式，从设计、制造到销售全部由惠普公司自己来完成；第三种是增值系统解决方案，通过增值服务为客户提供超价值体验；第四种是服务后勤供应链模式；第五种是大家比较熟悉的直销模式。

供应链战略方面，首先是要使惠普公司的成本结构达到世界一流水平；其次是寻求增长，我国将是惠普公司未来发展前景很好的市场；第三是要让客户非常满意；第四是让资产包括人员、存货、设备、专利、先进经验等发挥高效益。要实现这些战略目标，惠普公司必须实施全球供应链的协同合作。

供应链如何才能做到全球协同呢？惠普公司的经营之道表现为：

第一，跨部门、跨企业、跨边界结成同盟，实现共同收益，达到客户、供应商和惠普多赢的局面，让大家都满意。

第二，惠普公司既要妥善协调好与客户的关系，又要协调好客户与客户之间的关系，消除重复的和没有附加值的企业活动。这样做，企业会受益匪浅，能最有效地降低风险和成本。

第三，公开分享信息。惠普公司有很多库存资源，它将在下个阶段更好地运用自动化技术管理好库存，协助供应商作出正确决策。在供应商和客户那里，惠普公司也规划了一定的流程并严格执行，以提升供应链的表现，同时加强与供应商的合作，更好地了解供应商的需求。

3、供应链协同实现高能见度

全球供应链协同追求的是企业的高能见度，改善绩效。它能在全球对产品实施有效跟踪，了解货运实时信息，并保证第三方物流合作伙伴的能见度，不断提高各分支机构的协同水平。反过来看，能见度又是全球供应链协同的基石，提升了供应链的弹性和灵活性，有助于及早发现问题或机会，加快反应时间，提高客户满意度和企业绩效。

能见度很重要，能帮助企业判断什么行动是必要的，什么预警措施是必须采取的，如果客户不明白将来可能发生的事，就会找其他的厂商合作。惠普公司必须强化能见度，尽量让供应商和客户更清楚地了解公司的情况。例如，库存量变大的话，送货就会出现些问题，如果供应链能见度高，有关方面就会采取合适的措施，减少库存。因为能见度高，就易预测将会发生什么事情，提前做好风险预防工作。

对于高能见度给惠普公司带来的好处，可归结为三点：降低了企业成本，使业务进展更加高效；使库存管理更加自动化，更好地满足了客户需求；与合作伙伴共享商业活动和利润，互惠互利，形成多赢。而这一切，都是通过全球供应链的协同实现的。

【复习思考题】

一、思考题

1. 何谓电子商务？它对物流管理有何意义？
2. 在电子商务环境下哪些技术将变得简单、可行？
3. 供应链管理在哪些方面可使客户价值得以提升？
4. 怎样理解电子商务和物流的关系？
5. 当代物流业的发展趋势是什么？
6. 电子商务对当代物流有哪些促进作用？
7. 传统物流企业应该如何顺应世界潮流？

二、填空题

1. 供应链管理的功能要素包括________，________，________，________以及________。

2. 物流脉的系统特点有________，________，________，________以及________。

3. 供应链管理可在____________、____________、____________三个方面使客户价值得以提升。

4. 电子商务下的物流，经营方式将以__________为主导，管理方式采取______管理，物流技术全面先进，物流功能多样，物流服务品种繁多。

5. 通过附加安装服务，附加制造服务，附加销售服务，附加快递服务来实现________增值，________增值，________增值，________增值，提高顾客的认可度。

6. 电子商务条件下的物流模式，可以从其________与________两个不同方面来分类。

7. 供应链管理的目标是：以良好的______降低客户的购买______，以获取______和多赢的局面。

8. 供应链管理的主要内容包括：__________、__________、__________、__________、__________、__________以及与供应链各环节上成员的战略联盟关系管理等。

9. 在不同的区域经济内，物流产业有着不同的作用与定位，从__________、__________、__________到__________不等。

三、选择题（单选或多选）

1.（　　）是基于 Internet 技术的以提供全方位物流服务为宗旨的物流业整体解决方案。制造企业、商业流通企业或第三方物流公司使用该系统可实时掌握作业执行情况。

A. 商务活动　　B. 物流脉　　C. 供应链管理　　D. 第三方物流

2. 供应链管理的功能要素包括（　　）以及供应链商务交易服务平台等。

A. 客户关系管理　　B. 供应商关系管理

C. 物流管理　　D. 协同计划管理

3. 在电子商务环境下，利用（　　）等对整个公司分散在全球各处的货物（包括在途货物）进行动态持续的物流管理将会变得非常简单。

A. 条码（Barcode）　　B. 电子数据交换（EDI）

C. 全球卫星定位系统（GPS）　　D. 地理信息系统（GIS）

E. 射频技术（RF）

4. 电子商务应用于物流业的基本模式主要有两大不同体系和解决思路。这就是（　　）。

A. 应用电子商务平台　　B. 供应链管理

C. 整体化物流系统　　D. 围绕配送中心构建物流系统

5. 通过附加安装服务和附加制造服务，可以实现物流的（　　）。

A. 服务增值　　B. 产品增值　　C. 商品增值　　D. 时间增值

6. 通过附加销售服务和附加快递服务，可以实现物流的（　　）从而提高顾客的认可度。

A. 服务增值　　B. 产品增值　　C. 商品增值　　D. 时间增值

7. 随着产业环境、区域地位、服务对象以及产业自身的发展变化，现代物流正呈现出许多新的发展趋势，具体表现为几个方面：（　　）。

A. 产业布局，新的物流中心伴随产业转移而兴起

B. 产业分工，物流产业由水平分工转向垂直分工

C. 运营模式，物流管理与设施“软”、“硬”分离

D. 产业驱动力，物流的经济效益与社会环境效益趋于一致

8. 随“绿色物流”理念在全球的推广，高消耗、高污染的传统物流业发展模式将受到限制或付出高昂成本，同时，社会对物流的追求是（　　）。

A. 服务更好　　B. 价格更低　　C. 地域更广　　D. 项目更细

复习思考题参考答案

第一章　物流与物流管理概述

二、填空题

1．初期发展阶段　停滞阶段　较快发展阶段　高速发展阶段

2．服务性　通用性　合理化

3．供应地　接收地　运输、储存、装卸、搬运、包装、流通加工、配送、信息处理　有机结合。

4．价值　使用价值

5．多功能化　信息化、网络化　系统化　自动化、智能化的设施、设备

6．物流规划技术问题、供应链理论研究、物流模式问题

三、选择题

1．ABCDE　2．ABC　3．D　4．CD　5．ABC

第二章　物流系统

一、填空题

1．输入　转化（处理）　输出

2．运输　储存　装卸　包装　流通加工　物流信息　增加便利性服务　快速的信息传递服务与快速的物流服务　降低成本服务　延伸服务

3．外部条件与内部条件相结合　当前利益与长远利益相结合　子系统与整体系统相结合　定量分析与定性分析相结合

4．经济指标　资料和信息　系统方案

5．时间　价格　数量　质量　地点

6．客观性　可比性　综合性

7．物流系统的功能要素　物流系统的支撑要素　物流系统的物资基础要素

8．运输　储存保管　包装　装卸搬运　流通加工　配送　物流信息

二、选择题

1. ABCD　2. ABC　3. A　4. A　5. A　6. AB　7. ABCD　8. ABCDE

第三章 现代物流的功能

二、填空题

1．高速 高效 安全 经济

2．运输 配送 保管

3．包装 装卸 流通加工 物流信息

4．备货 理货 运货

5．采购 存储 配组 分拣 分装 集散 加工

三、选择题

1．ABC 2．AB 3．ABCD 4．D

第四章 企业物流

二、填空题

1．供应物流 生产物流 销售物流 回收与废弃物物流

2．原料 零部件 燃料 辅助材料

3．采购 进货 运输 包储 库存管理 用料管理 供料运输

4．采购 供应 库存管理 仓库管理

5．连续性 节奏性 平行性

6．相关性 确定性 复杂性 优越性

7．包装 送货 配送

8．回收物流 废弃物流

9．垃圾掩埋 垃圾焚烧 垃圾堆放 净化处理加工 垃圾发电

10．连续性 节奏性 平行性 应变性 比例性 准时性 准时性

三、选择题

1．ABC 2．ABCD 3．A 4．ABCD 5．ABCDE

第五章 国际物流

二、填空题

1．不属于

2．风险大 适应性强 信息

3．TEU

4．责任统一、手续简便 减少中间环节 降低运输成本 实现门到门运输的有效途径 综合优势明显

5．运量大 运费低 通过能力大 对货物适应性强 航速较低 风险

较大

三、选择题

1. ABCD 2. ABCDE 3. ABC 4. ABCD 5. A 6. ABCD 7. D 8. C

第六章 物流信息管理

二、选择题

1. A 2. ABCDEF 3. ABC 4. E 5. D 6. C 7. A 8. ABC

第七章 物流组织与控制

二、填空题

1. 物流合理化 物流质量 物流速度 物流人才
2. 商品的质量保证及改善 物流服务质量 物流工作质量 物流工程质量
3. 管理的对象 管理的范围 全员参加管理
4. 简 统一 系列 通用 组合
5. 竞争性因素 产品因素 空间因素

三、选择题

1. ABCD 2. ABCDEF 3. D 4. ABC 5. A 6. ABC 7. ABCD 8. ABC

第八章 物流市场与第三方物流

二、填空题

1. 物流外包
2. 供方 需方 第三方
3. 集成商 供应链解决方案
4. 价值性 异质性 难仿制性 不可交易性
5. 潜力大 渐进性 高增长率
6. 服务理念 服务功能 服务成本 增值服务
7. 集成化、系统化服务 定制化服务 网络化服务 信息化服务

三、选择题

1. B 2. ABCD 3. ABCD 4. CD 5. AB 6. CD 7. ABDE 8. ADE 9. ABCD

四、案例分析题

答案提示：

1．本题无固定答案，只要答出选择理由即可。

2．选择B企业，主要考虑物流费用和消化企业富余人员，但要注意物流效率和供应保证，特别是时间保证；选择C企业，主要考虑利用物流企业的专业化水平和物流效率的提高，保证供应，保证时间以及其他物流服务增值，这种选择虽然费用略高，但比自己做要专业，企业可以集中精力搞好业主；此外，也可以选择其他物流服务。

3．本题答题关键看分析者对第三方物流和客户服务的理解，能否应用物流理论解决实际问题。

第九章　电子商务与现代物流

二、填空题

1．客户关系管理　供应商管理　物流管理　协同计划管理　供应链商务交易服务平台

2．信息化　网络化　先进性　扩展性　安全性

3．节省资金　增进客户关系　创造财富

4．第三方物流　供应链

5．服务增值　产品增值　商品增值　时间增值

6．构成思路　实际形式

7．服务　成本　竞争优势

8．合理供应　准时生产　高效物流　需求满足　总成本控制　信息管理

9．重要支柱产业　支柱产业　支持产业　一般服务业

三、选择题

1．B　2．ABCD　3．ABCDE　4．CD　5．AB　6．CD　7．ABCD　8．A

参考文献

[1] 张卫星．物流学[M]．北京：北京工业大学出版社，2001．

[2] 何明珂．物流系统论[M]．北京：中国审计出版社，2001．

[3] 张毅．现代物流管理[M]．上海：上海人民出版社，2002．

[4] 张毅．现代物流管理——案例、习题与实践[M]．上海：上海人民出版社，2002．

[5] 吴清一．物流系统论[M]．北京：清华大学出版社，2000．

[6] 文岗．电子商务时期的第三方物流管理[M]．北京：中国商业出版社，2000．

[7] 薛威，孙鸿．物流企业管理[M]．北京：机械工业出版社，2003．

[8] 中国机械工业教育协会．电子商务[M]．北京：机械工业出版社，2000．

[9] 刘志学．现代物流手册[M]．北京：中国物资出版社，2001．

[10] 王成．现代物流管理实务与案例[M]．北京：企业管理出版社，2001．

[11] 日本通运综合研究所．物流知识[M]．邓英，等译．南宁：广西人民出版社，1998．

[12] 王之泰．现代物流学[M]．4 版．北京：中国物资出版社，2000．

[13] 姜宏．物流运输技术与实务[M]．北京：人民交通出版社，2002．

[14] 汤浅和夫．物流管理[M]．张鸿，译．上海：上海文汇出版社，2002．

[15] 中田信哉．物流入门[M]．陶庭义，译．深圳：海天出版社，2001．

[16] 宋华，胡左浩．现代物流与供应链管理[M]．北京：经济管理出版社，2000．

[17] 丁立言，张铎．国际物流学[M]．北京：清华大学出版社，2000．

[18] 陈红蕾．国际贸易实务[M]．2 版．广州：暨南大学出版社，2001．

[19] 郝渊晓．现代物流信息化[M]．广州：中山大学出版社，2001．

[20] 张铎，周建勤．电子商务物流管理[M]．北京：高等教育出版社，2002．

[21] 阿保荣司．物流基础[M]．黎志荣，译．北京：人民交通出版社，1989．

[22] 王加林，张雷丽．物流系统工程[M]．北京：中国物资出版社，1987．

[23] 李永生，郑文岭．仓储与配送管理[M]．北京：机械工业出版社，2003．

[24] 李京文，徐寿波，王之泰，等．物流学及其应用[M]．北京．经济科学出版社，1987．

[25] 秦明森，王方智．实用物流技术[M]．北京：中国物资出版社，1979．

[26] 丁玉兰．人机工程学[M]．北京：北京理工大学出版社，1991．

[27] 张晓萍，颜永年，吴耀华，等．现代生产物流及仿真[M]．北京：清华大学出版社，1997．

[28] 唐纳德 J 鲍尔索克斯，戴维 J 克劳斯．物流管理[M]．林国龙，宋柏，沙梅，译．北京：机械工业出版社，1999．

[29] 陈代芬，姜宏．国际物流报关实务[M]．北京：人民交通出版社，2001．

[30] 邓爱民，沈文．国内外物流经典案例[M]．北京：人民交通出版社，2001．

[31] 周秀淦．现代企业管理原理[M]．北京．中国财经出版社，1988．

[32] 梅绍祖，李伊松，鞠颂东．电子商务与物流[M]．北京：人民邮电出版社，2001．

[33] 靳伟．最新物流讲座[M]．北京：中国物资出版社，2003．

[34] 牟旭东，陈健．物流第三利润源泉[M]．上海：上海远东出版社，2002．

[35] 洪水坤，陈梅君．物流运作案例[M]．北京：中国物资出版社，2002．

[36] 张铎．电子商务与物流[M]．北京：清华大学出版社，2000．

[37] 詹姆士·斯托克，莉萨·埃拉姆．物流管理[M]．北京：电子工业出版社，2003．

[38] 宋华，胡左浩．现代物流与供应链管理[M]．北京：经济管理出版社，2000．

[39] 翁心刚．物流管理基础[M]．北京：中国物资出版社，2002．